Бааль Сулам

Шаматі

Почуте

Бааль Сулам
Шаматі. Почуте / Бааль Сулам. –
Laitman Kabbalah Publishers, 2017. – 328 с.
Надруковано в Ізраїлі.

Baal Sulam
Shamaty. Uslishannoe / Baal Sulam. –
Laitman Kabbalah Publishers, 2017. – 328 pages.
Printed in Israel.

ISBN 978-1-77228-019-7
Переклад українською мовою, редагування та оформлення книги здійснені редакцією сайту «Зоар для всіх»
редактор М. Полудьонний.[1]

Статті, записані зі слів рава Єгуди Ашлага (Бааль Сулама) його сином і учнем, равом Барухом Ашлагом (РАБАШ). Видання складено під керівництвом Міхаеля Лайтмана, учня і найближчого помічника рава Баруха Ашлага.

Ця книга призначена для духовного підйому людини і розповідає про духовні поняття, поза всяким зв'язком з предметами і явищами матеріального світу. Тому, наприклад, «Тора» – це вище світло, яке людина притягує, вивчаючи кабалістичні тексти і бажаючи змінити себе, щоб піднятися на їхній рівень. «Ісраель» і «народи світу» – це властивості, бажання людини. «Ісраель» – прагнення до духовного, до розкриття Творця. «Народи світу» – егоїстичні бажання.

Copyright © 2017 by Laitman Kabbalah Publishers
1057 Steeles Avenue West, Suite 532
Toronto, ON M2R 3X1, Canada
All rights reserved

---

1 Переклад здійснено за виданням: «Шамати. Услышанное. Бааль Сулам. 2-е изд. – М.: НФ «Институт перспективных исследований», 2011, ISBN 978-5-91072-028-6.

Зміст

До читача 11
1. Немає нікого, крім Нього 17
2. Шхіна у вигнанні 21
4. Причина складності в анулюванні себе заради Творця 26
5. Лішма – це пробудження з висі,
   та чому потрібне пробудження знизу 27
6. Допомога, яку надає Тора в духовній роботі 31
7. Що означає в роботі, коли звичка стає другою натурою 35
8. Різниця між святою тінню й тінню кліпот 36
9. Три причини, що збільшують розум людини 38
10. Що означає в духовній роботі «сховався мій друг» 39
11. Радуйся у трепоті 39
12. Головне в роботі людини 40
13. Суть гранату 40
14. Що таке велич Творця 41
15. Що означають в роботі «інші боги» 42
16. День Творця та ніч Творця 44
17. Нечиста сила зветься «Царство без корони» 48
18. В пітьмі плач, душа моя 49
19. Чому Творець ненавидить тіла 50
20. Лішма 59
21. Час підйому 62
22. Тора «лішма» 63
23. Люблячі Творця, ненавидьте зло 64
24. Рятує їх від рук лиходіїв 65
25. Те, що виходить з серця 66
26. Майбутнє людини залежить від її вдячності за минуле 67
27. Великий Творець, і лише мізерний уздрить Його 68
28. Не помру, а буду жити 69
29. Коли відводуть сумніви 70

30. Головне – бажати віддавати 70
31. У злагоді з духом створінь 71
32. Доля – це бажання згори 72
33. Рок Йом Кіпура та Амана 72
34. Перевага землі – в усьому 81
35. Про життєву силу Святості 88
36. Три тіла в людині 92
37. Стаття про Пурім 93
38. Його багатство – трепет перед Творцем 101
39. І зшили вони листя смоківниці 104
40. Якою повинна бути віра в Учителя 106
41. Мала й велика віра 108
42. ЕЛУЛЬ (Я до Улюбленого свого, а Улюблений до мене) 109
43. Істина і віра 114
44. Розум і серце 116
45. Два стани в Торі і роботі 116
46. Влада Ісраеля над кліпот 118
47. Там, де ти знаходиш Його велич 118
48. Головна основа 119
49. Основне – це розум і серце 120
50. Два стани 120
51. Якщо образив тебе грубіян 123
52. Прогріх не скасовує заповідь 124
53. Обмеження 126
54. Мета духовної роботи 127
55. Де в Торі згаданий Аман 129
56. Тора називається «такою, що показує» 129
57. Наблизь його до бажання Творця 132
58. Радість – показник хороших дій 133
59. Посох і Змій 134
60. Заповідь, що викликана гріхом 139
61. Дуже важко біля Творця 140
62. Падає і підбурює, піднімається та звинувачує 142

63. Позичайте, а Я поверну..142
64. Від ло лішма приходять до лішма 143
65. Відкрите і вкрите...145
66. Дарування Тори 146
67. Віддаляйся від зла..147
68. Зв'язок людини зі сфірот...149
69. Спочатку буде виправлення всього світу........................152
70. Сильною рукою і гнівом, що зливається........................153
71. У пітьмі плач, душа моя...154
72. Впевненість – вбрання світла...155
73. Після скорочення..157
74. Світ, рік, душа 158
75. Майбутній світ і цей світ..158
76. До кожної пожертви додай сіль 159
77. Душа людину вчить..159
78. Тора, Творець та Ісраель – одне ціле..............................160
79. Ацилут і БЄА...160
80. Спиною до спини..161
81. Підйом МАН 162
82. Молитва, яка потрібна завжди..163
83. «Вав» права та «вав» ліва...164
84. І вигнав Адама з раю аби не взяв
від Древа життя...166
85. Плід чудового дерева...167
86. І побудували убогі міста..168
87. Шабат Шкалім 175
88. Вся робота – лише на роздоріжжі двох доріг..................178
89. Щоб зрозуміти те, що написане в Зогарі 179
90. В Зогарі, Берешит...179
91. Підмінний син 180
92. Сенс удачі 180
93. Плавці та луска...181
94. Бережіть душі свої..182

95. Відсікання крайньої плоті 183
96. «Відходи току й винарні» 184
97. «Відходи току й винарні» (2) 188
98. Духовним називається вічне 189
99. Грішник чи праведник – не сказано 190
100. Письмова та усна Тора 195
101. Переможцю над трояндами 196
102. І візьміть собі плід цитрусового дерева 198
103. Прихильний серцем 199
104. Шкідник переховувався в потопі 200
105. Незаконнонароджений мудрець є кращим за первосвященика, обивателя 200
106. Дванадцять суботніх хлібів 203
107. Два ангела 204
108. Якщо залишиш Мене на день, на два дні залишу тебе 205
109. Два види м'яса 209
110. Поле, яке благословив Творець 210
111. Видих, голос, мовлення 212
112. Три ангели 213
113. Молитва «Шмоне Есре» (Вісімнадцять благословень) 220
114. Суть молитви 222
115. Неживе, рослинне, тварина, людина 222
116. Заповіді не потребують наміру 224
117. Доклав зусиль та не знайшов – не вір 224
118. Коліна, що схиляються перед господарем 225
119. Учень, який навчався потай 226
120. Чому не їдять горіхи у Новий рік 227
121. Подібна до суден торгових 228
122. Пояснення до Шульхан арух 229
123. Відштовхує та пропонує Свою руку одночасно 231
124. Субота створення світу, та – шести тисячоліть 231
125. Той, хто насолоджується суботою 232
126. Мудрець прийшов у місто 234

127. Різниця між основним наповненням
та додаванням світла 235
128. З голови тієї сочиться роса на Зеір Анпін 237
129. Шхіна у прасі 239
130. Тверія мудреців наших, як хороше побачити тебе 240
131. Той, хто приходить очиститися 240
132. В поті лиця свого ти їстимеш хліб 240
133. Світло шабату 241
134. П'янке вино 241
135. Чистого й праведного не вбивай 241
136. Відмінність між першими та останніми посланнями 242
137. Целафхад збирав хмиз 242
138. Боязнь і страх, котрі опановують іноді людиною 243
139. Відмінність шести днів творіння від суботи 244
140. Як люблю я Тору Твою 244
141. Свято Песах 244
142. Основна боротьба 245
143. Лише на благо Ісраелю 245
144. Є один народ 246
145. Чому мудрість дається саме мудрецям 247
146. Пояснення до Зогар 248
147. Робота з отримання та віддачі 249
148. Вибір між гірким і солодким, правдою та брехнею 249
149. Чому потрібно притягувати світло мудрості 249
150. Оспівуйте Творця, бо велике створив Він 250
151. І побачив Ісраель єгиптян 251
152. Підкуп сліпить мудреців 252
153. Думка – це наслідок бажання 253
154. У світі не повинно бути порожнечі 253
155. Чистота тіла 254
156. Аби не взяв від Древа життя 254
157. Я сплю, але не спить серце моє 255
158. Чому в Песах не прийнято їсти в гостях 257

159. І було через багато часу..258
160. Скромність в заповідях...258
161. Дарування Тори..259
162. Чому говорять «Зміцнися!» після закінчення
    навчального розділу 261
163. Про що говорили автори Зогару...................................262
164. Відмінність матеріального від духовного 262
165. Прохання Еліші до Еліягу 263
166. Два рівні в осягненні 263
167. Чому так називається «Субота розкаяння» 264
168. Звичаї Ізраїлю 265
170. Нехай не буде в кишені твоїй каменю великого..........266
171. Зогар, Емор 266
172. Перешкоди та завади 269
173. Чому говорять «Лехаїм!» 269
174. Вкриття..270
175. Якщо занадто довгим буде для тебе шлях 271
176. Випиваючи вино після закінчення святкового дня......272
177. З приводу спокути 272
178. Троє беруть участь у створенні людини 273
179. Три лінії 274
180. Як написано в Зогарі, Емор 276
181. Шана..277
182. Моше і Шломо 278
183. Машиах..278
184. Відмінність віри від розуму 278
185. Коли до простої людини приходить субота................279
186. Зроби суботи буднями і станеш незалежним від усіх 279
187. Вибір – у більшому зусиллі 280
188. Робота можлива, якщо є два шляхи...........................280
189. Дія, що творить думку...281
190. Будь-яка дія залишає слід...281
191. Час падіння...284

192. Суть долі (жереба) 285
193. Одна стіна служить їм обом 286
194. Сім повних днів 288
195. Удостойтеся духовного розвитку 290
196. Присмоктування егоїзму 291
197. Книга, автор, розповідь 291
198. Свобода 291
199. В кожному з Ісраель 292
200. Ослаблення екрану 292
201. Духовне і матеріальне 293
202. В поті лиця ти їстимеш хліб свій 294
203. Зарозумілість принижує людину 294
204. Мета духовної роботи 295
205. Мудрість виголошує на вулиці 296
206. Віра й насолода 297
207. Сенс отримання заради віддачі 298
208. Сенс зусиль 299
209. Три умови молитви 299
210. Красивий порок в тобі 300
211. Як той, хто стоїть перед Царем 300
212. Обійми справа та обійми зліва 301
213. Розкриття бажання 302
214. Відомий у міських воротах 303
215. Суть віри 304
216. Праве й ліве 305
217. Якщо не я собі, хто допоможе мені? 305
218. Тора і Творець – одне 306
219. Сенс самопожертви 307
220. Сенс страждань 308
221. Суспільне володіння 308
222. Частина, що віддається нечистій силі аби залишила святість 308
223. Вбрання – рядно – брехня – горіх 309
224. Жіноча основа і чоловіча основа 310

225. Підняти себе 310
226. Письмова та усна Тора 311
227. Винагорода за виконання заповіді – сама заповідь 311
228. Риба раніше за м'ясо 311
229. Кишені Амана 312
230. Великий Творець, і лише нікчемний побачить Його 313
231. Виправлення бажання насолодитися 314
232. Завершення зусиль 315
233. Прощення, покаяння та спокутування 315
234. Той, хто залишає слова Тори і пускається в розмови 317
235. Дивлячись у книгу заново 318
236. Ненависники проклинають мене весь день 318
237. Адже не може людина побачити Мене і залишитися живою 319
238. Щасливою є людина, яка не забуває Тебе
   та докладає зусиль заради Тебе 319
239. Різниця між світлами свята Шавуот та суботньої денної молитви320
240. Поклич тих, хто шукає Тебе, хто вимагає розкриття Твого лику ... 321
241. Прикликайте Його, поки Він близько 322
242. Порадувати жебрака у святковий день 324
243. Чому перевіряють тінь у ніч Ошана Раба 325

 ШАМАТІ • ПОЧУТЕ

До читача
(передмова до російського видання)

Перед вами найдорожча книга у світі. Адже вона в змозі привести людину до мети її життя.

Це зошит мого Вчителя, рава Баруха Шалома Ашлага (Рабаша), старшого сина великого кабаліста – Єгуди Ашлага (Бааль Сулама). Коли я супроводжував його в поїздках в якості його помічника, секретаря, водія, учня, він завжди брав з собою цей зошит. Зошит був написаний ним ще в той час, коли він навчався шляхам духовної роботи й методики наближення до Творця, розкриття Вищої сили – що, власне, і становить суть науки кабала. Все це було вміщене всередині цих статей, записаних ним зі слів свого батька та вчителя, Бааль Сулама. Він ніколи не розлучався з цим зошитом та постійно читав його.

Перед тим як залишити цей світ, він передав мені цей зошит і сказав: «Візьми його собі та вчись по ньому». Це сталося пізно ввечері, в лікарні, і коли я почув від нього ці слова, то відчув, що, мабуть, наближається щось жахливе. І дійсно, на наступний ранок він помер.

Зошит залишився в мене, і оскільки я не отримав від нього вказівок, що з ним робити, я довго думав та, в підсумку, вирішив його опублікувати. Адже ми вступили в нову епоху, коли зобов'язана розкритися наука кабала та привести весь світ до виправлення. Згідно з тим, що говорять усі кабалісти – це наш обов'язок, і повинно статися в ці дні. І значить, ці статті повинні бути доступними кожній людині.

У цих статтях описані всі внутрішні стани, які проходить людина на шляху розкриття Творця. Ми з вами живемо в світі, в якому нам видна лише крихітна частина реальності. А ще одна – величезна, прихована частина реальності знаходиться тут поруч з нами, і ми повинні розвинути в собі додатковий орган відчуття, котрий називається «душа», «шосте чуття», щоб усередині нього відчути цю Вищу реальність, Вищу силу. І цей зошит розповідає про всі стани, що виникають на цьому шляху, крок за кроком пояснюючи людині, як вона повинна з'ясовувати в собі всі ці обставини і всі складові, аби через них почати відчувати новий світ.

ДО ЧИТАЧА

Бувають такі спеціальні картини у тривимірному зображенні, які можна побачити, тільки розфокусувавши свій зір. Коли фокус зникає, ти починаєш бачити, що відбувається всередині цієї картини. І те ж саме тут. Коли людина перестає фокусуватися на матеріальному світі, займаючись за особливою методикою, званою наука кабала, – методикою сприйняття цієї більш внутрішньої реальності, – то, тільки-но цей фокус зникає, крізь цю матеріальну картину людина починає бачити духовний світ.

Статті «Шаматі» пояснюють послідовно й методично всі стани, котрі необхідно пройти людині для того, щоби додатково до нашого звичайного відчуття цього світу, осягнути ще один світ – духовний. Для цього і призначена наука кабала, яка визначається як «методика розкриття Творця створінням», – тобто людині в цьому світі.

Наука кабала була вкрита тисячі років, таємно передаючись від вчителя до учня, щоб дійти до наших днів і почати розкриватися світові. Бааль Сулам, рав Кук та інші кабалісти говорили, що ми вже досягли кінця свого вигнання і повинні прийти до визволення. А відмінність між словами «вигнання» та «визволення» міститься лише в одній букві «алеф», що означає Творця («Алуфо шель олам»). Тобто виходячи з вигнання до визволення, ми залишаємося в тому ж самому світі, тільки додаємо до нього розкриття Вищої сили, яка наповнює цей світ. І тоді ми починаємо розуміти, що відбувається і чому, і як діє вся природа. Ми починаємо бачити безмежну реальність, нескінченний та вічний перебіг життя. Тому немає нічого важливішого за цю книгу, яка покликана привести людину до такого високого рівня існування.

Ця книга призначена і для того, хто давно вчиться, і для початківців, – для всіх! Неважливо, скільки людина розуміє в ній або не розуміє. У ній міститься стільки утаєного світла, що він змінює людину, яка читає цю книгу. Світло розкриває її серце та розвиває в ній новий, духовний орган відчуттів, через який людина розкриє духовний світ.

Тому, коли мій учитель залишив цей світ, передавши цей зошит лише мені одному, мене охопив страх, – як можливо, щоби такий безцінний скарб, настільки важливий світові, залишився у таємниці?! Я мучився сумнівами, поки не вирішив, що не можу ховати її, – світ повинен почати змінюватися! Адже цю місію я отримав від свого Учителя, який хотів, щоби наука кабала прийшла в світ і розкрилася, щоб люди почали вивчати її за статтями Бааль Сулама. Тому я зрозумів, що зобов'язаний розкрити цю книгу світові.

Рабаш записував все, що чув від свого батька, слово в слово, і так він заповнив цей зошит. Ці статті – світло без клі (без судини, яка може прийняти це світло). Це – розкриття й осягнення, зроблені Бааль Сулам, і читач, відповідно до своїх келім, весь час бачить ці статті по-новому, інакше. Кожен раз людині, котра читає якусь статтю, здається, що це не та стаття, яку вона читала раніше. Вона пробуджує її, змінює, кожен раз раптом розкриває в людині якісь нові пласти, і вона починає відчувати й думати по-новому, і в розумі, і в серці. Вона стає зовсім іншою людиною.

Це чарівна книга, – вона притягає до людини вище світло, і людина весь час змінюється. Це світло постійно висвічує в ній різні місця – нові думки і бажання, і людина безперервно змінюється. Вона відчуває, як книга змінює її, та розуміє, – що саме їй потрібно змінити в собі за допомогою цієї книги, щоб ще трохи просунутися в своєму духовному розвиткові.

Книга – це розкриття. Кабалістична книга – це не книга для розважального читання. Коли ми читаємо в книзі про свої більш високі, просунуті стани, бажаючи до них піднятися, звідти приходить до нас сила, яка витягує нас наверх. Книга – це немов витягуюча нас сила.

Книга говорить про мене, тільки на такому ступені, який трохи вище за той, де я зараз перебуваю, і який в даний момент відчуваю. Вона спеціально побудована так, щоби розкрити мені трохи більше, ніж мій поточний стан. І коли я читаю її, я, власне, читаю про себе, – але «про себе + 1», – тобто про свою наступну сходинку. І виходить, що я своїм бажанням досягнути цієї сходини пробуджую силу, що знаходиться на тому вищому ступені, і вона витягує мене, допомагаючи мені піднятися.

Той же самий принцип діє і в нашому світі. Якщо я хочу вивчити щось нове, тобто дізнатися про те, що знаходиться трохи вище за мене, то завдяки моєму бажанню до пізнання, я, в результаті, досягаю

ДО ЧИТАЧА

цього знання. Різниця лише в тому, що тоді я вивчаю в своєму матеріальному розумі і серці. Коли ж ми вивчаємо кабалістичну книгу, ми зобов'язані змінити себе. Це читання змінює нас, адже духовне повинно прийти в нові келім – в думки і бажання, яких у нас раніше не було, а не в матеріальні, земні думки і бажання цього світу. Людина повинна отримати нове клі, нове відчуття, зване душею. І ця книга буде в тобі душу – клі для розкриття духовного, в якому ти починаєш відчувати вищу реальність.

Ця книга – духовна дія, яку людина повинна виконати сама і на самій собі. Давайте подивимося, як книга веде нас на цей шлях, стаття за статтею.

«Немає нікого, крім Нього» – тут йдеться про Вищу силу, єдину, котра діє та управляє усім створінням.

«Суть духовного осягнення» – розповідь про те, що є Творець та створіння, і ціла система відносин між ними. Людина повинна розкрити цю систему відносин, і з її допомогою вона розкриє Вищу силу, Творця.

«Причина труднощі анулювати себе заради Творця», – чому так важко розкрити Вищу силу, розкрити духовне? Чому людині так важко це зробити? Адже людина повинна розвинути в собі цей додатковий орган чуття, яким вона зможе відчути духовне. Духовне неможливо відчути нашими матеріальними органами чуттів – зором, слухом, смаком, нюхом або дотиком. Це неможливо, адже духовне знаходиться за межами сприйняття всіх тваринних, тілесних органів чуття. І тому нам необхідний новий орган чуття.

«Лішма – це пробудження згори», – чому нам необхідно пробудити цю духовну силу? Чому вона не приходить до мене сама по собі? Який вплив я повинен здійснити, щоби самому змінитися, і щоб її вплив на мене змінився, для того щоб ми, нарешті, зустрілися один з одним.

Що за «Допомога, яку надає Тора в духовній роботі»? На що я можу опертися в цьому шляху?

«Що означає в роботі, коли звичка стає другою натурою», – які звички, що я отримую на духовному шляху, стають моєю другою природою, котру я можу використовувати та з її допомогою просуватися далі?

ШАМАТІ • ПОЧУТЕ

«Різниця між святою тінню й тінню кліпот», – різниця між моїм духовним осягненням, тим, що називається «святістю», Вищою силою, і моєю власною егоїстичною природою, яка називається «нечистою силою», кліпою, «нечистотою», егоїстичним бажанням.

І так далі... Кожна стаття, яку ми починаємо читати, все більше і більше коригуючи нас з усіх боків, вводить нас до правильного русла на такий шлях, де, залишаючись в цьому світі, ми можемо розкрити духовний світ.

Кожен, хто читає цю книгу, – читає її разом з Рабашем, Бааль Суламом та разом з усіма кабалістами, які існували до них у всіх поколіннях та передавали мудрість кабали з вуст в уста, від вчителя до учня, доки вона не дійшла до Рабаша, великого кабаліста, і від нього – до нас, через цю книгу, що розкривається зараз всім. Ця книга – наставник на шляху духовного розвитку людини.

Міхаель Лайтман

◆ ШАМАТІ • ПОЧУТЕ ◆

1. Немає нікого, крім Нього
Почуто в перший день тижня (глави) Ітро (6 лютого 1944 р.)

Сказано: «Немає нікого, крім Нього», що означає, що немає ніякої іншої сили в світі, в якої була б можливість щось зробити проти Творця. А те, що людина бачить, що є в світі речі й сили, які заперечують існування Вищих сил, так причина в тому, що таким є бажання Творця. І це – метод виправлення, званий: «ліва рука відштовхує, а права наближає»; і те, що ліва відштовхує, – входить до виправлення. Це означає, що в світі існують речі, які з самого початку приходять з наміром збити людину з прямого шляху та відкинути її від святості.

А користь цих відштовхувань в тому, що з їхньою допомогою людина отримує потребу та повне бажання аби Творець допоміг їй, бо інакше вона бачить, що пропаде. Мало того, що не просувається у роботі, – але бачить, що йде назад, тобто навіть «заради себе» немає у неї сили виконувати Тору й заповіді. І лише істинним подоланням всіх перешкод вірою вище знання може вона виконувати Тору та заповіді. Але не завжди є в неї сила переборення вірою вище знання, – тобто вона змушена звернути зі шляху Творця навіть з наміром «заради себе».

І завжди в неї ростощеного більше ніж того, що встояло, падінь набагато більше, ніж підйомів, і не бачить вона кінця цим станам, думаючи, що назавжди залишиться поза святістю, оскільки бачить, що важко їй виконати навіть найменшу духовну дію, – лише подоланням вірою вище знання. Але не завжди вона здатна подолати, і чим же це закінчиться?

І тоді вона приходить до рішення, що немає нікого, хто може допомогти їй, – тільки сам Творець. А тому народжується в ній справжня вимога до Творця, щоби Він відкрив її очі та серце і справді наблизив до злиття з Ним навіки. Виходить, що всі відштовхування, які вона відчувала, виходили від Творця, а не тому, що вона була поганою і не було в неї сили для переборювання.

І тільки тому, хто дійсно хоче наблизитися до Творця, дають допомогу з висі, не дозволяючи йому вдовольнитися малим та залишитися на ступені малої, нерозумної дитини, – щоби не було в нього можливості сказати, що, слава Богу, є у нього Тора й заповіді, та добрі справи, – так чого ще йому не вистачає?

І тільки якщо насправді є в людини справжнє бажання, така людина отримує допомогу згори та завжди показують їй, наскільки вона є поганою в нинішньому стані, – тобто посилають їй думки й міркування, спрямовані проти духовної роботи. А все для того, щоб вона побачила, що немає у неї повноти єднання з Творцем.

І яким би чином вона не старалася себе пересилити, – завжди бачить, у порівнянні з іншими працюючими, які відчувають себе в повному зв'язку з Творцем, що знаходиться в далекому від святості стані. В неї ж завжди є скарги і претензії та не може виправдати поведінки Творця по відношенню до неї. І це завдає їй болю: чому вона не знаходиться у згоді з Творцем? Доки не доходить висновку, що немає в ній дійсно ніякої святості. І навіть якщо отримує іноді якесь пробудження згори, яке оживляє її на якийсь час, – негайно ж падає назад у стан ницості. Однак саме це змушує її нарешті усвідомити, що лише Творець може допомогти та наблизити її по-справжньому.

Людина завжди повинна намагатися йти дорогою злиття з Творцем, щоби всі її думки були про Нього. І, навіть якщо знаходиться в самому жахливому стані, коли не може бути падіння більшого, ніж це, – не повинна виходити з-під влади Творця, кажучи, що є інша влада, котра не дає їй увійти в святість, та в її силах творити добро чи зло. Це означає, що не можна думати, ніби є влада у нечистих сил, і це вони не дають людині робити добрі справи та йти дорогою Творця, а навпаки, – пам'ятати, що все зроблено Творцем.

І як писав Бааль Шем Тов: «Той, хто каже, що є в світі інша сила, – тобто кліпот, – знаходиться на ступені служіння іншим богам». І не своїм невір'ям в Творця людина скоює злочин, а тим, що думає, ніби є інша влада і сила, окрім Творця. Саме в цьому – її злочин. Більш того, якщо людина вважає, що в неї є власна влада, тобто каже, що вчора вона сама не хотіла йти шляхом Творця, – це теж називається вчиненням злочину невіри. Адже вона не вірить, що лише Творець – Володар світу.

Однак, якщо скоїла якесь порушення, то, звичайно ж, їй доводиться каятися та шкодувати про те, що переступила закон. Але повинна також зрозуміти, про що вона шкодує та кається, тобто – в чому вона бачить причину свого злочину? Саме про це вона і повинна шкодувати.

ШАМАТІ • ПОЧУТЕ

І тоді людина повинна покаятися і сказати, що переступила через те, що Творець відкинув її від святості у брудне, відхоже місце, місце покидьків. Іншими словами, Творець дав людині бажання розважитися і подихати повітрям смердючого місця. (І, можна сказати, цитуючи книги, що іноді людина приходить в цей світ у втіленні свині. І потрібно пояснити сказане так: людина отримує бажання насолоджуватися тим, що вже визнала відходами, але тепер знову хоче отримати від них підживлення.)

А якщо людина відчуває, що зараз вона знаходиться на підйомі і трохи відчуває смак до роботи, то не повинна говорити: «Зараз я перебуваю в такому стані, коли розумію, що варто бути працівником Творця». Вона повинна знати, що зараз вона знайшла милість в очах Творця, тому Творець наближає її, і від цього вона відчуває смак у роботі. І повинна стерегтися, щоби ніколи не вийти з-під влади святості, кажучи, що є ще хтось діючий, окрім Творця.

(Однак з цього випливає, що знайти милість в очах Творця, або навпаки – залежить не від самої людини, а лише від Творця. І чому зараз вона є приємною Творцеві, а потім – ні, не у владі людини з її зовнішнім розумом зрозуміти це.)

І, шкодуючи з того, що Творець не наближає її до Себе, повинна також стерегтися, аби не перейматися про саму себе, про своє віддалення від Творця. Адже тоді дбатиме про отримання власної вигоди, – а той, хто одержує, – є відокремленим від Творця. Тоді як повинна шкодувати про вигнання Шхіни, – тобто про те, що вона спричиняє страждання Шхіні.

І для прикладу потрібно уявити собі картину, що в якому маленькому органі не був би в людини біль, він завжди, в основному, відчувається в розумі і в серці, адже серце й розум – це суть людини. І, звичайно, не можна порівнювати силу відчуття окремого органу з силою відчуття організму людини в цілому, де в основному й відчувається біль.

Так – і біль, який відчуває людина через те, що вона є далекою від Творця. Адже людина – це тільки окремий орган святої Шхіни, оскільки свята Шхіна – це сукупність душ Ісраеля. І тому відчуття окремого болю є незрівняним з відчуттям спільного болю, – тобто Шхіна страждає від того, що її органи відокремлені від неї, і вона не може дати живлення всім своїм органам.

(І треба нагадати, що про це сказано мудрецями: «Під час жалю людини що говорить Шхіна?» Ганьба голові моїй, ганьба від правиці моєї»). І оскільки людина не відносить жаль про віддаленість на свій рахунок, – цим рятується від потрапляння під владу бажання отримувати для себе, – у властивість, яка відділяє від святості.

Також, – коли людина відчуває, що вона трохи є наближеною до святості, і є в неї радість від того, що удостоїлася благовоління Творця. І тоді покладений на неї обов'язок сказати, що головне в її радості – те, що є зараз радість нагорі, у святої Шхіни, з того, що була в неї можливість наблизити людину до себе, – її окремий орган, та вона не повинна відторгати його назовні.

І від того, що людина удостоїлася завдати радості Шхіні, є радість і в неї самої. І все це – йде на той самий рахунок, адже якщо є радість у окремого – це тільки частина тієї радості, яка є у загального. І за допомогою цих розрахунків вона втрачає свою відокремленість та не потрапляє під владу нечистих сил, які хочуть отримувати для своєї користі.

Проте бажання отримувати насолоду є необхідністю, оскільки в цьому – вся людина. Адже все, що є в людині, окрім цього бажання, не належить створінню, а відноситься до Творця. Але це бажання насолодитися має бути виправленим, альтруїстичним, – заради віддачі. Тобто воно повинно отримувати насолоду й радість лише тому, що є насолода на небесах від того, що насолоджується створіння, – адже в тому й полягала мета творіння, щоби втішити створіння. І це називається радістю Шхіни у вищому світі.

І тому покладений на людину обов'язок дослухатися порад, – як вона може принести задоволення Творцеві, і, звичайно ж, якщо в неї буде насолода, – буде вона і у Творця. Тому вона завжди повинна прагнути знаходиться в чертогах Творця, і тоді буде в неї можливість розважатися в Його скарбницях, чим, звичайно ж, принесе задоволення й Творцеві. Таким чином, всі її устремління повинні бути тільки в ім'я небес.

2. Шхіна у вигнанні
Почуто в 1942 р.

Книга Зогар каже: «Він – Шохен, а Вона – Шхіна», – і необхідно пояснити сказане.

Відомо, що у Вищому світлі не відбувається ніяких змін, як написано: «Я своє АВАЯ не міняв». А всі імена та назви виникають лише від почуття світла в келім, які є бажанням насолодитися, котре включене до Малхут – кореня створіння. І звідти все сходить до нашого світу, до створінь.

І всі ці стадії, починаючи з Малхут, яка є коренем створення світів, та закінчуючи створіннями, – називаються ім'ям Шхіна. А все виправлення полягає в тому, що Вище світло засвітить в них у всій досконалості, і це світло, що освітлює келім, називається Шохен, а всі келім в цілому звуться Шхіна.

Світло Шохен заповнює Шхіну і називається «світло Шохен», бо мешкає («*шохен*»)¹ всередині келім, а сукупність всіх келім називається «Шхіна».

Поки не засяє в них світло в остаточній довершеності, – до тих пір називається це «часом виправлення», під час якого ми здійснюємо виправлення, дозволяючи світлу повністю наповнити все створіння. А до того буде вважатися Шхіна «у вигнанні», – адже немає ще досконалості у вищих світах.

І в нашому, самому нижчому зі світів, вище світло повинне наповнити бажання насолодитися, чиє виправлення називається «отриманням в ім'я віддачі». Але поки що егоїстичне бажання сповнене ницими й безглуздими пристрастями, і немає в ньому місця для розкриття величі Творця. А серце, замість того щоби бути вмістилищем вищого світла, стало місцем покидьків й нечистот, – тобто повністю загрузло в низьких бажаннях.

І це називається «Шхіна у пра́сі», – тобто принижена вона так, що втоптали у прах. Адже всі й кожен нехтують святістю, і немає в них ніякого прагнення та бажання підняти Її з праху, – а вибирають негідні цінно-

---

1 Тут й надалі в дужках курсивом виділені доповнення перекладача і редактора російського видання, що полегшують сприйняття сенсу сказаного, а також – які вказують на термінологічні особливості, або на особливості внутрішнього змісту тексту.
(*Примітка перекладача українського видання*)

сті. І цим завдають страждань Шхіні, адже не дають їй місця в своєму серці, яке б стало обителлю світла Творця.

3. Сутність духовного осягнення

Ми розрізняємо безліч ступенів та безліч означень в світах. Та необхідно знати, що всі світи з їх безліччю ступенів існують лише відносно душ, котрі отримують від світів, згідно з правилом: «Те, що не осягнемо – не зможемо назвати по імені». Бо слово «ім'я» вказує на осягнення, – подібно до людини, яка дає якусь назву лише після того, як збагнула річ, котру називає, – відповідно до свого пізнання.

А тому вся дійсність з точки зору духовного осягнення ділиться на 3 частини:

1. «Ацмуто», суть Творця;
2. Нескінченність;
3. Душі.

1) Про суть Творця ми взагалі не говоримо, бо корінь й місце створінь починаються із задуму творіння, де вони містяться, і сенс цього укритий в словах: «Результат дії закладений в її первісному задумі».

2) Нескінченність є задумом творіння, котрий утаєний в словах: «Його бажання – завдати насолоди своїм створінням» – на рівні нескінченності, що і називається Нескінченністю *(Ейн Соф)*. І це зв'язок, який існує між Ацмуто та душами. Зв'язок цей розуміється нами як таємниця бажання завдати насолоди створінням.

3) Душі, які отримують благо, котре вміщене в Його бажанні насолодити.

«Нескінченність» – зветься так, оскільки це зв'язок Ацмуто з душами, що розуміється нами як таємниця Його бажання завдати насолоди своїм створінням. Крім зв'язку з цим ми нічого не осягаємо, а тому ні про що більше говорити не можемо. Там – початок всього. І це називається «світло без клі». Але звідти бере свій початок корінь створінь, тобто зв'язок, що є між Творцем та створіннями, і який зветься Його бажанням завдати насолоди своїм створінням. І це бажання починається в світі Нескінченності та сходить до світу «Асія».

А всі світи щодо самих себе визначаються як «світло без клі», і про них ми не говоримо. Вони визначаються як Його сутність, і немає в них ніякого пізнання. І не дивуйся, що ми розрізняємо там безліч властивостей, – адже це тому, що властивості ці закладені там в потенціалі, як сили.

А затим, коли прийдуть душі, виявляться ці властивості в душах, які отримують вищі світла відповідно до того, що виправили й привели до ладу таким чином, аби була у душ можливість отримати їх, кожен – відповідно до своєї сили та підготовки. І тоді розкриваються ці властивості в дії. Але в той час, коли душі не осягають вище світло, тоді все саме по собі вважається Його сутністю.

А щодо душ, які отримують від світів, визначаються світи як «Нескінченність», оскільки цей зв'язок, який є між світами й душами, тобто те, що світи віддають душам, виходить із задуму творіння та являє собою взаємовідносини Ацмуто з душами. І зв'язок цей називається «Нескінченність», як і згадано вище. І коли ми молимося та просимо Творця, щоби допоміг нам і дав нам те, що ми просимо, то маємо на увазі Нескінченність, адже там корінь створінь, який бажає дати їм благо й насолоду та зветься «Його бажання завдати насолоди своїм створінням».

Молитва – вона до Творця, Який створив нас, ім'я якого: «Бажання насолодити створіння». І Він називається Нескінченністю, оскільки мова йде про стан до скорочення. І навіть після скорочення не було в Ньому ніяких змін. Немає змін у світлі, і завжди Він називається цим ім'ям.

А вся безліч імен, – вона лише відносно тих, хто отримує. Тому Перше ім'я, що розкривається в словах «корінь створінь», називається Нескінченністю. І розкриття цього імені залишається без будь-яких змін. Всі ж скорочення та безліч змін відбуваються лише відносно тих, хто отримує. Тоді як Він завжди світить Першим ім'ям, яке визначається як «Його нескінченне бажання завдати насолоди своїм створінням». І тому ми молимося Творцеві, званому «Нескінченність», який світить без скорочення й кінця. А те, що потім створюється скінчення, – це виправлення для одержувачів, аби змогли отримати Його світло.

Вище світло містить в собі два поняття: «той, хто осягає» й «те, що осягається». І все, що ми кажемо про вище світло – це лише враження того, хто осягає, від того, що ним осягається.

Однак, кожен з них сам по собі, – тобто тільки «той, хто осягає», або лише «те, що осягається», – не звуться Нескінченністю. Те, що осягається називається «Ацмуто», а ті, хто осягають звуться «душі», – щось нове, яке є частиною цілого. А нове – в тому, що відбите в ньому бажання насолодитися. І з цієї точки зору створіння називається «щось з нічого» (*«єш мі аїн»*).

Самі по собі всі світи визначаються як проста єдність, в них самих немає ніяких змін, що є сенсом сказаного: «Я Свого *(Імені)* АВАЯ не міняв». Тобто в самому Творці не розрізнюють сфірот та ступенів. Адже навіть найвитонченіші назви не виражають суті самого світла, оскільки це відноситься до Його сутності, яка зовсім непізнавана. А коли мова йде про сфірот та всі особливості, які розрізняються, – так це лише з точки зору того, що саме осягає в Ньому людина. Бо Творець побажав, щоб ми пізнали та зрозуміли світло достатку (*«шефа»*), в чому – суть Його бажання завдати насолоди своїм творінням.

А щоби ми змогли пізнати те, що Він побажав, осягнули й зрозуміли таємницю Його бажання завдати насолоди своїм створінням, Творець створив і дав нам такі органи чуття, які, сприймаючи вище світло, розрізняють в ньому безліч відчуттів. Бо наш загальний орган почуттів називається «бажання отримати насолоду», і воно розрізняє в одержуваному безліч частин й відтінків, підйоми і падіння, наповнення світлом та його зникнення.

Та оскільки бажання насолодитися називається «створіння» і «щось нове», то саме з того місця, де в цьому бажанні починається усвідомлення, з'являється можливість опису сприйняття в мірі відчуття. Це вже означає взаємовідносини вищого світла й бажання, і називається «світло та клі», – насолода та бажання. Тоді як про світло поза клі неможливо нічого сказати, адже світло без того, хто осягає, відноситься до Ацмуто, до суті Творця, про яку заборонено говорити, оскільки вона непізнавана. А як же можна говорити про непізнаване?

І звідси зрозуміємо, що, коли ми молимося до Творця аби послав нам визволення, лікування тощо, потрібно розрізняти тут дві категорії:

1. Творець;
2. Те, що від Нього виходить.

Про першого, який визначається як Ацмуто, заборонено говорити, як сказано вище. Друге, що виходить від Нього, – визначається як світло, що входить в наше клі, тобто в наше бажання наповнитися. Це називається Нескінченністю. І це – зв'язок, який є у Творця зі створіннями, прояв Його бажання завдати насолоди створеним. Отже бажання насолодитися відноситься до світла, яке його наповнює, та в результаті досягає бажання.

І в той час, коли бажання зазнати насолоди наповнюється світлом, котре вдягається в нього, тоді це світло називається Нескінченністю. Воно досягає тих, хто отримує, через численні вкриття, що дозволяє нижчому отримати цей світ. І тому все осягнення та зміни відбуваються лише в самому одержувачі, – тобто в мірі його сприйняття отримуваного наповнення. Однак необхідно уточнити, про що йде мова. Коли йдеться про властивості у світах, то мова йде про потенційні властивості, і тільки у відчуттях отримувача вони втілюються на ділі.

Духовне осягнення – це форма, де той, хто осягає й те, що осягається, з'являються разом, одночасно.

Бо без того, хто осягає, немає ніякої форми і в того, що осягається, – адже нема кому сприйняти цю форму. Саме тому цей ступінь визначається як Ацмуто, і зовсім неможливо говорити про це. Адже як можна сказати, що те, що осягається, прийме якусь форму саме по собі, поза нашими відчуттями?

Тому нам нема про що говорити, окрім як про свої відчуття, – наскільки ми збуджуємося від впливу світла, що нас наповнює, та яке викликане Його бажанням завдати насолоди своїм створінням і в дійсності доходить до одержувачів.

Це подібно до того, як нами сприймається стіл, який відчувається твердим в наших органах дотику, а в зоровому сприйнятті оцінюється нами в певних розмірах. Але все це – лише в наших відчуттях. І це зовсім не означає, що стіл буде сприйматися таким самим у відчуттях створіння з іншими органами чуття, наприклад, – у відчуттях ангела. Він, зрозуміло, буде сприймати стіл в інший, у порівнянні з тією, що сприймається нами, формі, – відповідно до своїх органів чуття. Тому ми не можемо говорити про те, як стіл виглядає у відчуттях ангела, адже ми нічого не знаємо про його органи чуття.

І тому, як не можемо ми осягнути суті Творця, – так не можемо ми говорити і про те, яку форму мають світи відносно Творця. Ми осягаємо в світах лише те, осягається в наших відчуттях, – бо таким є бажання Творця, щоби таким чином ми пізнали вищі світи.

Тому сказано: «Немає зміни в світлі». А всі зміни – лише в келім, тобто в наших відчуттях. Все вимірюється і оцінюється нами тільки щодо нашого сприйняття. Тому, якщо багато людей дивляться на один духовний об'єкт, – все одно, кожен осягає його інакше, відповідно до свого індивідуального сприйняття та відчуття. І тому кожен бачить іншу форму. А також і для самої людини цей духовний об'єкт може змінюватися внаслідок зміни стану людини, – її підйомів і падінь. Саме ж світло є простим та не має ніякої форми, а всі зміни відбуваються лише в тих, хто осягає.

І нехай буде бажання аби ми удостоїлися отримати Його світло та йти шляхами Творця, й працювати на Нього не заради отримання винагороди, а заради Його насолоди, та підняти Шхіну з праху, і удостоїтися злиття з Творцем, щоби розкрився Творець своїм створінням.

4. Причина складності в анулюванні себе заради Творця

Почуто дванадцятого Шевата (6 лютого 1944 р.)

Необхідно знати, що причина складності, яку відчуває людина, бажаючи анулювати себе заради Творця аби зовсім не піклуватися про себе, полягає в тому, що людина відчуває, ніби весь світ залишився на своєму місці, а вона зникає з цього світу та залишає свою сім'ю і друзів в ім'я анулювання себе заради Творця. Причина складності проста та називається «відсутність віри». Тобто людина не бачить – перед ким і заради кого вона повинна анулювати себе, не відчуваючи існування Творця. Це й викликає складність.

Але тільки-но відчує Творця, – негайно ж її душа забажає з'єднатися з коренем, включитися в нього й анулювати себе, як свічка перед факелом, без найменшого міркування, тому що це станеться в ній у природний спосіб.

Тому головне, чого необхідно досягти людині – почуття Творця, аби відчути, що Його величчю сповнений світ. І задля досягнення цього відчуття повинне проявитися усе зусилля людини в її духовній роботі, – тобто в усвідомленні того, що єдине, що в людини відсутнє – віра в Творця. І нехай не думає вона ні про що інше, окрім головної винагороди, яку хотіла би отримати за свою роботу, – удостоїтися віри в Творця.

І потрібно знати, що немає різниці між великим світінням й маленьким, котрі людина осягає. Адже в світлі ніколи не відбувається жодних змін. Але всі зміни у відчутті виходять від зміни келім, які отримують вище світло. Як написано: «Я Своє АВАЯ не змінював».

Тому, якщо людина здатна збільшити свої келім, – в тій же мірі вона збільшує кількість світла, яке увійшло в них. Питання: чим саме можна збільшити келім? Тим, що людина вихваляє та звеличує Творця в своїх очах, відчуває вдячність за те, що Творець наблизив її до Себе, дав можливість хоч трохи відчути Себе й подумати, – наскільки важливим є для неї зв'язок з Творцем. І чим більшу значимість надає цьому людина, тим більшими стають її келім і тим більше світіння вона в них відчуває.

Але оскільки людина завжди відчуває лише всередині своїх бажань, вона ніколи не в змозі точно оцінити справжній рівень зв'язку між нею та Творцем. Однак в тій мірі, наскільки цінує його, – настільки осягає його піднесеність та значимість. І таким чином може удостоїтися, що залишиться світло в її келім назавжди.

5. Лішма – це пробудження з висі, та чому потрібне пробудження знизу
Почуто в 1945 р.

Як удостоїтися властивості «лішма» (*заради Творця*), – людина не в силах зрозуміти. Тому, що нездатен людський розум усвідомити, як може статися в нашому світі така подія. Адже все, що відбувається, дає людині зрозуміти, що вся робота в Торі, заповідях, та винагорода має бути заради себе, бо інакше не зможе зробити жодного руху. А тому лішма – це світло згори. І лише той, хто відчуває його, може зрозуміти. Тому сказано: «Спробуйте та переконайтеся, який прекрасний Творець».

А якщо так, то необхідно зрозуміти, – для чого ж людина повинна докладати всіх можливих зусиль і виконувати всілякі поради, намагаючись досягти лішма? Адже не допоможуть їй ніякі поради, і якщо Творець не дасть їй іншу природу, яка називається бажанням віддавати, то не допоможуть людині ніякі зусилля, щоби досягти властивості лішма.

Відповідь полягає у сказаному мудрецями: «Не тобі закінчити цю роботу, але й не вільний ти відмовитися від неї». Тобто на людині лежить обов'язок докласти максимальних зусиль знизу («*ітарута де-летата*»), що зветься молитвою. Тому що молитвою називається нестача, без відчуття якої неможливе наповнення. А коли є в людині потреба у властивості лішма, то приходить до неї наповнення згори, приходить до неї з висі відповідь на молитву, – тобто вона отримує бажане наповнення. Виходить, що робота людини заради отримання від Творця властивості лішма є необхідною лише для здобуття нестачі та клі, – наповнення ж ніколи не залежить від людини, а є подарунком Творця.

Але молитва повинна бути повною, – тобто з глибини серця, – коли людина абсолютно впевнена в тому, що немає в світі нікого, хто б міг допомогти їй, окрім Самого Творця. Але як дізнатися людині, що ніхто в світі не може їй допомогти, крім самого Творця? Це знання людина може отримати тільки, якщо доклала усіх можливих зусиль, на які здатна, та переконалася, що вже ніщо не допоможе їй. Тому зобов'язана людина виконувати будь-які можливі дії аби удостоїтися властивості віддачі Творцеві. Тільки тоді вона стане здатною на молитву про допомогу з самої глибини серця, – і тоді Творець чує її молитву.

Але коли людина намагається досягти властивості віддачі, вона повинна прагнути вся цілком працювати тільки на віддачу і нічого не отримувати для себе. Лише в такому випадкові людина виявляє, що немає в ній жодного бажання, що згодне працювати на віддачу. Звідси вона доходить остаточного висновку, що в неї немає іншого виходу, як вмолити Творця допомогти їй аби її бажання підкорилися б в усьому Творцеві без будь-яких умов, бо людина бачить, що не в її силах переконати своє тіло анулювати своє «Я». Виходить, що коли людина виявляє, що їй нема чого сподіватися на те, щоб її бажання добровільно погодилися на віддачу заради Творця, – саме тоді її молитва може бути з глибини серця, і лише тоді вона приймається Творцем.

Необхідно знати, що набуваючи властивості віддачі, людина умертвляє свій егоїзм. Адже егоїзм – це бажання насолодитися, і здобуте бажання віддавати анулює бажання отримувати, не залишаючи йому можливості діяти, що означає умертвіння егоїзму, оскільки скасовує його використання. А невикористаний егоїзм визначається як мертвий.

А якщо людина дасть собі звіт, – що може бути головним у цьому житті, заради чого варто було б працювати, – то виявить, що не так вже й важко підпорядкувати себе Творцеві, з двох причин.

1) У будь-якому випадкові, – бажає вона, або не бажає, – зобов'язана здійснити подальші кроки в цьому світі. А що залишається їй в кінці від усіх цих її зусиль?

2) Тоді як той, хто працює на віддачу, отримує величезну насолоду навіть під час роботи.

І можна навести приклад, наданий великим Магідом з Дубни для пояснення фрази: «Не Мене прикликав ти, Яаков, бо тяготився ти Мною, Ісраель». Сказав він, що схоже це на притчу про багача, який, виходячи з поїзда з невеликою валізою, ставить її туди, куди всі пасажири ставлять свою поклажу. А носильники беруть поклажу та доставляють її в готель, де зупиняються багаті купці. Носильник подумав, що невелику валізу пасажир, звичайно ж, візьме з собою, і для цього не потрібен носій, і тому взяв великий згорток. А багач хотів сплатити йому невелику суму, яку звик платити. Носильник же не схотів приймати її та сказав: «Я приніс на готельний склад величезний згорток і дуже втомився. Я насилу тягнув твою ношу, а ти хочеш дати мені за це таку мізерну плату?».

Мораль у тому, що якщо людина приходить і каже, що докладала великих зусиль, виконуючи духовну роботу, то Творець відповідає їй: «Не Мене прикликав ти, Яаков!». Тобто «не мою ношу ти взяв! Ця ноша належить комусь іншому. Якщо ти кажеш, що був змушений докладати багато зусиль, виконуючи духовну роботу, то, звичайно ж, ти працював на іншого господаря. Тому до нього і йди за оплатою»,»Бо тяготився ти Мною, Ісраель «.

Той же, хто працює на Творця, не повинен докладати ніяких зусиль, а навпаки, – відчуває насолоду й наснагу. Тоді як той, хто працює на інші цілі не може звернутися до Творця з вимогами: чому Творець не дає йому піднесення в його роботі? Адже він працює не заради Творця, – так чому ж Творець повинен платити йому за його роботу? Тобто людина може звернутися з претензіями лише до тих, на кого працює, щоби вони наповнили його насолодою та життєвою силою.

А оскільки робота в стані «ло лішма» (*не заради Творця*) буває спрямована на багато різних цілей, то людина може вимагати від цілі, заради якої працювала, щоби саме ця ціль дала їй винагороду, – тобто насолоду й життєві сили. І про це сказано: «Нехай подібними до них будуть ті, що створили їх, та усі, хто покладається на них!» (Псалом 115).

Але ми бачимо, що навіть коли людина бере на себе роботу заради Творця без усіляких інших намірів, вона все одно не відчуває ніякого піднесення, котре зобов'язало б її взяти на себе роботу заради Творця, а бере на себе цю ношу тільки вірою вище знання, – тобто через силу, всупереч своєму бажанню. І тоді виникає питання: чому ж людина відчуває таку тяжкість й опір в цій роботі, що її тіло постійно бажає звільнитися від цієї роботи, не відчуваючи від неї ніякої наснаги? І якщо людина працює в скромності, – навіть коли немає в неї іншої мети, як тільки працювати заради віддачі, – то чому ж Творець не дає їй відчути смак та піднесення в її роботі?

А справа в тому, що приховання насолод є великою допомогою, без якої людині неможливо було б виправитися. Адже, якби з рішенням почати духовну роботу, людина негайно починала відчувати світло духовної насолоди, всі її егоїстичні бажання також були б згодні з цією роботою, – тобто людина була б згідна з нею тому, що отримує насолоду й наснагу. А якщо так, то не було б ніякої можливості у людини досягти властивості віддачі (*лішма*), адже була би зобов'язана працювати на свій егоїзм, оскільки відчувала би в духовній роботі насолоду, яка є у багато разів більшою, ніж у будь-яких земних заняттях. А тому була би приречена навічно загрузнути в роботі заради себе (*ло лішма*), постійно отримуючи задоволення від своїх зусиль. А якщо людина отримує задоволення, – вона не в змозі нічого змінити, адже нездатна працювати без винагороди. Тому, якби людина отримувала задоволення в роботі заради себе, зобов'язана була би залишитися в ній назавжди.

Це є подібним до того, як люди переслідують крадія, а він біжить першим та кричить: «Тримай злодія!». І неможливо визначити, хто справжній злодій, щоб схопити його та повернути вкрадене господареві. Але якщо злодій, тобто егоїзм, не відчуває насолоди в нашій роботі з прийняття на себе властивості віддачі, то, коли людина працює у вірі вище розуму і змушує себе, її егоїзм звикає до цієї роботи проти егоїстичного бажання насолодитися, і виникає у людини можливість перейти до такого виду роботи, де її метою стане усолодження Творця, оскільки основне, що потрібне людині, – це щоби внаслідок своїх зусиль, вона досягла злиття з Творцем, тобто досягла збіжності властивостей, і всі її дії також були на віддачу.

Про такий стан сказано: «Ось тоді натішишся Творцем!», де «ось тоді» означає, що на початку роботи не може людина відчувати ніяких насолод, а навпаки, – вся її робота відбувається в зусиллі всупереч бажанню тіла. Але після того як привчила себе працювати на віддачу без будь-якого зв'язку з винагородою, а вірить, що від її зусиль є насолода Творцеві, – тоді й виникає в людині відчуття Творця. Людина повинна вірити в те, що Творець приймає будь-які її зусилля, незалежно від того, як їх оцінює людина. Творець дивиться лише на наміри людини, і від цього є тішення Творцю, внаслідок чого людина удостоюється вищих насолод.

А тому вже на початку своєї роботи людина повинна відчувати насолоду, оскільки працює на Творця, – адже зусилля, що зроблені через силу, готують людину до справжньої духовної роботи заради Творця. І у людини виникає можливість насолоджуватися своїми зусиллями заради Творця також в період вкриття.

6. Допомога, яку надає Тора в духовній роботі
Почуто в 1944 р.

Коли людина вивчає Тору і хоче досягти того, щоби всі її дії були заради віддачі, вона повинна намагатися аби Тора завжди служила для неї опорою. І допомога Тори – це сили, що живлять людину: любов й трепіт, піднесений стан духу і бадьорість тощо. І все це вона повинна знайти в Торі, тобто Тора повинна дати їй такий результат.

А коли людина вивчає Тору і не отримує такого результату, то це не означає, що вона вивчає Тору, оскільки під Торою мається на увазі світло, що міститься в Торі. І в сказаному мудрецями: «Я створив злу основу і створив Тору для її виправлення» мається на увазі світло, яке поміщене в ній, оскільки світло, що міститься в Торі, повертає до Джерела.

І ще потрібно знати, що Тора ділиться на дві частини:

1) Тора;
2) заповідь.

І неможливо зрозуміти істинний сенс цих двох частин, поки людина не удостоїться йти шляхом Творця в таємниці сказаного: «Творець – для тих, хто тріпотить перед Ним». Коли людина лише готується увійти до палацу Творця, – неможливо зрозуміти шляху істини. Але приклад навести можна, аби людина, навіть коли знаходиться в періоді підготовки, змогла що-небудь зрозуміти. Як сказано мудрецями: «Заповідь рятує і захищає коли виконують її, а Тора рятує та захищає і коли займаються нею, і коли не займаються».

Справа в тому, що виконання заповіді означає наявність світла, якого досягла людина. А заповідь може служити людині лише в той час, коли в неї є світло, і від цього вона перебуває в радості. Це називається заповіддю. Тобто людина ще не удостоїлася Тори, і лише світло дає їй духовну життєву силу.

Тоді як «Тора» – означає шлях, який вона пізнала, і який може служити їй навіть тоді, коли вона не займається Торою, – тобто навіть у той час, коли немає в неї світла. І це тому, що лише світіння йде від неї, а шлях, який вона пізнала в роботі, може служити їй, навіть якщо зникло світіння.

Але, разом з тим, потрібно знати, що заповідь, у той час, коли її виконують, – є більш важливою, ніж Тора, коли нею не займаються. Тобто, коли людина отримує світло, це означає, що вона виконує заповідь, а тому заповідь, коли є в людини світло, є більш важливою, ніж Тора, коли немає в неї світла, тобто коли Тора не є для неї життям.

З одного боку, Тора важлива, оскільки шлях, який людина осягнула в Торі, може служити їй. Але якщо немає в людині життя, що зветься світлом, а в заповіді вона отримує життя, зване світлом, – з цієї точки зору заповідь є важливішою, ніж Тора.

ШАМАТІ • ПОЧУТЕ

Тому, коли немає в людині життя, вона називається грішником, бо зараз вона не може сказати, що Творець управляє світом по-доброму. І оскільки вона звинувачує Творця, то зветься грішником, – адже зараз вона відчуває, що немає в ній життя, і нема чому радіти та немає підстави сказати, що зараз вона вдячна Творцеві за те, що Він дає їй благо та насолоду.

І нема чого очікувати, що вона буде вірити, ніби Творець управляє іншими добром, оскільки шляхи Тори сприймаються нами у відчуттях органів. Якби людина насправді вірила, що товаришеві управління Творця розкрите як таке, що є добрим, ця віра принесла б їй радість та насолоду тому, що вона вірить, що Творець управляє світом добром.

А якщо людина не відчуває себе добре від того, що інший відчуває себе добре, якщо це не приносить їй радість й життя, – то яка користь говорити, що товаришем Творець управляє по-доброму, адже головне – це те, що відчуває людина на власному тілі: чи їй добре, чи їй погано. Та з її точки зору товаришу добре лише тоді, коли вона сама насолоджується тим, що товаришеві добре.

Тобто ми вивчаємо на відчуттях тіла, що не є важливою причина, – важливе лише чи відчуває вона себе добре. Якщо вона відчуває себе добре, людина говорить, що Творець добрий та несе добро, а якщо відчуває себе погано, вона не може сказати, що Творець управляє нею по-доброму.

А тому, якщо вона насолоджується саме тим, що добре її товаришеві, і отримує від цього гарний настрій та радість, то вона може сказати, що Творець – добрий правитель. А якщо немає у неї радості, і вона відчуває, що їй погано, то як вона може сказати, що Творець добрий та несе добро?

Тому, якщо людина знаходиться в стані, коли не відчуває життя й радості, – то немає в неї вже і любові до Творця. Вона не може виправдати Його та перебувати в радості, як личить тому, хто удостоївся служити великому цареві.

І взагалі, ми повинні знати, що вище світло перебуває в абсолютному спокої, а все розмаїття імен Творця – за рахунок нижчих. Тобто всі імена, які дані вищому світлу, виходять з осягнення нижчих. Іншими словами, як людина осягає світло, – тобто як вона відчуває його, – так і називає.

І якщо людина не відчуває, що Творець щось дає їй, то, яке ім'я вона може дати Творцеві, якщо нічого від Нього не отримує? Але коли людина вірить в Творця, то каже, що кожен стан, який вона переживає, наданий їй Творцем, і, відповідно до свого відчуття, вона і дає ім'я Творцеві. Тобто, якщо людина відчуває, що їй добре в тому стані, в якому вона знаходиться, то вона каже, що Творець називається Добрим й Тим, котрий несе добро, оскільки так вона відчуває, почуваючи, що отримує від Творця благо. І тоді людина називається праведником, оскільки виправдовує свого Сотворителя (*Творця*).

А якщо людина в тому стані, в якому вона знаходиться, відчуває себе погано, то вона не може сказати, що Творець посилає їй благо, і тому називається грішником, бо звинувачує свого Творця.

Але не буває проміжного стану, – такого, аби людина сказала, що в своєму стані відчуває, що їй добре та погано одночасно. Їй може бути або добре, або погано. І сказано мудрецями, що «світ створений або для закінчених грішників, або для абсолютних праведників». І це тому, що неможливо людині одночасно відчувати себе й добре, і погано. А те, що мудреці кажуть, ніби є проміжний стан, – так це тому, що у створінь існує поняття часу, і проміжний стан знаходиться між двома часами, які слідують один за одним: підйомом й падінням, – коли людина то праведник, то грішник. Однак не може бути, щоби людина відчувала себе й добре, і погано в один і той же час.

Зі сказаного випливає, що Тора є важливішою, ніж заповідь, у той час, коли не займаються ані Торою, ані заповідями, – тобто коли немає в людини життя. Тоді Тора, в якій немає життя, є більш важливою, ніж заповідь, в якій немає життя. Адже від заповіді, в якій немає життя, вона не може отримати нічого, тоді як від Тори, все ж, залишається у неї шлях в роботі, який вона отримала, коли займалася Торою. І навіть якщо пішло життя, в неї залишається шлях, яким вона може скористатися.

Але є часи, коли заповідь важливіша, ніж Тора. Це відбувається тоді, коли є життя в заповіді, а в Торі – немає. Тому в той час, коли людина не займається Торою і заповідями, – тобто коли немає в неї радості та життя в роботі, – тоді немає для неї іншої ради, – лише молитва. Але під час молитви вона повинна знати, що вона – грішник, оскільки не відчуває зараз благо й насолоду, що існують в світі. І навіть якщо вона вважає, що може повірити, ніби Творець дає їй лише благо, – але не всі думки людини й те, що вона робить насправді, знаходяться в рамках роботи. Людина знаходиться в рамках роботи, коли думка призводить до дії, тобто – до відчуття в органах. Тоді органи повинні відчути, що Творець добрий й несе добро, та отримати від цього життя і радість. А якщо немає в неї життя, – який сенс від її розрахунків, адже її органи зараз не люблять Творця через те, що Він дає їм благо?

Тому людина повинна знати, що якщо немає у неї радості й життя в роботі, – це ознака того, що вона – грішник, оскільки не відчуває хорошого. І всі її думки не є істинними, якщо вони не ведуть до дії, – до відчуття в органах, внаслідок чого людина полюбить Творця за те, що Він насолоджує створіння.

7. Що означає в роботі, коли звичка стає другою натурою

Почуто в 1943 р.

Коли людина привчає себе до якоїсь речі, ця річ стає для неї звичною, а будь-яка звичка може стати другою натурою людини. Тому немає нічого такого, в чому би людина не могла відчути смаку реальності. І навіть якщо залишалася абсолютно байдужою до якоїсь речі, але, завдяки звичці, починає її відчувати.

І слід знати, що існує різниця у відчуттях Творця та створіння. У створінь є той, хто відчуває, й те, що відчувають, той, хто осягає, і те, що осягається, – є той, хто сприймає якусь реальність. Тоді як реальність за відсутності того, хто відчуває відноситься лише до самого Творця. І реальність Творця непізнавана. Людина ж будь-яку реальність сприймає через відчуття. І реальність є істинною для неї в тій мірі, в якій вона відчуває її, відчуває її смак. Це і є для неї істиною. Якщо відчуває насправді гіркий смак, – тобто в якомусь стані відчуває себе погано та страждає від цього, то в духовній роботі така людина називається грішником, бо звинувачує Творця, який є добрим й таким, що творить лише добро. Але, згідно з відчуттям людини, вона отримує від Творця протилежне, тобто погане.

І сказано мудрецями: «Світ створений тільки для закінчених грішників або для абсолютних праведників». Це означає, що або вона відчуває себе добре в існуючій дійсності, і тоді виправдовує Творця та називається праведником, або відчуває погане, і тоді вона – грішник. І виходить, що все вимірюється відповідно до відчуттів людини. До Творця ж всі ці відчуття не відносяться, як сказано в Пісні Єдності: «Так буде навічно – нехай не буде в Тобі ні зменшення, ані збільшення». Всі вкриття та зміни стосуються лише тих, хто отримує, та залежать від осягнення людини.

8. Різниця між святою тінню й тінню кліпот
Почуто в місяці Тамуз (липень 1944 р.)

Сказано: «Ще не повіяв день, й не побігли тіні...» (Пісня Пісень, глава 2). І необхідно зрозуміти, що таке «тіні» в духовній роботі та чому є дві тіні. А справа в тому, що коли людина не відчуває суть управління Творця, не розуміючи, що Він управляє світом добром та на благо, її стан визначається як тьма, що утворилася від тіні, яка приховує сонце. І як фізична тінь, що закриває сонце, не спроможна ніяк вплинути на нього й залишає сонце світити на всю свою силу, – так і людина, яка не відчуває управління Творця, ніяк не може змінити те, що відбувається нагорі. І нагорі все залишається незмінним, як написано: «Я Своє АВАЯ не міняв».

Усі ж зміни відбуваються тільки в тих, хто отримує. І в цій тіні, тобто в цьому вкритті, можна виділити два види. Перший, – це коли в людини ще є можливість впоратися з цією темрявою та укриттям, виправдати Творця й помолитися Йому аби Він розкрив людині очі та дав їй зрозуміти, що всі приховування приходять до неї від Творця, – тобто Творець вчиняє з нею це для того, щоби вона могла просити Творця про допомогу й забажала злитися з Творцем. Адже лише за допомогою страждань, одержуваних від Творця, вона захоче позбутися їх та зробить все, що в її силах. І тому, отримуючи зараз від Творця вкриття й страждання, вона, звичайно ж, скористається відомим засобом і примножить свою молитву, просячи Творця допомогти їй та врятувати зі стану, в який вона потрапила. І значить в цьому стані вона все ще вірить Творця та в Його управління.

ШАМАТІ • ПОЧУТЕ

А другий вид полягає в тому, що вона вже не може зміцнитися у вірі та сказати, що всі страждання й удари, які нею відчуваються, виходять від Творця, щоби дати їй піднятися на наступний ступінь. І тоді, не дай Бог, може вона увійти у стан зневіри, тому що не може повірити в управління Творця і, природно, не зможе молитися Творцеві та просити Його про допомогу.

Виходить, що буває два види тіні, і в цьому сенсі сказано: «і побігли тіні», – тобто зникли тіні зі світу.

Тінь кліпи означає: «Інший бог безплідний та не приносить плодів». Тоді як про святу тінь сказано: «Тіні Його жадав я і в ній сидів, і плід Його був мені солодким». Тобто всі приховання й страждання приходять до людини за бажанням Творця, для того щоби вийшла з них вірою вище знання. І якщо є в неї сила сказати, що все це Творець влаштовує їй для її ж користі, – адже тільки так вона зможе почати працювати заради віддачі, а не заради себе, – тоді приходить до людини розуміння і вона вірить, що Творець насолоджується саме від такої роботи, яка повністю побудована на вірі вище знання. І вже більше не просить людина Творця щоби пішли тіні з цього світу, а каже: «Я бачу, що Творець бажає аби я працювала для Нього саме так – вірою вище знання». І тоді, що б вона не робила, скаже: «Звичайно ж Творець насолоджується від такої роботи! І, значить, – неважливе мені те, що я працюю в укритті Творця». Адже бажає вона працювати заради віддачі, тобто для радості Творця. А тому не відчуває ніякої ущербності в цій роботі, коли відчувала би, що Творець вкривається від неї та не отримує насолоди від її роботи. Навпаки, людина згодна з управлінням Творця, – тобто згодна всім серцем й душею з тим відчуттям реальності Творця, яке хотів Творець дати їй під час цієї роботи. Адже не дивиться людина на те, чим могла би насолодитися сама, а шукає, – чим може втішити Творця. І виходить, що така тінь приносить їй життя.

І про це сказано: «Тіні Його жадав я», тобто бажає людина досягти такого стану, коли здатна на деяке подолання вірою вище знання. А якщо не намагається зробити це в умовах укриття, коли ще є в неї можливість молитися, просячи Творця наблизити її, а вона упускає таку можливість, то посилають їй подвійне вкриття, в якому не може вона навіть молитися.

І все це – через гріх, адже не зібрала вона всі свої сили, щоби звернутися з молитвою до Творця, а тому опустилася до такої ницості. Але коли дійде такого стану, то зглянуться над нею з висі і ще раз пошлють їй згори пробудження, – і знову почне вона теж саме коло з самого початку. Поки, нарешті, не зміцниться в вірі, і тоді чує Творець її молитву, і наближає її до себе, повертаючи її до джерела.

9. Три причини, що збільшують розум людини
Почуто в місяці Елуль (серпень 1942 р.)

Книга Зогар пояснює нам слова мудреців: «Три причини збільшують розум людини: гарна жінка, гарний дім й красиві келім». Красива жінка – це свята Шхіна. Гарний дім – це серце людини. Бажання людини називаються келім. І варто пояснити, що не може свята Шхіна розкрити свою справжню красу та привабливість, доки не набуде людина красивих келім – бажань, які виходять із серця. Тобто повинна вона перш за все очистити своє серце, щоби стало воно красивим домом. А красивим воно називається, коли звільняється від наміру «заради себе» та діє лише заради віддачі, від чого людина набуває гарних келім. І тоді її бажання, звані келім, не лише очистяться від егоїзму, але й будуть світлими в своїй властивості віддачі.

Але якщо немає у людини гарного дому, каже Творець: «Не можемо Я і вона перебувати разом», – тому що має бути подібність світла й клі. Тому, коли людина приймає на себе віру як очищення в її серці та розумі, вона удостоюється гарної жінки: Шхіна розкривається їй як краса та привабливість. І це збільшує розум людини, адже відчуваючи насолоду і радість від розкриття Шхіни в своїх бажаннях, вона наповнює свої келім – і це називається збільшенням розуму.

А досягають цього через заздрість, та пристрасть до насолод і почестей, які, як сказано, виводять людину з цього світу.

Заздрість – до Шхіни, набуваючи заздрості до Творця.

Почесті – бажання надати більшої шани Творцеві.

Пристрасть до насолод – як сказано: «Бажання смиренних чуєш Ти» …

10. Що означає в духовній роботі «сховався мій друг»

Почуто в місяці Тамуз (липень 1944 р.)

Необхідно знати, що коли людина починає просуватися, бажаючи досягти стану, в якому всі її дії будуть заради Творця, вона починає відчувати підйоми й падіння. І буває, що падіння є настільки великим, що з'являються думки втекти від Тори й заповідей, – тобто приходять думки, що вона не бажає перебувати під владою святості. І тоді людина повинна вірити, що насправді все навпаки, – тобто це святість уникає її. І справа в тому, що тільки-но людина хоче завдати шкоди святості, вона випереджає людину та першою віддаляється від неї. І якщо людина вірить в це та справляється зі станом, коли святість уникає її, то втеча (*«барах»*) обертається на благословення (*«бірех»*) Творця, як сказано: «Благослови, Творець, його силу, та забажай справи рук його».

11. Радуйся у трепоті[2]

Почуто в 1948 р.

Радість – це прояв любові, яка – суть буття.

І схоже це на людину, яка будує собі будинок і не створює жодних вад в стінах будинку. А значить, немає в неї ніякої можливості увійти в будинок, – адже немає пустот в стінах будинку, через які могла би до нього увійти. І тому необхідно створювати порожнечі, за допомогою яких людина увійде до будинку.

Тому там, де є любов, потрібно також подбати про страх, адже острах – і є тією порожнечею. Тобто повинна вона пробуджувати в собі страх, – а раптом не зможе набути наміру заради віддачі? І лише коли разом любов та страх, – тоді є довершеність, а інакше одне бажає придушити інше. Тому потрібно намагатися, щоб обидва вони були одночасно, – в цьому сенс того, що необхідні любов і трепіт. Любов називається життям,

---

2 Псалом 2, п.11. (Тут и надалі – примітки перекладача і редактора російського видання)

тоді як страх зветься нестачею й порожнім простором. І лише обидва разом являють вони досконалість. І називається це «двома ногами», адже тільки коли є у людини дві ноги, вона може йти.

12. Головне в роботі людини
Почуто на трапезі у другий день Рош га-Шана (16 вересня 1947 р.)

Головне в роботі людини – знайти та відчути смак до віддачі Творцю. Адже все, що людина робить заради себе самого, – віддаляє її від Творця, ведучи до відмінності їхніх властивостей. Коли ж вона робить якусь дію заради Творця, навіть якщо ця дія є найменшою, – все одно називається «заповіддю».

Тому головне, – людині потрібно намагатися знайти силу, яка надасть можливість відчути смак до віддачі. А для цього вона повинна втратити бажання до отримання заради себе. І тоді поступово пізнає смак віддачі.

13. Суть гранату
Почуто на трапезі у другій вечір Рош га-Шана (15 вересня 1947 р.)

Мудреці говорили, що навіть порожнеча в людині заповнена заповідями, як зернятками, що наповнюють гранат. А «гранат» (*рімон*) походить від слова «велич», «піднесення» (*ромемут*), що означає «вище знання». І тоді «навіть порожнеча в тобі заповнена заповідями», а міра наповнення відповідає здатності йти вище знання, – і це називається піднесенням. Спустошеність же відноситься до безживного місця. (Як сказано: «підвішена земля в пустоті».)

І чим більше підіймається людина над знанням, тим більше заповнюється це спустошене місце. Тобто порожнечу заповнюють піднесенням, йдучи вірою вище знання.

Потрібно просити Творця дати нам сили для піднесення. Адже пустота створена і дана людині не для того, щоби відчувала свою спустошеність, а щоб заповнила її величчю Творця та все прийняла вірою вище знання. Про що сказано: «І зробив Творець так, аби тріпотіли перед Ним».

Всі порожні думки, що приходять до людини, даються лише для того аби вона зрозуміла необхідність прийняти на себе віру вище знання. Але для цього потрібна допомога Творця, і повинна людина просити Його, щоб дав їй силу йти вище знання. І саме тоді людина стане потребувати допомоги Творця, адже її зовнішній розум завжди буде підказувати їй зворотне. І немає іншого виходу, як просити Творця про це, адже сказано, що егоїзм людини перемагає її всякий раз, і без допомоги Творця сама людина нездатна його перемогти. І лише тоді людина розуміє, що ніхто не може допомогти їй, окрім Творця, – тобто «зробив Творець так, аби тріпотіли перед Ним». Трепіт же означає віру, адже тільки тоді людина потребує порятунку Творця.

14. Що таке велич Творця
Почуто в 1948 р.

Возвеличити Творця – означає, що потрібно просити у Нього аби дав силу йти вірою вище знання. І є два пояснення звеличування Творця.

1) Не наповнюватися знаннями, розумом, за допомогою якого людина зможе відповісти на свої питання, а бажати аби Творець відповів на її питання. І це називається звеличуванням Творця, оскільки будь-який розум дається згори, а не походить від людини. А все, що людина може пояснити сама – вона пояснює за допомогою зовнішнього розуму. Іншими словами, егоїстичне бажання розуміє, що варто дотримуватися Тори й заповідей, в той час як віра вище знання зобов'язує людину працювати, – тобто йти всупереч знанням егоїстичного бажання.

2) Звеличуванням Творця є те, що Творець стає людині необхідним аби могла людина отримати відповіді на свої питання.

Тому:

1) людина повинна йти вірою вище знання, тоді вона бачить, що спустошена і тоді осягне потребу у Творці;

2) лише Творець може дати людині цю силу – йти вірою вище знання. Тобто те, що дає Творець, – і зветься величчю Творця.

15. Що означають в роботі «інші боги»

Почуто двадцять четвертого Ава (3 серпня 1945 р.)

Написано: «Не створюй інших богів перед лицем Моїм», – і Зогар пояснює, що потрібні «камені для зважування її». І запитує про це: «Як за допомогою каменів зважують роботу аби тим самим дізнатися про свій стан на шляху Творця?». І відповідає: адже відомо, що в той час, коли людина починає працювати більше, ніж звикла, тіло починає брикатися та щосили спиратися цій роботі, оскільки віддача для тіла – ярмо й тяжкий тягар, і воно не може винести цієї роботи. А протидія тіла виражається в людині появою сторонніх думок, і воно починає ставити відомі питання: «Хто і що?» (*«Хто такий Творець ваш?»*, *«Що дає вам ця робота?»*).

І з приводу цих питань людина каже, що, звичайно ж, всі ці питання посилає їй сітра ахра *(нечисті сили)* аби перешкодити в роботі. Якщо ж людина говорить, що вони приходять від нечистих сил, то порушує написане: «Не створюйте інших богів перед лицем Моїм».

А сенс в тому, що людина повинна вірити, що питання ці приходять від святої Шхіни, тому що «немає нікого, крім Нього». І свята Шхіна розкриває людині її справжнє становище, показуючи тим, що посилає їй ці питання, звані сторонніми думками, – чи йде вона по шляху Творця. Тобто за допомогою цих сторонніх думок вона бачить, як вона відповідає на ці питання, що вважаються сторонніми думками. І все це людина повинна знати, розуміючи свій справжній стан в роботі – аби знала, що робити.

І це схоже на історію про те, як один приятель захотів дізнатися, наскільки його друг любить його. Звичайно ж, лицем до лиця друг приховає себе через сором, тому людина підіслала когось, хто буде лихословити тому про неї, і тоді вона побачить реакцію свого приятеля в той час, коли той далекий від свого друга. І тоді людина зможе дізнатися правду, – якою мірою друг любить її.

А сенс в тому, що коли свята Шхіна показує людині своє обличчя, тобто Творець дає людині життя й радість, в такому стані людина посоромиться сказати, що ж вона думає з приводу того, щоб працювати заради віддачі та нічого не отримувати для себе. Тоді як не перед Її лицем, – тобто коли життя і радість остигають, що означає «не перед її лицем», – тоді людина може бачити своє справжнє становище з точки зору віддачі. І якщо людина вірить, що «немає нікого, окрім Нього», – як написано, – а всі сторонні думки посилає їй Творець, тобто лише Він діє, то, звичайно ж, вже знає, що робити і як відповісти на ці важкі запитання. І це виглядає так, ніби Вона посилає їй посланців побачити, як вона лихословить про Неї, про своє Царство Небес. Так це можна пояснити.

І людина може зрозуміти, що все виходить від Творця, – адже відомо, що ці сторонні думки, якими тіло тисне на людину, не приходять до людини в той час, коли вона не займається роботою. Ці ґнобливі думки, які приходять до людини в настільки виразному відчутті, що просто рояться в її мозку, з'являються якраз після надзвичайно великого просунення в Торі й роботі.

І це називається «камені для її зважування». Тобто камені ці падають їй у свідомість, коли вона хоче зрозуміти відповіді на ці питання, адже вона збирається тепер зважити та оцінити мету своєї роботи, – а чи дійсно варто працювати заради віддачі й працювати, віддаючи душу свою та всю себе так, щоби її єдиним бажанням була лише надія, що якщо й придбавати щось в цьому світі, так тільки з метою роботи заради надання задоволення Творцеві, а не заради чогось матеріального.

І тоді починається гостра суперечка, – коли вона бачить, що то одна сторона перетягує, то інша *(дослівно: «і тут лик, й там»)*. І про це попереджає сказане: «Не створюйте інших богів перед лицем Моїм», – аби не сказали, що інші боги дали вам камені зважити за їхньою допомогою вашу роботу; а «перед ликом Моїм», – тобто людина повинна знати, що це «Мій лик». І це для того, щоби людина побачила справжню форму основи та фундаменту, на якому зводиться будівля її роботи.

І основний тягар, який є в роботі, виникає через те, що ці два висловлювання суперечать один одному.

1) Адже, з одного боку, людина повинна намагатися аби вся її робота була спрямована на досягнення злиття з Творцем, щоб кожне її бажання було лише – завдати задоволення Творцеві, й нічого – для власної користі.

2) З іншого боку, ми бачимо, що це не основна мета, адже мета творіння полягала не в тому, щоби створіння віддавали Творцеві, – оскільки

Він не відчуває жодної нестачі та не потребує того, щоби створіння давали Йому щось, – а навпаки, мета творіння визначена бажанням Творця завдати насолоди створінням, тобто, – щоби створіння отримали від Творця насолоду й благо.

І дві ці речі суперечать одна одній, будучи далекими, як то кажуть, немов полюс від полюса, – адже, з одного боку, людина повинна віддавати, а з іншого боку, людина повинна отримувати. Іншими словами, з точки зору виправлення створіння, треба досягти зліття, яке визначається рівністю властивостей, щоби всі її дії були тільки заради віддачі, після чого можна виконати мету творіння – отримувати від Творця насолоду і благо.

Тому, коли людина виховала в собі звичку йти шляхом віддачі, то, зрозуміло, немає в неї келім отримання. А в той час, як йде шляхом отримання, – немає в неї келім віддачі. Однак за допомогою «каменів для зважування її» вона знаходить і ті, й інші келім разом. Бо після претензій та розгляду, які виникли в неї під час роботи, після того, як подолала свій егоїзм та прийняла владу Творця над собою, досягнувши віддачі і в серці і в розумі, тепер, коли вона збирається притягнути вище світло, є в неї вже тверда основа в тому, що все повинно бути лише заради віддачі. Тому, навіть якщо отримує якесь світіння, відразу отримує його заради віддачі.

І це тому, що вся основа її роботи побудована виключно на віддачі, і це називається отриманням заради віддачі.

16. День Творця та ніч Творця
Почуто в 1941 р. в Єрусалимі

Сказано: «Горе вам, тим, хто прагне до дня Творця! Навіщо він вам? Адже це пітьма для вас, а не світло!» (Пророки, Амос, 5). І наводять мудреці в пояснення притчу про півня й кажана, які чекали на світло сонця. Запитав півень в кажана: «Я чекаю на світло сонця тому, що воно моє, а тобі – навіщо світло?» (Трактат Сангедрін 98, 2) Оскільки, якщо немає в кажана очей щоби бачити, – що дасть йому сонячне світло? Адже навпаки, – того, хто позбавлений очей, світло сонця занурює у ще більшу темряву.

ШАМАТІ • ПОЧУТЕ

І постарайся зрозуміти цю притчу, – як можна бачити очима в світлі Творця, що назване «днем Творця»? І чому повідана історія про кажана, який позбавлений очей і залишається у пітьмі? А також, що таке «день Творця» та «ніч Творця», і в чому різниця між ними? Зрозуміло, що для людини день – це коли сходить сонце. А день Творця? Як впізнати його?

І впізнай його з «розкриття сонця»! Як світло сонця, що сходить над землею, ми називаємо «день», а його відсутність називаємо «темрява», так і в духовному, – днем називається розкриття Творця, а темрявою – Його укриття. Тобто, коли є розкриття Творця, і все стає ясним як день, – це називається днем, про що сказано: «У світлі дня підніметься вбивця, вб'є жебрака і знедоленого, а вночі звернеться крадієм». І тому вночі звернеться він крадієм, що при світлі дня стає ясно як день, що за душами прийшов він, що вбивця він, – і, отже, можна врятувати його душу. Так ми бачимо, що днем Творця називається стан, в якому все ясно як день.

День Творця означає абсолютну ясність, що управління Творця, Його управління світом відбувається лише добром і на благо створінь. Наприклад, коли людина просить Творця та негайно знаходить відповідь, отримуючи бажане, і в усіх своїх починаннях є успішною, – це й називається днем Творця. Тоді як темрявою або ніччю називається укриття Творця, що викликає в людині сумніви в управлінні добром і з метою добра, та поява чужих духовному думок. Приховання управління, що веде до появи у людини всіх цих сторонніх думок й поглядів, і називається темрявою або ніччю, коли людина відчуває, що весь світ покрила пітьма.

І цим пояснюється сказане: «Горе вам, тим, хто прагне до дня Творця! Навіщо він вам? Адже це пітьма для вас, а не світло!».

Якщо людина дійсно чекає на день Творця, вона очікує можливості йти «вірою вище знання», щоб її віра була настільки сильною, ніби вона бачить і розуміє з усією ясністю та очевидністю, що Творець управляє світом добром та з метою добра. Але не бажає людина явно побачити, як Творець управляє світом добром з метою добра, тому що бачити – означає перестати вірити, адже віра може бути лише там, де вона не збігається з розумом, а людина вчиняє проти розуму, – це і називається вірою вище знання.

Таким чином, людина вірить в те, що управління Творця світом – добре і з доброю метою. І хоча явно цього не відчуває, – вона не просить

КЛАСИЧНА КАБАЛА

Творця дати їй побачити розумом це добре управління, а хоче залишитися з вірою вище знання. І просить вона Творця дати їй таку велику силу віри, як ніби вона на власні очі бачить своїм розумом добре управління Творця, – настільки, щоби не було різниці між вірою і знанням. Такий стан називається у бажаючих злиття з Творцем «день Творця».

Якщо ж людина відчує це добре управління як явне знання, то це відчуття, вище світло, наповнить її егоїстичні бажання, котрі віддаляють її від Творця. А людина не хоче цього, адже тоді виграють її егоїстичні бажання, котрі є протилежними святості, яка – супроти бажанню отримувати заради себе. Людина ж хоче злиття з Творцем, яке можливе лише за умови подібності властивостей.

Але щоби було в людини бажання злитися з Творцем, – адже вона створена з абсолютно протилежними властивостями, з бажаннями отримувати насолоду тільки заради себе, – необхідно досягти прямо протилежного своїй природі. Але як же таке можливе?

Тому людина повинна докласти чимало зусиль, щоб досягти другої природи, – бажання віддавати. А вже з бажанням віддавати вона в змозі отримувати вище світло і не нашкодити. Адже всі порушення виходять тільки з бажання насолодитися вищим світлом заради себе, тобто навіть коли вона робить щось заради віддачі, десь в глибині таїться думка, що вона замість своєї віддачі щось отримає. Одним словом, не в силах людина зробити жодної дії, якщо не отримає за неї якоїсь винагороди. Вона повинна насолоджуватися, і будь-яка насолода, одержувана нею заради себе, обов'язково віддалить її від джерела життя, та перветься її злиття з Творцем. Адже злиття визначається рівністю властивостей, а тому неможливо власними силами зробити чисту віддачу без домішку отримання.

Тому для отримання сили віддачі та отримання іншої природи потрібно, щоб була у людини сила досягти подібності Творцеві, коли б стала вона такою, як Творець, який дає і нічого не отримує навзаєм, ні в чому не відчуваючи нестачі. Адже Він віддає не тому, що відчуває потребу у віддачі. Не дай Бог думати, що Він буде відчувати нестачу від того, що нема кому віддавати, – а треба сприймати це як гру. Тобто не тому Він віддає, що Йому це необхідно, а тому, що все це – як гра.

ШАМАТІ • ПОЧУТЕ

Як відповіли мудреці на запитання однієї знатної матрони: «Що робив Творець після того, як створив світ?», – «Сидів і грав з китом, адже кит і створений для того, щоб грати з ним». І означає «кит» – поєднання та злиття. Тобто поєднання Творця і створінь – це лише гра, а не бажання та необхідність. А різниця між грою і бажанням в тому, що все, що виходить з бажання, є необхідністю, і якщо не отримують бажаного, – відчувають його нестачу. У той час як в грі, навіть якщо не досягають чогось, не вважається, що цього не вистачає. Як то кажуть, – не біда, якщо не отримав те, на що розраховував, – не настільки важливо, – адже бажання це отримати було лише грою, а не всерйоз.

Виходить, що мета досконалості в тому аби робота людини була абсолютною віддачею і не було в неї ніякого бажання отримати якесь задоволення за свою роботу. А це високий ступінь, оскільки так чинить сам Творець. І день Творця називається довершеністю, як сказано: «Змеркнуть вранці зірки, очікують вони на світло, але зникнуть». Адже світло є досконалістю.

А коли досягає людина іншої природи, тобто бажання віддавати, яке дає їй Творець замість її першої природи, – бажання отримувати насолоду, – тоді з цим бажанням віддачі здатна людина працювати на Творця досконало, і це називається днем Творця.

Тому той, хто ще не удостоївся іншої природи, котра дає можливість працювати на Творця віддаючи, але сподівається, що удостоїться віддачі, і вже доклав зусиль та зробив все, що в його силах аби отримати в нагороду цю силу, – той називається таким, що очікує дня Творця, – тобто очікує, щоб його властивості стали подібними до властивостей Творця. І коли настає день Творця, – він у великій радості від того, що звільнився від влади бажання отримувати заради себе, яке відділяло його від Творця, і зараз він зливається з Творцем, а це розцінюється ним як досягнення вершини.

Тоді як той, вся робота якого – лише для отримання заради себе, – навпаки, радіє лише тоді, коли думає, що отримає якусь винагороду за свою роботу. Коли ж бачить, що його егоїзм не отримує жодної винагороди, – стає сумним й безрадісним та іноді навіть повертається до того, від чого вже відмовився, кажучи, що якби знав заздалегідь, – то не відмовлявся б. І тоді, якщо скажуть йому, що його винагородою за заняття

Торою й заповідями буде день Творця, – тобто що отримає він силу віддачі, – то відповість він, що це темрява, а не світло. Адже ця звістка приносить йому відчуття темряви.

17. Нечиста сила зветься «Царство без корони»
Почуто в 1941 р. в Єрусалимі

«Корона» означає Кетер. А Кетер – це Творець і корінь, з яким пов'язана святість своєю подобою властивостей. І як наше коріння, Творець, все віддає створінням, так і властивість святості в людині все віддає Творцеві.

Тоді як в нечистих силах людини все наміри лише «заради себе», і тому не пов'язані з коренем, з Кетером. Тому сказано, що нечиста сила не має Кетеру, оскільки відокремлена від нього.

І звідси можна зрозуміти сказане в Талмуді (трактат Сангедрін, 29): «Всякий, хто додає, – зменшує», – адже додає до розрахунку і цим зменшує.

Відомо, що розрахунок ведеться тільки в Малхут (*царство*), і лише вона визначає висоту рівня ступеню, що досягається за рахунок її відбитого світла. Малхут називається «бажання насолодитися заради себе». Та коли Малхут анулює своє егоїстичне бажання, – тобто не хоче для себе нічого, як тільки віддавати Творцю, зробившись подібною до кореня, все бажання якого лише у віддачі, – тоді Малхут, звана «Я» («*ані*» – літери: алеф-нун-йуд אני), перетворює себе на «ніщо» («*ейн*» – літери: алеф-йуд-нун אין). І лише так вона отримує в себе світло Кетеру, вибудовуючи себе з дванадцяти парцуфім святості.

Якщо ж вона бажає отримувати собі, то перетворюється на «лихе око». Тобто замість того, щоби перетворитися на «ніщо» («*ейн*»), відмінивши себе перед коренем, Кетером, стає «оком» («*аїн*»), властивість якого – все бачити і знати. І це називається «додати», адже хоче додати знання до віри та працювати відповідно до свого розуму, кажучи, що варто працювати на основі знання і тоді егоїзм не опиратиметься такій роботі. І цим додаванням призводить до «зменшення», адже відділяється від Кетеру, від бажання віддавати, тобто від кореня, через відмінність властивостей. І тому називається нечиста сила «царством без корони» (*Малхут без Кетеру*), – тобто Малхут втрачає зв'язок з Кетером та залишається лише з одинадцятьма парцуфім, – без Кетеру.

І в цьому сенс сказаного: «99 вмирають від лихого ока», тому що немає в них зв'язку з Кетером, а їхня Малхут жадає насолод заради себе, не бажаючи відміняти себе перед коренем, перед Кетером. І не хочуть вони обернути «Я», яким називається бажання насолодитися, на «ніщо», скасувавши свій егоїзм. А замість цього бажають додати знання, що називається «лихим оком». І тому падають зі свого ступеню, втративши зв'язок з коренем, про що сказано: «Той, хто пишається собою не може бути разом з Творцем». Адже гордій вважає, що існує дві влади. А якби скасував себе перед Творцем у прагненні віддавати Йому, подібно до бажання кореня, була б тоді лише одна влада Творця. А все, що отримує людина в світі, – тільки для того, щоби віддавати Творцю.

Тому сказано: «Весь світ створений тільки для мене, а я створений, щоб віддавати Творцю». І тому зобов'язаний я пройти всі духовні ступені, щоб зуміти все віддати Творцю та служити Сотворителю.

18. В пітьмі плач, душа моя
Почуто в 1940 р. в Єрусалимі

Коли сходить на людину вкриття духовного, і вона входить у такий стан, що не відчуває ніякого смаку в духовній роботі, не в силах уявити собі та відчути любов і трепіт, і не в змозі нічого зробити з наміром віддачі, – немає у неї іншого виходу, як тільки плакати й волати до Творця, щоб змилувався над нею та зняв затемнення з її очей і серця.

У духовній роботі плач – надзвичайно важливий стан. Сказано мудрецями: «Всі врата до Творця закриті, крім воріт сліз». І дивується світ: «Якщо врата сліз відкриті, – навіщо взагалі інші ворота?». Подібно до того, як людина просить когось іншого про щось дуже для себе важливе, і коли бачить, що той залишається непохитним й марно далі просити, то вибухає сльозами. Тому сказано: «Всі врата зачинені, крім воріт сліз». Тільки коли всі ворота закриваються, стає видно, що врата сліз є відкритими. А доки не ясно, що закриті ворота молитви, – не видно, що відкриті врата сліз; а значить – замкнені, адже людина думає, що є ще якийсь вихід з її стану. І лише коли закриваються всі інші ворота, тоді відкриваються врата сліз.

Тому сказано «В пітьмі плач душа моя»: коли людина досягає повних духовних потемок, тоді тільки її душа починає плакати, бо немає іншого виходу. Тому сказано: «Все, що в твоїх силах зробити, – роби!».

19. Чому Творець ненавидить тіла
Почуто в 1943 р. в Єрусалимі

Книга Зогар каже, що Творець ненавидить тіла, тобто бажання насолодитися заради себе, яке називається «тіло». Але ж Творець створив світ на славу Собі, як сказано: «Кожного, хто названий іменем Моїм, на славу Мою утворив Я, створив і зробив» (Пророки, Ісая), і тому тіло вимагає, щоб все було лише для нього, тобто заради його користі. Творець же каже навпаки, – що все повинно бути заради Творця. А тому сказали мудреці, що не може Творець залишатися в одному місці з себелюбцем.

Виходить, головне, що відокремлює людину від злиття з Творцем, – це її егоїстичне бажання. І це розкривається, коли приходить «грішник», тобто бажання насолодитися заради себе, і запитує: «Чому ти хочеш працювати на Творця?». І можна подумати, що це питання людини, яка хоче зрозуміти своїм розумом. Однак це неправда, тому що він не запитує, – для кого людина працює, що було би розумним питанням, яке виникне у будь-кого, хто володіє розумом.

Але питання грішника – це питання тілесне, адже він питає: «А для чого тобі ця робота?», – тобто яку вигоду ти отримаєш від зусиль, які прикладаєш? Якщо ти не працюєш для своєї користі, так що від цього отримає твоє тіло, зване бажанням насолодитися заради себе?

І оскільки це претензії тіла, то нема чого йому заперечувати, а просто «дати йому в зуби», – адже сказано про нього, що «навіть якщо би був там *(під час виправлення)*, все одно б не врятувався», оскільки для егоїстичного бажання не буде виправлення навіть за часів визволення. Адже при визволенні весь виграш дістанеться келім віддачі, а не келім отримання.

А бажання насолодитися заради себе повинно завжди залишатися невдоволеним, адже його наповнення означало б справжню смерть, – оскільки світ створений Ним лише на славу Собі, але з бажанням завдати насолоди створеним, а не Собі. І саме тоді, коли людина говорить, що створена аби прославити Творця, – то в цих келім розкривається задум творіння насолодити створених.

Тому людина повинна завжди перевіряти себе: яка мета її роботи? Чи приносять усі її дії задоволення Творцю, адже людина бажає стати подібною до Нього, щоб «всі її дії були тільки заради Творця». І працює вона лише з метою завдати насолоди Творцеві, своєму Сотворителю. А своєму егоїстичному бажанню вона повинна сказати: «Я вже вирішила не отримувати жодної насолоди для твого задоволення, адже твоє бажання розділяє мене з Творцем через відмінність властивостей, яка створює розрив й віддалення від Творця».

І не повинна людина втрачати надію, хоча й не в силах її звільнитися від влади свого егоїзму, а тому постійно перебуває то на підйомі, то в падінні. Але, все ж вірить, що прийде день і удостоїться того, що світло Творця відкриє їй очі та дасть силу подолання аби змогла працювати тільки заради Творця. Про що написано: «Одного прошу я у Творця, лише одного шукаю» (Псалом 27). «Одного», – тобто святу Шхіну, «щоб я міг перебувати в домівці Творця всі дні мого життя». Адже домом Творця називається свята Шхіна.

І зрозумій, про що сказано: «І візьміть ви собі *(плід етрог і т.п.)*... в перший день відліку пір року, та веселіться». Яка ж радість в тому, що починається відлік пір року? Але ми повинні знати, наскільки важливими є наші зусилля, що призводять до контакту людини з Творцем, коли людина відчуває, наскільки є необхідним Творець для неї. Адже, дивлячись на всі свої зусилля, вона бачить, що крім Творця немає нікого в цьому світі, хто б міг врятувати її з того стану, в який вона потрапила, не в силах втекти звідти. І це означає, що є в неї міцний зв'язок з Творцем коли лише про Творця всі її думки, в надії, що Творець допоможе їй, – інакше бачить, що пропаде.

Якщо ж удостоюється особистого управління над нею Творця і бачить, що все робить Творець, – як написано: «Лише Він один чинить та буде вчинювати всі дії», – то людині ніби нема чого до них додати; і немає тут місця молитві, щоб Творець допоміг їй, оскільки людина бачить, що і без її молитви все робить Творець. А тому немає в неї можливості робити добрі справи, оскільки бачить, що і без неї все буде зроблене Творцем. А якщо так, то не потрібен їй Творець, який би допоміг їй щось зробити. Але тоді немає в людини ніякого контакту з Творцем, адже не має потреби в Ньому настільки, що якщо Творець не допоможе їй, – то вона пропаде. Виходить, що вона втратила зв'язок з Творцем, котрий був коли людина докладала зусиль.

І подібно це людині, що перебуває між життям і смертю, та просить товариша врятувати її від смертного одра. Як же вона в такому випадкові просить? Звичайно ж з усіх своїх сил вона просить товариша аби змилувався над нею і врятував її від смерті. І не забуде про молитву ні на мить, адже бачить, що інакше втратить своє життя. Якщо ж людина просить товариша про речі другорядні, то не молить так віддано й наполегливо, не відволікаючись ні на мить, аби виконав її прохання.

Виходить, що якщо мова не йде про спасіння душі, – прохач не вельми сильно приліплюється до Давця. Тому, коли людина відчуває, що повинна просити Творця врятувати її від смерті, тобто зі стану, яке називається «грішники за життя свого вважаються мертвими», тоді виникає міцний контакт людини з Творцем. Тому робота праведника – набути потреби у допомозі Творця, – інакше відчуває, що пропав. І це те, про що мріють праведники – про можливість працювати, щоби виник у них тісний зв'язок з Творцем. І якщо Творець дає їм можливість роботи, – то великою є радість праведників; а радіють тому, що починається новий відлік пір року, оскільки з'являється в них місце для роботи. Адже тепер вони потребують Творця і можуть досягти з Ним тісного зв'язку, бо не годить приходити до палацу Царя без потреби.

І про це написано: «І візьміть ви собі», – саме «ви собі», адже «все в руках небес, окрім страху перед небесами». Тобто Творець може дати світло й достаток, – бо є в Нього світло! Але не в Його владі пітьма та невдоволеність, що відчуваються людиною.

Однак лише з відчуття нестачі народжується трепіт перед небесами. А місце нестачі називається бажанням насолодитися і тільки в ньому є над чим працювати людині, – адже воно чинить опір і тіло запитує: «Що дає тобі ця робота?!». І нема чого людині відповісти на його запитання, а повинна прийняти на себе тягар влади Творця вище свого розуму, – «як віл під ярмом та осел під поклажею», без будь-яких заперечень. Тобто, – «сказав Він, – і виконаємо Його бажання». І це те, що називається «ви собі», – тобто ця робота відноситься саме до вас, а не до Мене, адже до неї зобов'язує людину її бажання насолодитися.

Якщо ж Творець дає їй якесь світіння згори, то егоїзм людини схиляється, і він скасовує себе немов свіча перед факелом. І тоді вже немає у неї можливості докласти зусиль, – адже їй не потрібно через силу приймати владу Творця, немов «віл під ярмом та осел під поклажею». Як написано: «Люблячі Творця – зненавидьте зло!», оскільки лише з осередку зла народжується любов до Творця. Тобто наскільки сильно людина ненавидить зло, бачачи як її егоїзм заважає їй досягти мети, – в тій же мірі має потребу в любові до Творця. А якщо не відчуває в собі зла, – то нездатна заслужити любов до Творця, адже вона зовсім їй не потрібна, оскільки і так вже відчуває задоволення від своєї роботи.

Тому нема чого людині нарікати, що змушена працювати над своїм егоїзмом, коли той заважає людині в роботі. І звичайно б їй хотілося аби егоїзм зник з тіла і не дошкуляв їй своїми питаннями, не заважаючи їй виконувати Тору й заповіді. Але зобов'язана людина вірити, що це з висі вказують її егоїзму створювати їй перешкоди в роботі, – адже таким чином Творець дає їй силу розкрити своє бажання насолодитися. І саме коли пробуджується її егоїзм, виникає в неї можливість працювати над зміцненням зв'язку з Творцем, щоби допоміг людині перевернути бажання насолоджуватися у намір заради віддачі.

І повинна людина вірити, що цим приносить задоволення Творцеві, – коли просить наблизити її до злиття з Творцем, що означає подібність властивостей та скасування егоїзму, щоби працювати на віддачу. І про це сказав Творець: «Перемогли Мене сини Мої». Тобто Я дав вам бажання насолодитися, а ви просите Мене дати замість нього бажання віддавати.

А з цього зрозумій притчу, наведену у Ґмарі: одного разу рабі Пінхас Бен Яір відправився викуповувати полонених. І перегородив йому шлях струмок на ім'я «Ґінай». Сказав йому раби Пінхас: «Розступися в водах своїх і дай мені пройти». Відповів йому струмок: «Ти йдеш виконати бажання свого Господаря, а я свого. Ти, можливо, виконаєш, а може – й ні, я ж неодмінно виконаю».

І пояснюється, що сказав рабі Пінхас струмку, який уособлює егоїстичне бажання, щоб дав йому пройти через нього і дійти до ступеня, де виконає бажання Творця, – тобто буде діяти лише заради віддачі, доставляючи насолоду своєму Творцеві. А струмок, тобто егоїзм, відповів йому, що якщо вже Творець створив його з такою природою, яка прагне отримувати задоволення й насолоди, то не хоче він змінювати свою природу, дану йому Творцем. І почав рабі Пінхас Бен Яір воювати з ним, прагнучи перетворити його на бажання віддачі, – а це означає війну зі створінням, яке створене Творцем з егоїстичною природою, яка бажає насолодитися. І в цьому – все створене Творцем створіння, зване створеним «з нічого».

І знай, що коли під час роботи егоїзм підступає до людини із запереченнями, безглуздо вступати з ним в будь-які суперечки і не допоможуть ніякі розумні доводи, – адже людині здається, що його претензії справедливі, і ніколи не зможе перемогти своє зло. А просто, як написано: «Дай йому в зуби», – тобто дій, а не сперечайся. І, значить, потрібно зібрати якомога більше сил та діяти примусом, у чому вкритий сенс сказаного: «Примушують його, поки не скаже – бажаю я!». Адже в міру великих старань звичка стає другою натурою.

І головне для людини, – намагатися знайти сильне бажання досягти віддачі та перемогти свій егоїзм. А сила бажання вимірюється кількістю затримок і зупинок, – тобто по тому, скільки часу проходить між одним подоланням та іншим, коли людина раптом переривається посередині і відчуває падіння. І це падіння може затримати її на мить або на годину, або на день, або на місяць. А потім вона знову починає працювати над подоланням свого егоїзму і намагається досягти віддачі. А сильним бажанням називається таке, коли переривання не забирає у неї багато часу, і вона тут же знову пробуджується до роботи.

І подібно це до людини, яка бажає розбити великий камінь та бере великий молот. І стукає вона по каменю цілий день, наносячи безліч ударів, але всі вони слабкі. Тобто не б'є по каменю з розмаху, а повільно та неспішно опускає свій величезний молот. І тоді вона починає скаржитися, що ця робота не для неї і, звичайно, потрібен богатир, щоб розбити цю брилу. І заявляє, що не народилася настільки сильною, щоби зуміти здолати такий камінь. Але якщо людина піднімає цей величезний молот і сильно б'є по каменю з розмаху, – не повільно й потроху, а вклавши всі свої сили, – то тут же піддається камінь і розсипається під молотом. І про це сказано: «Як сильний молот розбиває скелю».

Так само і в духовній роботі, – щоб увести клі отримання в святість: хоча і є у нас сильний молот, тобто слова Тори, що дають нам добрі поради, але якщо діяти ним не швидко та наполегливо, а з великими перервами, то людина збігає з поля битви і каже, що не народжена для цього, а тут потрібен той, хто народився з особливими здібностями до цієї роботи.

Однак мусить людина вірити, що кожен може досягти мети і треба лише намагатися щоразу докладати всіх великих сил для подолання, і тоді зможе швидко розбити свій камінь.

А також знай: аби зусилля людини привели її до контакту з Творцем, потрібно виконати одну дуже важку умову, – вважати ці зусилля найвищою цінністю, тобто вважати їх для себе найважливішими. Якщо ж людина не цінує свої зусилля, то не зможе працювати в радості, – тобто радіти тому, що зараз досягла зв'язку з Творцем.

Саме це символізує етрог, як написано про нього – «плід чудового дерева», чистота якого повинна бути понад запахом.

Відомо, що є три якості: 1) чудовий вид, 2) запах, 3) смак.

Смак означає, що світла проходять зверху вниз, – тобто нижче рота, де знаходиться піднебіння та відчувається смак, тобто світла потрапляють в келім отримання.

Запах означає, що світла йдуть знизу нагору, потрапляючи у келім віддачі, в таїнстві: «отримує, але не віддає» нижче від піднебіння й горла, що означає: «і вдихнуть в нього дух трепету перед Творцем» (Пророки, Ісая), як сказано про Машиаха. Відомо, що запах відноситься до носа.

Чудовість – це краса, яка понад носом, тобто не має запаху. Значить, немає там ні смаку, ані запаху, – а що ж тоді в ньому є, що дозволяє йому утримуватися в своєму стані? А є в ньому лише пишнота, і це те, що його підтримує.

Ми бачимо, що етрог є чудовим якраз до того, як стане придатним до їжі. Коли ж стає придатним до їжі, то втрачає свою пишноту. І це натякає на роботу «першого дня відліку пір року», – адже саме під час роботи, званої «і візьміть ви собі», – тобто прийняття на себе тягаря влади небес, коли тіло пручається такій роботі, – виникає радість від її значущості. Тобто під час роботи пізнається її пишність і людина радіє цій роботі, адже цінує її понад усе, а не зневажає її.

Трапляється, що людина відчуває зневагу до роботи заради Творця, і це похмуре відчуття, коли вона бачить, що нема кому врятувати її з цього стану, окрім Творця, – щоб вона змогла прийняти на себе Його владу вірою вище знання, немов «віл під ярмом та осел під поклажею». І повинна радіти, що зараз у неї є що віддати Творцю, і Творець насолоджується цим подарунком.

Але не завжди є у людини сили говорити, що це прекрасна робота, котра має найвищу цінність, а навпаки, – соромиться цієї роботи. І дуже важко людині виконати цю умову та зуміти сказати, що воліє такої роботи більше, ніж роботи «у світлі дня», за якій не відчуває темряви під час роботи, а знаходить у ній смак, – адже не повинна боротися зі своїм егоїзмом, змушуючи його приймати на себе владу Творця вірою вище знання. І якщо вона перемагає себе та може сказати, що їй приємна ця робота, бо зараз вона виконує заповіді вірою вище знання, вважаючи цю роботу прекрасною і найціннішою, – то це називається радістю заповіді.

А тому молитва є важливішою, ніж відповідь на неї. Адже в молитві є у людини можливість докласти зусиль, і вона потребує Творця, сподіваючись на Його милість. І тоді досягає справжнього контакту з Творцем та потрапляє до палацу Царя. І навпаки, – з відповіддю на молитву вона вже виходить з царського палацу, адже вже отримала те, що просила.

І з цього зрозумій сказане: «Ароматом масел твоїх благородних витікає духмяність імені Твого» (Пісня Пісень). Маслом називається вище світло в той час, коли проливається у достатку. Витікає – значить припиняється достаток і залишається запах від масла. (Тобто все ж залишається в людини спогад про те, що у неї було. Але пишнота й самоцінність набуваються тоді, коли не залишається в неї ніякої зачіпки, – тобто не світять їй навіть спогади.)

І такими є Атік та Аріх Анпін. У той час, коли світло проливається достатком, – це називається Аріх Анпін і є рівнем хохма, тобто відкритим управлінням. А Атік походить від слова «відокремити» («*ве-ятек*»), адже в ньому зникає світло і перестає світити, що називається укриттям. І тоді настає час опору облаченню світла, і це час отримання царської корони (*Кетеру*) або царства (*Малхут*) світел, – тобто царства Творця.

І про це сказано в книзі Зогар: «Говорить свята Шхіна рабі Шимону: «Неможливо Мені сховатися від тебе». Адже навіть у найсильнішому прихованні з усіх можливих, він все одно приймає на себе владу Творця з величезною радістю – тому, що прямує шляхом віддачі, і все, що є у нього, віддає Творцю. А якщо Творець дає йому більше, – він більше віддає. А якщо нема чого йому віддати, то зупиняється і кричить відчайдушно, немов спійманий птах, щоби спас його Творець зі злісних, бурхливих вод, – а значить і тоді не втрачає контакт з Творцем.

І називається ця властивість «стародавньою» («*аттік*»), оскільки Атік – це найвищий ступінь, адже чим вищою є будь-яка властивість від облачення, тим вона вважається більш високою. І в людини є можливість відчувати саме в найабстрактнішому місці, званому абсолютним нулем тому, що туди не торкається рука людини. Тобто егоїзм може чіплятися лише за те, де є якась присутність світла. І до того, як людина очистить свої келім аби не пошкодили світлу, неможливо їй прийняти світло вдягнутим в свої келім.

І тільки коли йде шляхом віддачі, де не залишається місця для егоїзму людини, ні в розумі, ані в серці, – там може проявитися світло в абсолютній довершеності, і світло розкривається людині як відчуття величі вищого світла.

Якщо ж людина ще не виправила свої келім, щоби служили заради віддачі, то коли світло хоче в них вдягнутися, змушене світло скоротити себе і може світити лише в міру чистоти келім. І тоді здається, ніби світло зменшило себе. Тому лише в той час, коли світло не вдягається в келім, воно може світити в абсолютній досконалості і ясності без жодних скорочень заради користі нижчого.

Виходить що робота є важливою саме в той час, коли людина приходить до абсолютного нуля, – тобто коли бачить, що скасовує всю свою реальність та свою особистість, і тому егоїзм втрачає будь-яку владу, – і тільки тоді може людина увійти в святість.

Знай, що «одне проти іншого створив Творець». Тобто в міру розкриття святості – у тій же мірі прокидається й «нечиста сила» (*сітра ахра*). І коли людина вимагає: «Все моє!», заявляючи, що все її тіло належить святості, то у відповідь й нечиста сила також вимагає, що все тіло повинно служити нечистій силі.

Тому повинна людина знати, що якщо її тіло стверджує, ніби належить нечистій силі та щосили задає відомі питання: «Що?» і «Хто?», – це знак того, що людина йде шляхом істини, тобто весь її намір – зробити приємне Сотворителю.

Ось чому найголовніша робота відбувається саме в цьому стані, і повинна людина знати, що це ознака того, що робота ця спрямована прямо до мети. І значить, вона воює та посилає свою стрілу прямо в голову змія, коли той кричить і заперечує: «Що» і «Хто?», що означає: «Що дає тобі ця робота?», – тобто що ти виграєш, працюючи лише на благо Творця, а не для себе самого? А заперечення «Хто?» – означає питання Фараона, який запитує: «Хто такий Творець, щоб я слухався Його голосу?».

І, на перший погляд, може здатися, що питання «Хто?» – це питання розумне, адже в цьому світі заведено, що якщо людину посилають працювати у когось, вона запитує: «У кого?». Тому, коли тіло запитує: «Хто такий Творець, щоб я слухався Його голосу?», – це розумна скарга. Але оскільки розум не існує сам по собі, а служить лише дзеркалом наших відчуттів, які відображаються в розумі, то сказано: «судять за відчуттями». Розум судить лише згідно з тим, що говорять йому відчуття, змушуючи його шукати якісь засоби та прийоми аби задовольнити вимоги почуттів. Тобто розум прагне забезпечити почуттям все, що вони вимагають, сам же по собі він нічого не значить та нічого не вимагає. Тому, якщо відчуття людини вимагають віддачі, то і розум працює в напрямку віддачі й не задає ніяких питань, адже він лише обслуговує почуття.

І розум є подібним до людини, яка дивиться в дзеркало, щоб перевірити – чи не є брудною вона, і якщо дзеркало покаже їй, що вона забруднилася, так вона йде митися і чиститися. Адже дзеркало показує їй, що є на її обличчі такі потворні відмітини, які потрібно очистити. Однак, найскладніше – це дізнатися, а що ж вважається потворністю? Може це егоїзм, при якому тіло вимагає все робити лише заради себе самого? Або бажання віддавати – це каліцтво, яке є нестерпним тілу? І не в силах розум цього зрозуміти, – немов дзеркало, яке нездатне сказати, – що потворно, а що красиво, а все це залежить від відчуттів і лише вони все визначають.

Тому, коли людина привчає себе працювати через силу, – працювати у віддачі, то і розум починає діяти в напрямку віддачі, і тоді зовсім нереально, щоб розум запитав: «Хто?», коли всі почуття вже звикли працювати на віддачу. Тобто відчуття людини вже не питають: «Що дає вам ця робота?», адже вже працюють заради віддачі, і, само собою, розум не питає: «Хто?».

Виходить, що головна робота відбувається над питанням «Що дає вам ця робота?», а те, що людина чує, як її тіло все ж ставить запитання: «Хто?», – так це тому, що тіло не хоче аж надто принижувати себе і тому питає: «Хто?», щоб здалося, ніби це питання розуму. Однак істина в тому, що головна робота – це робота над питанням: «Що?».

20. Лішма

Почуто в 1945 р.

«Лішма» – це намір заради Творця, і щоби досягти наміру лішма, людина повинна удостоїтися допомоги з висі у вигляді вищого світла. І не в змозі розум людський зрозуміти, – як це можливо. А лише ті, хто вже удостоїлися цього, – знають та кажуть іншим: «Спробуйте і побачите, який прекрасний Творець».

КЛАСИЧНА КАБАЛА

Тому, коли людина готується прийняти на себе духовні закони, що називається «тягарем влади небес», це її рішення має бути абсолютним, – тобто повністю на віддачу, а не на отримання. І якщо людина бачить, що не всі її бажання (*духовні органи*) згодні з цим рішенням, – немає нічого, що могло б допомогти їй, крім молитви, коли б в молитві вилила Творцеві всі сподівання серця свого, просячи допомогти їй в тому, щоби її тіло погодилося стати рабом Творця (*тобто його бажання погодилися уподібнитися до бажань Творця*).

Але не говори, що оскільки «лішма» – це подарунок згори, то марними є всі зусилля людини та всі здійснювані нею виправлення у спробах досягти віддачі, якщо все залежить лише від Творця. Адже саме на це і сказано мудрецями: «Не має людина права звільнити себе від цієї роботи, а зобов'язана досягти такої власної вимоги і прагнення до «лішма», яке б стало молитвою, адже без молитви неможливо цього досягти».

Однак не може народитися в ній справжня молитва, поки не зрозуміє, що без неї неможливо досягти «лішма». Тому за допомогою всіх зусиль, які вона докладає, намагаючись досягти «лішма», виникає в ній справжнє бажання (*виправлене клі*) отримати цю властивість віддачі. І вже після всіх її дій вона може прийти до цієї молитви, тому що бачить, що всі її зусилля ні в чому не можуть їй допомогти. Лише тоді народжується в ній справжня молитва з самої глибини її серця, а Творець чує цю молитву і дає їй в подарунок властивість віддачі – «лішма».

Необхідно також знати, що набуваючи властивості «лішма», людина вбиває свій егоїстичний намір «заради себе», званий «зла основа», тому що зла основа означає «отримання заради себе». А отримуючи властивість віддавати, людина анулює цей намір «заради себе». І так вона вбиває свій егоїзм, – тобто вже більше не використовує свій намір «заради себе». А ставши незатребуваним і втративши свою роль, він перетворюється на мертвого.

Але якщо людина дасть собі звіт, – а що ж вона придбала в результаті всіх своїх зусиль, то побачить, що не так вже й важко поневолити себе Творцеві, з двох причин:

1) адже, так чи інакше, бажаючи того чи ні, вона все одно зобов'язана працювати в цьому світі;

2) однак, якщо вона працює «лішма», – заради Творця, – то отримує насолоду від самої роботи.

І з цього приводу згадаємо приклад Магіду з Дубни, який пояснює фразу: «Але не Мене закликав ти, Якiв, бо тяжився ти Мною, Ізраель», – адже людина, що працює на Творця, відчуває під час своєї роботи не тяжкість, а насолоду й натхнення. Але той, хто працює з іншою метою, не заради Творця, не може прийти до Нього з претензіями: чому Творець не допомагає йому під час його зусиль, посилаючи силу та натхнення? Адже він працює заради іншої мети. А лише до того, заради кого він працює, він може звертатися зі скаргами аби дав йому енергію та насолоду під час роботи. І про таку людину сказано: «Нехай подібними до них будуть боги їхні та всі, хто покладається на них» (Псалом 115).

Але не дивуйся, – чому в той час, коли людина приймає на себе владу Творця, – тобто бажає працювати заради Нього, – вона не відчуває ніякої наснаги й натхнення, відчуття життя та насолоди, щоби все це зобов'язало її взяти на себе намір «заради Творця». А навпаки, – людина зобов'язана прийняти цю умову «заради Творця» проти свого бажання, не відчуваючи від цього нічого приємного, коли тіло абсолютно не погоджується на таке рабство, – чому в такому разі Творець не дає людині приємне відчуття?

А вся справа в тому, що це величезна допомога з боку Творця, адже якби егоїзм людини був згоден з наміром «заради Творця», людина ніколи б не змогла досягти «лішма», а назавжди залишилася би в намірі «заради себе». Подібно до того, ніби крадій біжить перед натовпом й голосніше за всіх кричить: «Тримайте крадія!», і зовсім незрозуміло, – хто крадій, аби зловити його та відібрати крадене. Але коли крадій, тобто егоїзм, не відчуває нічого приємного в намірі «заради Творця», і не готовий прийняти на себе Його владу, то тіло привчає себе працювати проти бажання, і тоді є в людини засоби, які здатні привести її до наміру «заради Творця « аби її метою було лише одне – завдати насолоди Творцеві.

Раніше всі її зусилля були проти бажання, а коли вже привчила себе працювати на віддачу, «заради Творця», то досягає насолоди від самої роботи. І це означає, що і її насолода – також Творцеві.

21. Час підйому

Почуто двадцять третього Хешвана (9 листопада 1944 р.)

Коли людина відчуває себе такою, що знаходиться під час духовного підйому, коли є в неї натхнення, – немає у неї бажання ні до чого, окрім як до духовного. В такому стані корисно вивчати таємні частини Тори, щоб осягнути її внутрішню частину. І хоча людина бачить, що, незважаючи на всі її зусилля зрозуміти хоч щось, вона все одно нічого не осягає, все ж корисно в такому стані намагатися проникнути в таємниці Тори. Причому, вивчати навіть сотню раз один і той же текст, та не розчаровуватися, що нічого не зрозуміла, кажучи собі, що немає ніякої користі від такого навчання.

Є дві причини такого ставлення до навчання.

1. Коли людина вивчає щось і прагне зрозуміти, саме прагнення її називається «молитва». Молитва – це те, чого бажає людина, до чого вона прагне, її ненаповнене бажання, – тобто прагнення аби Творець наповнив її бажання. А сила молитви вимірюється силою прагнення, адже чого найбільше бракує, – до того людина найбільше і прагне. І в міру відчуття нестачі – міра прагнення.

Є правило, що саме там, де людина докладає найбільших зусиль, вона цими зусиллями збільшує своє бажання і хоче отримати наповнення. А бажання називається «молитва», робота в серці, оскільки «Творець вимагає серце». Тому саме після вкладення великих зусиль, людина здатна на справжню молитву. Адже коли вона вивчає Тору, її серце повинно звільнитися від інших бажань та дати силу розуму, щоби був в змозі освоїти те, що вивчається. Але якщо немає бажання в серці, розум не в змозі цього освоїти. Тому сказано: «Людина вчить тільки те, до чого тягнеться її серце».

А для того щоби була прийнята молитва людини, вона повинна бути повною. Тому, якщо віддається вивченню повністю, то цим народжує в собі досконалу молитву, яка приймається Творцем, і удостоюється *(людина)* відповіді. Адже Творець чує молитву, але є умова: «Молитва повинна бути повною, щоб не було в ній домішок інших бажань».

2. Оскільки людина відокремилася в якійсь мірі від егоїзму і стала ближчою до «віддачі», в такому стані вона швидше здатна з'єднатися із

внутрішньою частиною Тори, яка розкривається тим, хто досягнув подібності Творцеві, – адже «Тора, Творець і Ісраель – одне». Разом з тим, якщо людина ще перебуває в егоїстичних бажаннях, то вона відноситься до зовнішньої частини Тори, а не до внутрішньої.

22. Тора «лішма»
Почуто дев'ятого Шевата (6 лютого 1941 р.)

Суттю Тори «лішма» *(заради Тори, заради Творця)* є таке вивчення Тори, коли людина вчить, щоби знати абсолютно точно в своєму осягненні, без всяких сумнівів в істинності свого знання, що «є суд і є суддя».

«Є суд» – означає, що дійсність бачать такою, якою вона постає перед нашими очима, тобто ми переконуємося, що коли працюємо у вірі та віддачі, то ростемо і піднімаємося день у день, бо кожен раз бачимо зміни на краще. І навпаки, – коли ми працюємо для отримання та заради знання, то бачимо, що опускаємося з кожним днем до найнижчого стану, який тільки можливий. І коли ми дивимося на ці два стани, то бачимо, що є суд і є суддя, бо якщо не виконуємо закони істинної Тори, негайно отримуємо покарання. А тому розуміємо, що є справедливий суд, – тобто бачимо, що саме це найкращий шлях, здатний й гідний привести нас до істини.

І тому називається суд справедливим, – адже тільки таким шляхом можна прийти до наміченої досконалості. Тобто розуміємо в знанні, в повному та абсолютному розумінні, вище від якого немає, що лише вірою й віддачею можна досягти мети творіння.

Тому, якщо вчимо заради досягнення цієї мети, – пізнати, що є суд і є суддя, то це називається «Тора лішма». І це є сенсом сказаного: «Великим є вчення, що веде до дії». На перший погляд, треба було б сказати, – що веде до дій, а не до дії, у множині, а не в однині, – тобто що зможе зробити безліч дій. Але справа в тому, що вивчення повинно привести людину лише до одного – до віри. А віра називається «єдиною заповіддю», «яка схиляє до заслуг чашу терезів суду над усім світом».

Віра називається, також, «дією» тому, що всякий, хто здійснює щось, повинен мати на те причину, яка зобов'язує здійснити цю дію згідно знанню. І це, – ніби спільне між розумом та дією. Але якщо мова йде про те, що вище знання, – коли знання не дозволяє людині зробити дію, а зовсім навпаки, – то потрібно визнати, що в таких діях зовсім немає розуму, а одна лише дія. І в цьому сенс сказаного: «Той, хто вчинив одну заповідь, – щасливий, що схилив себе і весь світ до чаші заслуг», що означає – «великим є вчення, що веде до дії», – тобто до дії без знання, званої «вище знання».

23. Люблячі Творця, ненавидьте зло
Почуто сімнадцятого Сівана (2 червня 1931 р.)

Сказано: «Люблячі Творця, ненавидьте зло! Зберігає Він душі відданих Йому, рятує від рук лиходіїв» (Псалом 97). А сенс в тому, що недостатньо того, що людина любить Творця та бажає досягти злиття з Ним, – а повинна також ненавидіти зло.

Ненависть до зла означає ненависть до свого егоїзму, бажання насолодитися. Людина бачить, що немає ніякої можливості звільнитися від зла, але, разом з тим, вона в жодному разі не згодна змиритися з ним й залишитися в цьому стані. Вона відчуває шкоду, яку завдає зло, а також бачить істину, – що сама людина не в змозі знищити зло в собі, тому що це її природа, котра створена в ній Творцем, який відбив в людині бажання отримувати насолоду.

І в такому випадкові кажуть їй про те, що в її силах зробити: зненавидіти зло, і тоді Творець стерегтиме її від зла, як сказано: «Береже Він душі тих, хто відданий Йому». А охорона Творця полягає в тому, що Він «рятує їх від рук лиходіїв». І оскільки з'являється у людини зв'язок з Творцем, – навіть сама незначний, – вона вже набуває удачі й успіху.

Але саме зло залишається та служить в якості зворотної сторони (ахораїм) парцуфа. І досягти такого можна лише за допомогою виправлень. Якщо вона абсолютно щиро зненавидить зло, то цим виправить його зворотну сторону.

А ненавидіти зло вона повинна тому, що якщо хоче удостоїтися злиття з Творцем, то, за звичаєм, що існує між товаришами, повинен кожен з них ненавидіти те, що ненависне іншому, і любити те й того, кого любить товариш. І тоді з'єднуються вони вічним союзом, якого не розірвати вовіки.

І оскільки Творець любить віддавати, нижчі теж повинні намагатися бажати віддачі. І як Творцю є ненависним отримання, оскільки Він є абсолютно досконалим та не потребує нічого, – так і людина повинна ненавидіти отримання для себе.

Виходить з усього сказаного, що слід людині зненавидіти свій егоїзм непримиренною ненавистю, адже всі руйнування в світі відбуваються лише через цей егоїзм. І за рахунок цієї ненависті вона виправить бажання насолодитися та підкориться святості.

24. Рятує їх від рук лиходіїв
Почуто першого Ава (21 липня 1944 р.), на честь завершення книги «Зогар»

Сказано: «Люблячі Творця, – ненавидьте зло! І рятує їх Творець від рук лиходіїв». І незрозуміло, – який зв'язок є між «ненавидять зло» та «рятує їх від рук лиходіїв»?

А також сказано: «Створений світ тільки для абсолютних праведників або для закінчених лиходіїв». Виходить, що для закінчених лиходіїв варто створювати світ, а для недосконалих праведників – ні?

Але справа в тому, що з боку Творця немає в світі нічого, що мало б подвійний сенс. А тільки у нижчих створінь, які отримують з висі, є відчуття згідно тому, що отримують: відчувають себе добре або погано, світ добрий чи світ поганий. Тому що будь-яку виконувану дію обмірковують заздалегідь, адже нічого не роблять без мети: бажають поліпшити свій стан або погіршити стан когось іншого. Але безглузді та безцільні дії абсолютно не підходять людині, яка має мету в житті.

І згідно з тим, як відчувають управління Творця в світі ті, хто приймає це управління, – за своїми відчуттями і визначають: гарне воно чи погане. Тому люблячі Творця, тобто ті, хто розуміють, що творіння було влаштоване для блага створених і заради того, щоби створіння відчули це, – розуміють, що відчути це можна лише у зближенні та злитті з Творцем. І якщо вони відчувають якесь віддалення зі сторони Творця, це називається у них злом і, в такому випадкові, вони вважають себе лиходіями. Тому що немає в створінні проміжного стану: або людина відчуває Творця і Його управління, або ж їй здається, що все віддане на волю лихого приречення й долі. Та оскільки відчуває, що не може брехати собі в тому, що відчуває і не відчуває, то, відчуваючи істину, негайно починає волати до Творця, щоби Творець зглянувся над нею і визволив з під влади нечистих сил та думок. І оскільки людина волає з усвідомлення й відчуття істини, то Творець чує її прохання, як сказано: «Близький Творець до всіх, котрі волають істинно», та рятує її від рук лиходіїв *(внутрішніх егоїстичних бажань і думок)*.

Але до тих пір, поки людина не відчуває істини, – тобто справжню міру зла, що міститься в ній, доки не відчуває його в достатній мірі, яка б штовхнула її на крик до Творця з неосяжних страждань, відчутних нею від усвідомлення власного злого егоїзму, своєї природи, до тих пір ще не гідна порятунку від цього зла. Бо ще не розкрила необхідне клі, яке готове почути молитву, – те, що зветься «з самої глибини серця». Адже вона думає, що ще є в ній, крім зла, щось хороше, добре в думках й бажаннях. Тобто вона ще не проникла в усі глибини свого серця, та в глибині серця думає, що є там хоч трохи добра. І не звертає вона увагу, – чи є в ній любов і трепіт по відношенню до Тори та духовної роботи. А тому не бачить істини.

25. Те, що виходить з серця

Почуто першого Ава (21 липня 1944 р.) на трапезі на честь завершення книги «Зогар»

«Те, що виходить з серця входить до серця». Але чому ми бачимо, що навіть якщо увійшло в серце людини, вона все одно духовно падає зі свого ступеню?

Справа в тому, що коли людина чує слова Тори від свого рава, вона негайно погоджується з ним і приймає на себе зобов'язання виконувати почуте всім серцем і душею. Але потім, коли потрапляє в інше оточення, – змішується з бажаннями й думками більшості, котра займається дурницями. І тоді вона, її думки, бажання й серце підкоряються більшості. А оскільки немає в людині сил схилити весь світ на чашу заслуг, то світ підпорядковує її собі, і вона змішується з їхніми бажаннями. І тоді вона як «стадо, ведене на бійню». І немає в неї ніякого вибору, — вона зобов'язана думати, бажати й вимагати те саме, що вимагає більшість. В такому випадкові вона обирає чужі думки, прагнення та ниці пристрасті, які супротивні духу Тори, і немає в неї ніякої сили протистояти впливу більшості.

У такому випадку є для неї одна порада: прив'язатися до свого рава й книг на внутрішньому рівні, що називається, «живлячись від книг та їхніх авторів». І лише за допомогою злиття з ними людина може змінити свої думки та бажання на краще. І ніякі суперечки та хитрощі не допоможуть їй в такому випадку змінити свої думки. Порятунок лише у злитті, оскільки злиття є чудовим засобом, що повертає до джерела.

І лише коли знаходиться у святості, вона може сперечатися з собою та красиво просторікувати про те, як розум зобов'язує її завжди йти дорогою Творця. Але після всіх своїх доводів та мудрувань, за допомогою яких розраховує перемогти свої нечисті бажання (*сітра ахра*), вона твердо має усвідомити, що все це нічого не коштує, і все це – не та зброя, якою можна перемогти у війні з егоїзмом. Тому що всі ці розумні доводи – лише наслідок вищезгаданого злиття. Всі її розумні доводи, за допомогою яких вона буде свої висновки, – що необхідно завжди йти шляхами Творця, – ґрунтуються на злитті з її равом. А як тільки втратить цю основу, – зникне вся сила цих доводів, адже нема на що буде їй зараз опертися. Тому людині в жодному разі не можна довірятися своєму розуму, а лише знову «пристати» до книг і рава. Лише це може допомогти їй, а не розум і премудрості, бо немає в них духа життя.

26. Майбутнє людини залежить від її вдячності за минуле

Почуто в 1943 р.

Сказано: «Великий Творець, і лише мізерний уздрить Його», — тобто тільки мізерний може побачити велич Творця. Букви слова «якар» (*дорогий*) подібні до букв слова «якір» (*знайомий*), і це говорить про те, що в тій мірі, в якій дорогою є для людини річ, – настільки вона оцінює її значимість (*велич*). Адже лише в міру її важливості для неї людина захоплюється, і захоплення призводить її до відчуття в серці. І згідно з її оцінкою, наскільки вона знає, розуміє та усвідомлює важливість, – в цій же мірі і народжується в ній радість.

І можливо людина знає свою нікчемність та розуміє, що є не більш важливою, ніж усі її ровесники в суспільстві, однак бачить, що є мільйони в світі, яким Творець не дав сил духовно працювати навіть у найпростішому вигляді, навіть без наміру «заради Творця», навіть егоїстично, – не дозволив навіть почати шлях до вічності. А вона удостоїлася того, що Творець дав їй бажання й думки хоча б іноді бути в духовній роботі, – нехай навіть найпростішій.

І якщо людина може оцінити таке ставлення Творця до себе, – в міру важливості, яку надає духовної роботі, – в тій же мірі вона повинна дякувати і хвалити Творця. Адже це істина, що ми не в змозі оцінити важливість того, що іноді можемо виконати заповідь Творця навіть без потрібного наміру. І в такому випадку вона досягає відчуття величі та радості в серці. А внаслідок вихваляння і подяки, які підносить до Творця, розширюються її відчуття та переймається вона кожною деталлю духовної роботи, осягаючи – Кому вона є рабом, внаслідок чого піднімається до все нових вершин.

І в цьому сенс сказаного: «Дякую я Тобі за всю милість Твою до мене!», – тобто за минуле. І негайно з упевненістю продовжує: «І за те, що в майбутньому Ти зробиш для мене!».

27. Великий Творець, і лише мізерний уздрить Його

Почуто в шабат (тижневої глави) Трума (5 березня 1949 р.) в Тель-Авіві

«Великий Творець, і лише мізерний уздрить Його» (Псалом 138). Як може бути подібність до Творця, коли людина отримує, а Творець дає? Про це сказано: «Великий Творець, і лише мізерний уздрить Його». Якщо людина анулює своє «я», пропадає вся її самостійна егоїстична думка та влада, яка відділяє її від Творця, і тоді вона бачить Творця, – тобто удостоюється світла хохма, світла мудрості та пізнання.

Але гордий і зарозумілий – далекий від Творця. Той, хто залишається в своєму егоїзмі, у своєму «Я», у своїй владі, – той віддаляється від Творця через відсутність подібності властивостей.

Нікчемністю не називається те, що людина принижує себе перед іншими. Це смирення, яке людина відчуває в роботі як досконалість. А нікчемністю називається відчуття сорому й приниження, коли весь світ соромить та принижує її. Саме тому в такому випадкові вона не відчуває ніякої досконалості.

Адже це закон природи: все, що думають оточуючі, – діє на людину. І той, кого люди шанують, відчуває себе досконалим, а кого соромлять, – відчуває себе нікчемним.

28. Не помру, а буду жити
Почуто в 1943 р.

«Не помру, а буду жити» (Псалом 118). Для того, щоб досягти довершеності, людина повинна відчути, що якщо вона не досягне істини, – її стан буде смерті подібним, адже – бажає життя. Тому мовлене «Не помру, а буду жити» відноситься лише до людини, яка бажає досягти істини.

Тому сказано: «Йона, бен аміті» *(Йона, син правди)*. Йона – голуб, але також – ім'я людини. Йона від слова «онаа» *(насолода)*. «Син» *(бен)* від слова «який розуміє» *(мевін)*. Тобто – він розуміє, оскільки завжди дивиться на той стан, в якому знаходиться, і бачить, що тішить себе та не йде шляхом істини. Адже «істиною» називається віддача, лішма, «заради Творця», а він лише шукає насолоди *(онаа)*, яка є брехливою та протилежною шляху до Творця, – тобто бачить, що лише отримує заради себе. Але оскільки бачить свій справжній стан, удостоюється потім «аміті» – істини, правди.

Тому сказано: «Очі твої, як голубки» (Пісня Пісень). Очі святості, очі Шхіни називаються йонім *(голубки)*. Ці очі обманюють нас в тому, що нам здається, ніби Шхіна не має очей, як сказано в Зогар: «Прекрасна дівчина, в якої немає очей». Але істина в тому, що той, хто удостоюється істини, бачить, що є у неї очі, про що сказано: «Якщо у нареченої красиві очі, її тіло не потребує перевірки».

29. Коли відвідують сумніви
Почуто в 1943 р.

Сказано: «Творець – тінь твоя». Якщо людина сумнівається в Творці, то і Творець сумнівається в людині. А коли сумнівається Творець, це називаються горою Творця (*сумніви* – «*ірурім*», *гора* – «*ар*»). Тому сказано: «Хто підніметься на гору Творця, і хто стане на місці святому Його? – З чистими руками й мужнім серцем!».

Чисті руки досягаються виправленням «…і руки Моше важкі», – вознесінням рук до Творця, а мужнє серце виходить в результаті роботи в ньому (*аводат ліба*).

30. Головне – бажати віддавати
Почуто під кінець шабату (тижневої глави) Ваікра (20 березня 1943 р.)

Головне – це не бажати нічого, а тільки віддавати внаслідок величі Творця, оскільки всі дії отримання – порочні, а вийти з дій отримання неможливо інакше, як тільки перейшовши до протилежного стану, тобто – перейшовши до віддачі. А рушійна сила, тобто сила, котра тягне і змушує працювати, виходить лише з величі Творця.

І необхідно робити розрахунок, що все одно ми змушені працювати в цьому світі, а за допомогою саме цих зусиль можемо досягти результату й насолоди. Тобто зусиллями і стараннями, які людина докладає, – може або насолодити своє обмежене тіло, що подібне до тимчасового гостя, або – вічного Господаря. У такому випадку її старання не пропадають, а залишаються у вічності.

Це подібно до людини, в силах якої побудувати цілу країну, а вона будує тільки тимчасову будівлю, яка під натиском вітру руйнується і, таким чином, всі її старання пропадають. Між тим, якщо її зусилля були докладені до духовного і сама вона залишається в духовному разом з ними, то всі її зусилля залишаються з вічним результатом. І тільки від цієї мети вона повинна отримати всю основу роботи, а решта основ є неправильними.

Сили віри достатньо аби людина змогла працювати на віддачу, – тобто, щоби змогла вірити, що Творець приймає її роботу. І навіть якщо їй здається, що її робота не є настільки важливою, все одно, – Творець отримує все. Всі роботи бажані Творцеві і Він приймає їх, якщо людина присвячує свої зусилля Творцю.

Але якщо людина бажає використовувати віру заради отримання насолоди, то вона стає недостатньою для неї, – тобто виникають у неї тоді сумніви у вірі. Причина ж у тому, що отримання не є істиною. Адже насправді немає у людини нічого від її роботи, а лише Творцю йдуть всі її плоди. Тому ці сумніви правдиві, – тобто ці сторонні духовному думки, які зараз виникають в її голові, – це справедливі заперечення.

Разом з тим, якщо людина бажає використовувати свою віру аби йти шляхом віддачі, то, звичайно ж, не виникне в неї ніяких сумнівів у вірі. А якщо є в неї сумніви, то вона повинна знати, що напевне не бажає йти по шляху віддачі, адже для віддачі достатньо віри.

31. У злагоді з духом створінь

Сказано: «Кожен, хто у злагоді з духом створінь...». Але ж є численні приклади великих праведників, які перебували в суперечці, а значить – незгодних зі створіннями? І саме тому сказано «у злагоді з духом створінь», а не «у згоді зі створіннями», адже тільки тіла знаходяться в суперечці та суперечності, оскільки кожен використовує своє егоїстичне, тілесне бажання.

Тоді як дух створінь – це їхня духовність, а тому перебуває в злагоді. Адже праведник отримує вище світло, достаток для всього людства. Але до тих пір, поки люди ще не досягли свого духу, – не можуть отримати й відчути вище світло, яке праведник притягнув для них згори.

32. Доля – це бажання згори

Почуто в четвертий день (тижневої глави) Трума (10 лютого 1943 р.)

Сказано: «Доля – це бажання *(збудження)* з висі», тобто нижчий жодним чином не в змозі вчинити на це жодного впливу. Тому сказано в «Мегілат Естер» про Пурім: «Кинув жереб *(пур)*», тобто встановив рок, долю, коли Аман звинувачує євреїв в тому, що не виконують закони Царя.

Сенс сказаного в тому, що спочатку духовне рабство починається у працюючого над собою в ло лішма *(заради себе)*. Тому виникають звинувачення: навіщо ж дається їм Тора і дозволено потім виправити свої наміри та досягти лішма *(заради Творця)*, – хіба гідні вони отримувати світло й вищі осягнення?

Приходить обвинувач та звинувачує: «Чому ж дають їм ці вищі осягнення, над якими вони не працювали, не мали наміру досягти, не ставили собі за мету, а всі їхні думки й цілі були тільки заради себе, що називається «ло лішма»?

Тому сказано: «Грішник готує, а праведник отримує». Адже спочатку людина працює як грішник, «ло лішма», заради себе, а потім вона удостоюється «лішма», і всі її роботи та зусилля входять в святість, у віддачу, що і називається «а праведник отримує».

Тому є схожість свят Пуріму та Йом Кіпуру («кі-пурім», де «кі» – *подібний, тобто «подібний до Пуріму»*). Пурім відбувається за бажанням згори, а Йом Кіпур приходить від бажання знизу, від створінь, внаслідок їхнього покаяння та виправлення. Але також є в цьому і бажання *(збудження)* згори долею, де «один рок – для Творця і один – для нечистої сили». Однак вибирає – Творець.

33. Рок Йом Кіпура та Амана

Почуто в шостий день (тижневої глави) Трума (12 лютого 1943 р.)

Сказано в Торі, *(глава)* Ахарей *(про Йом Кіпур)*: «І кидав Аарон жереб на двох жертовних козлів: один – для Творця, а другий – для нечистої сили». В Мегілат Естер *(про Пурім)* також сказано: «Викинув жереб *(пур),* встановивши рок, долю».

Жереб має місце там, де неможливо з'ясувати розумом, тому що розум не в змозі досягти глибин розглядуваної події і винести рішення: що – добре, а що – погане. У такому разі не сподіваються на розум, а кидають жереб, тобто – покладаються на рішення долі. Звідси видно, що слово жереб використовується для вираження дії вище розуму.

У сьомий день місяця Адар народився Моше і в цей же день помер Моше. Назва місяця Адар походить від слова «адерет» – верхня накидка, про яку сказано у пророка Еліягу: «І накинув на нього плащ свій»[3]. І накидка ця – «адерет сеар» *(волосяне покривало)*[4]. «Волосся» *(слово «сеар», яке співзвучне зі словом «буря»)* і обмеження – означають думки й бажання проти духовної роботи, що відволікають людину від зближення з Творцем.

Тому ці думки і бажання необхідно долати зусиллям волі проти розуму, і хоча людина бачить багато протиріч в духовній роботі, але повинна переконатися в тому, що все управління Творця тільки добре і з метою добра. І тому сказано про Моше: «І вкрив Моше лице своє», – тому що бачив всі протиріччя в управлінні Творцем створіннями *(проти Його імені «Добрий, який управляє добром»)* і зміцнився в своїй вірі вище розуму. А оскільки закривав очі на те, що його розум виявляв як протиріччя, «тому що боявся побачити», та йшов вірою вище розуму, – «удостоївся побачити з'явлення Творця».

Сказано Творцем: «Хто сліпий, як раб мій, і глухий, як ангел мій». Зором називається розум, розуміння. Коли говорять: зрячий, який далеко бачить, – мають на увазі розум людини. Коли розуміють, кажуть: «Ми бачимо», тому що розум зобов'язує сказати так. Тому той, хто йде вище від розуму, подібний до незрячого, що йде наосліп, – тобто сам робить себе сліпим. А також той, хто не бажає чути те, що розвідники *(мераглім),* – по-

---

[3] Мелахім 1, 19:19. "І пішов звідти Еліягу, і знайшов Елішу, сина Шафата, який орав на дванадцяти парах волів, що йшли перед ним, а сам він при дванадцятій. І пройшов Еліягу повз нього, і накинув на нього плащ свій."

[4] Берешит 25:25. "Перший вийшов весь червоний, вдягнений волоссям немов покривалом. І нарекли ім'я йому Есав."

гані думки, – кажуть йому про духовну роботу й Творця, хто робить себе глухим, – називається в духовній роботі глухим.

Тому каже Творець: «Хто сліпий, як раб мій, і глухий, як ангел мій». Тобто той, хто йде до Творця, сам каже: «Очі їхні – нехай не побачать, вуха їхні – нехай не почують», не бажаючи слухати те, до чого зобов'язує його розум і що чують його вуха, – як сказано про Єгошуа бен Нун, що жодного разу жодна погана чутка не проникла до його вух.

І в цьому сенс «адерет сеар» – волосяного покривала. Оскільки було в людини багато протиріч й обмежень в її духовному просуванні, а кожна суперечність називається «волосся» (*сеар*), який росте з «некев», заглиблення в голові. І натякає це на те, що ці погані, – такі що ведуть від Творця, – думки й протиріччя свердлять та буравлять їй голову. А коли протиріч в духовній роботі багато, – значить є в неї багато волосся, що називається волосяним покривалом (*адерет сеар*).

Також і в Еліші сказано: «І пішов звідти Еліягу, і знайшов Елішу, сина Шафата, який орав на дванадцяти парах волів, що йшли перед ним, а сам він при дванадцятій. І пройшов Еліягу повз нього, і накинув на нього плащ свій», тобто «адерет». Бики, (*на івриті*) «бакар», – від слова «бікорет» (*перевірка*). А «дванадцять» говорить про повний ступінь, – як 12 годин або 12 місяців. Дванадцять пар биків – тому, що орють тільки на парі биків, а не на одному. Це говорить про те, що є вже в людини «сеарот» (*протиріччя*), з яких народжується «адерет сеар».

Але в Еліши це було від «ранку Йосефа» (*ранок – «бокер»*), як сказано: «Світло ранку і люди вийшли зі своїми ослами (*осел -»хамор», співзвучне «матеріалу» -»хомер»*)», – тобто вже досягли світла, яке проявляється на з'ясуванні протилежностей. Тому що саме за рахунок протилежностей, званих «бікорет» (*перевірка*), при бажанні йти всупереч протилежностям, народжується світло, як сказано: «Тому, хто приходить очиститися, – допомагають». А оскільки отримав світло на всі з'ясування (*бікорет*), і вже нема чого йому додати, то з'ясування і протиріччя зникають, – відповідно до правила, що немає з висі жодної зайвої або непотрібної дії, бо «не існує дії без мети».

Але необхідно зрозуміти, – навіщо взагалі постають перед людиною думки та дії, що знаходяться у протиріччі з абсолютно добрим вишнім управлінням? Лише для того, аби вона була зобов'язана притягти на ці суперечності вище світло, якщо бажає зійти над ними, а інакше не зможе перемогти ці протиріччя. І це називається «велич Творця», котра притягує до себе людину під час відчуття суперечностей, які називаються «судом» та обмеженнями *(дінім)*. Адже протиріччя ці можуть зникнути лише якщо вона побажає перемогти їх та протиставити їм велич Творця. Виходить, що протиріччя є причиною, котра викликає проявлення людині величі Творця. І це означає: «І накинув на нього плащ свій *(адерет)*». Тобто людина, після всього, що нею пройдене, відносить всі «адерет сеар» *(протиріччя)* саме до Творця, оскільки бачить, що Творець дав їй ці протиріччя *(адерет)* спеціально аби вона отримала на них вище світло.

Але побачити це людина може лише після того, як удостоїлася вищого світла, який проявляється саме на протиріччях й обмеженнях, відчутних нею спочатку. І вона бачить, що без протиріч *(сеарот)* та падінь, не було б можливості вищому світлу розкритися, – адже «немає світла без клі, бажання». І тому бачить людина, що вся велич Творця, яку вона збагнула, відкрилася їй тільки завдяки протиріччям, котрі відчуваються спочатку. І в цьому сенс сказаного: «Творець великий на своїх висотах», тому що завдяки адерет *(накидці, подоланню протиріч)* людина удостоюється величі Творця.

І тому сказано: «Хвала Творцеві виходить з їхнього горла», – тобто Його велич розкривається через вади в духовній роботі *(слово «гарон», – горло, – співзвучне «гірайон», – недолік)*, які змушують людину піднімати себе все вище. А без підштовхування вона би лінувалася зробити найменший рух та бажала би залишатися в своєму стані вічно.

Але якщо людина падає нижче рівня, на якому, як вона вважає, їй личить перебувати, це дає їй сили боротися з падінням. Адже вона не може залишатися в такому жахливому стані, вона не згодна в ньому перебувати! Тому вона зобов'язана кожен раз докладати зусиль, щоби вийти зі стану падіння, що змушує її множити велич Творця. Таким чином, людина потребує отримання згори сил, що є вищими за ті, якими володіє, інакше залишиться в падінні.

Виходить, що кожен раз відчуття протиріч *(сеарот)* викликає в людини необхідність духовного просування та ще більшого розкриття величі Творця. Доки не розкриє всі імена Творця, звані «тринадцять мір милосердя». Про це сказано: «І старший буде прислужувати молодому», а також: «Грішник підготує, а праведник вдягнеться» і «Брату своєму будеш служити».

Тобто все рабство, всі суперечності, які виникали в людині як перешкоди проти духовності, зараз, коли розкрилося їй світло Творця та висвітлює ці перешкоди, – бачаться зовсім навпаки. І розуміє вона, що саме ці перешкоди допомагають та прислужують людині в розкритті світла Творця, тому що саме вони створили місце для наповнення вищим світлом. Ці перешкоди – вони й стали шатами, в яке вбралася святість. Тому сказано: «Грішник підготує, а праведник вдягнеться», адже саме перешкоди стали судиною, місцем для святості.

А тепер можна зрозуміти сказане в Талмуді (Xarira, 15,1): «Удостоївся – став праведником, отримує своє та частину іншого в раю. Недостойний – став грішником, отримує свою частину й частину іншого в пеклі». Мається на увазі, що отримує він перешкоди і протиріччя інших людей, тобто – всього світу. І тому створений навколо людини такий великий світ, з безліччю людей, і в кожного – свої думки, погляди. І всі знаходяться в одному світі спеціально, – саме для того, щоби кожен перейняв думки й переконання всіх інших. В такому випадкові, коли людина повертається до Творця (*здійснює «тшува»*), вона виграє від того, що включає в себе думки й погляди багатьох людей. Адже якщо хоче зблизитися з Творцем, вона зобов'язана переважити себе і весь світ, з яким пов'язана, на чашу виправдання, тобто виправдати дії Творця по відношенню до себе і до всього світу, тому що пов'язана з усім світом, з його думками та переконаннями.

Тому сказано: «Прогрішив грішник і отримав свою частину та частину іншого в пеклі». Коли вона ще залишалася в стані «грішник», – що називається «прогрішив», – то була у неї своя частина протиріч і думок, чужих духовному. А, крім того, вона взяла на себе чужу частину гріхів, що відносяться до пекла, адже з'єдналася з думками всіх людей в світі.

Тому, коли стає потім праведником, який «удостоївся», – тобто повернувся до Творця, – то виправдовує цим себе і весь світ та отримує в раю свою частину, а також частину, що належить всім іншим. Адже людина була зобов'язана притягти вище світло, щоби виправити погані думки всіх людей в світі та оскільки включає їх всіх в себе, то повинна виправдати їх усіх. І тому притягує праведник вище світло проти протиріч усього світу. І хоча весь світ ще сам не в змозі отримати це світло, яке притягнуте для нього праведником, тому що немає ще в людях до нього бажання (*келім*), але праведник здійснює для них цю дію.

Однак є правило, що людина, яка викликала розповсюдження світла на вищих ступенях, в тій же мірі і сама отримує його, оскільки була причиною цієї події. Але тоді виходить, що і грішники повинні отримати частину світла, який вони викликають через праведників?

І щоб зрозуміти це, необхідно спочатку з'ясувати сенс «жеребів» та чому було два жереба: «один – для Творця, а інший – для нечистої сили». «Жереб» – це дія вище розуму і тому один з них потрапляє до нечистої сили, про що сказано: «І обрушилася буря на голови нечестивих» (Пророки, Єремія). Адже на ці суперечності притягається вище світло, завдяки чому збільшується велич Творця. Але не потрібне це грішникам, які бажають отримувати лише відповідно до свого розуму. А коли посилюється світло, що приходить на основі, котра вище за розум, відступають грішники і пропадають. Тому єдине, що є у грішників – це їхня допомога праведникам у притяганні величі Творця, після чого грішники анулюються. І про це сказано: «Удостоївся стати праведником, – отримує своє та частину іншого в раю». (З цього зрозуміло, що мова йде тільки про того, хто допомагає зробити виправлення, щоби здійснилося розкриття вищого світла за рахунок добрих справ, і тоді дія ця залишається в святості, а він отримує від того світла, який викликав нагорі. І, створюючи місце для облачення світла, нижчий отримує від того стану, який викликав у вищому. Протиріччя ж і обмеження пропадають, адже на їхнє місце приходить велич Творця, що розкривається у вірі вище знання. Вони ж хочуть розкриття саме всередині розуму, а тому анулюються.) Але весь світ своїми сторонніми духовному думками змушує праведника притягнути велич Творця, і викликане цим світло залишається на рахунку кожного. А коли вони будуть здатні отримати це світло, то кожен отримає також те світло, яке змусив притягнути згори.

І в цьому сенс згаданого в Зогарі «бігучого проділу, що розділяє волосся», який розділяє праву й ліву сторони. Два жертовних козла було в Йом Кіпур (*одне й те ж слово – «козел» та «волосатий»*), що натякає на «повернення у трепоті». А інший жереб – в Пурім, що означає «повернення з любов'ю». Адже це було ще до будівництва Другого Храму і було необхідне повернення з любові. Але спочатку необхідно було відчути необхідність повернення, а тому послали їм обмеження та «сеарот» (*протиріччя*).

І тому дали з висі владу Аману, про що сказано: «Я поставлю над вами Амана, щоб панував над вами». А тому написано, що «кидав Аман жереб, визначаючи долю» в місяці Адар. Адар називається дванадцятим місяцем, і на те ж число дванадцять натякають дванадцять биків, на яких орав Еліша. Два рази по шість – виходить місяць Адар, що означає таємницю «адерет сеар» (*волосяне покривало*), – тобто найбільші обмеження. А тому знав Аман, що переможе народ Ісраеля, адже в місяць Адар помер Моше. Але не знав він, що в той же місяць народився Моше, про що сказано: «І побачила вона, що син хороший» (Тора, Шмот, 2:2).

Адже коли долають найважчий стан, тоді досягають найбільшого світла, що називається світлом величі Творця. І в цьому таємниця «переплетення дорогих ниток» («*шеш машзар*», – *з книги Шмот, у главі про будівництво Скинії Завіту*). Тобто, коли удостоюються «бігучого проділу, що розділяє волосся», два рази по шість (*шеш шеш*), то виникає «переплетення» (*машзар*), що означає, що «видаляється чужинець» (*машзар*), нечиста сила (*сітра ахра*). Тобто чужинець, або нечиста сила, пропадає та йде, оскільки вже виконав свою роль.

Виходить, що всі протиріччя й обмеження були дані лише для того, щоб розкрити велич Творця. Тому Яаков, який народився «гладким, без волосся», не міг розкрити величі Творця, бо не було в нього причини для такого розкриття та необхідності в ньому. І тому не міг Яаков отримати благословення від Іцхака, оскільки не було у нього келім, адже ж «немає світла без клі». Тому навчила його Рівка вдягти вбрання Есава. І тому сказано про нього: «А рукою тримався за п'яту Есава». Тобто хоча не було в нього ніякого «волосся» (*протиріч*), він взяв їх від Есава. І це побачив Іцхак і сказав: «Руки – Есава», хоча «голос – Яакова». Тобто сподобалося Іцхаку це зроблене Яаковом виправлення, завдяки якому придбав він келім для отримання благословення.

Саме з цієї причини нам необхідний цей світ, де так багато людей, щоб кожен перейнявся бажаннями всіх інших. І тоді кожна окрема людина несе в собі думки й бажання всього світу, і тому мовиться: «людина – це цілий маленький світ».

А якщо поки «не заслужив», то «отримує в пеклі свою частку й те, що належить там всім іншим», – тобто з'єднується з пеклом усього світу. І більш того, – навіть якщо частково виправив своє пекло, але не виправив пекло, що призначене іншим, – тобто всі гріхи, які приєднав до себе від усього цього світу, – це ще не вважається виправленням, і його стан не називається досконалим.

І звідси зрозуміло, що хоча Яаков сам по собі і був «гладким, без волосся», проте, «тримався рукою за п'яту Есава», – тобто запозичив у нього «волосся». А коли заслужив їхнього виправлення, – отримав частину, що належить брату в раю, – відчув міру величі вищого світла, котре було притягнуте ним для виправлення цього «волосся», – сторонніх думок усього світу. І удостоюється цього в той час, коли весь світ сам не може отримати це світло, оскільки ще не готовий до цього.

А з цього зрозуміла суть спору між Яаковом та Есавом, коли сказав Есав: «Є в мене достатньо», а Яаков відповів: «Є в мене все»; тобто «два рази по шість», що означає «усередині знання», на протилежність «вище знання», або бажання насолодитися, – на противагу світлу злиття. Есав сказав: «Є у мене достатньо», тобто світло, що приходить до келім отримання, всередині знання. А Яаков сказав, що є у нього все, – тобто є дві складові: використання келім отримання, а також світло злиття з Творцем.

І в цьому суть «ерев рав», великого змішання народів, що приєдналися до Ісраель при втечі з Єгипту, а потім зробили золотого тельця і сказали: «Ось він – бог твій, Ісраель!». «Ось» *(Елє)* без «Мі». Тобто хотіли приєднатися тільки до «Елє», без «Мі», не бажаючи їх обох разом, – адже Елє разом з Мі становить ім'я Елокім *(Творець)*. Але не хотіли вони одночасно і «достатньо», і «все». І на це натякають крувім, звані Кравія й Патія *(ангели, що розташовані по двох кінцях кришки ковчега).*

Один ангел стоїть на кінці, який означає «достатньо», а інший ангел стоїть на кінці, що означає «все». І в цьому сенс сказаного: «І чув Моше голос, який бесідує з ним з кришки на ковчезі одкровення, з простору між двома крувами» (Тора, Бемідбар, 7). Але як таке можливе, адже це – два полюси, що є протилежними один одному? І, не дивлячись ні на що, людина повинна зробити з себе Патія *(в перекладі: «дурень»)* і так прийняти це, що називається «вище розуму». Хоча і не розуміє нічого з того, що їй говорять, – а все одно робить.

А що стосується «всього», яке називається «вище розуму», там людина повинна намагатися працювати з радістю, адже завдяки радості розкривається справжня міра «всього». А якщо людина не радіє, то перебуває в смутку від того, що немає в неї радості, але ж головне в роботі – це розкрити радість від того, що працює у вірі вище знання. Тому, якщо не відчуває людина радості від роботи, – повинна сумувати про це.

І про це сказано: «Той, чиє серце забажає *(працювати заради Творця)*» (Тора, Шмот, 25). Тобто відчуває біль і страждання від того, що не відчуває радості в духовній роботі, про що сказано: «За те, що не служив ти Творцеві з радістю й веселим серцем, коли було в тебе все в достатку» (Тора, Дварім, 28), а кинув «все» і взяв лише «достатньо». І тому опускався все нижче й нижче, доки не втратив все, що мав, і не залишилося у нього навіть «достатньо». Але якщо є у людини «все», і вона в радості, – в тій же мірі удостоюється й мати «достатньо».

І тому сказано у пророків про «жінок, які оплакують Тамуза» (Пророки, Єхезкель). Пояснює Раши, що виконували вони роботу на ідолів і потрапив йому в очі шматочок свинцю, а вони намагалися розплавити його, щоб витік він з очей. А плакали тому, що не відчували радості, адже засипало їм очі попелом. Попіл, прах, означає бхіну далет, тобто Малхут, Царство Небес, – віру вище знання. І це властивість, яка є рівноцінною праху, – тобто така, що не має ніякої важливості в очах людини. І той, хто робить цю роботу, куштує присмак праху, бо відчуває її зовсім неважливою, немов попіл. І «оплакують жінки Тамуза», розплавляючи цю роботу на ідолів, щоб від спеки вийшов попіл зі свинцю. І означає це, що вони плачуть про роботу, яка зобов'язує їх вірити вище розуму в управління Творця, – Доброго, котрий творить добро. У той час, як всередині знання бачать вони зовсім протилежне в Його управлінні. А це – свята робота. І хочуть вони витягти попіл, тобто роботу у вірі вище знання, яка називається попелом. Очі, які означають «зір», натякають на явне бачення управління Творця, яке людина бажає отримати всередині знання, а це називається ідолопоклонством.

І схоже це на людину, яка вміє майстерно робити глечики та судини з глини, тобто працює гончарем. А порядок роботи такий, що перш за все майстер повинен скатати кульки з глини, а потім він видавлює в цих кульках отвори. І коли бачить його маленький син, що робить батько, то кричить: «Тато, чому ти псуєш кульки!». І не розуміє син, що головне в роботі батька – це зробити отвори, адже тільки отвір може стати судиною отримання. А син хоче навпаки, – замазати отвори, які батько зробив в кульках.

Справа в тому, що цей попіл, що знаходиться в очах, застеляє людині зір, і в яку б сторону вона не подивилася, – бачить недоліки у вищому управлінні. І саме це створює в ній клі, в якому зможе розкрити іскри безкорисливої любові, котра не залежить від жодних умов і називається радістю заповіді.

І про це сказано: «Якби не допоміг йому Творець, – нічого б він не зміг». Тобто, якщо б не послав людині Творець цих думок, – не змогла би вона досягти ніякого піднесення.

34. Перевага землі – в усьому
Почуто в місяці Тевет (1942 р.)

Відомо, що все розкривається в своєму справжньому вигляді лише зі своєї протилежності, як сказано: «Перевага світла – з пітьми». Це означає, що кожне явище вказує на свою протилежність і саме за допомогою протилежності можливо осягнути справжню суть того, що протистоїть їй.

А тому неможливо нічого збагнути повною мірою, якщо немає йому протилежного. Наприклад, неможливо оцінити хороше, якщо немає йому протилежного, котре вказує на погане, таке як: гірке-солодке, ненависть-любов, голод-насичення, спрага-наповнення, розлука-злиття.

Звідси зрозуміло, що неможливо прийти до любові і злиття перш ніж прийде осягнення ненависті до розлуки. А щоби зненавидіти розлуку та віддалення, людина зобов'язана спочатку дізнатися, що в загальному означає розлука та від кого вона є віддаленою. Тільки тоді можна сказати, що вона бажає виправити це віддалення. Тобто людина повинна сама вирішити, – від кого і від чого вона є віддаленою. Лише тоді вона може постаратися виправити цей стан та з'єднати себе з тим, з ким перебуває в розлуці. Якщо людина розуміє, що виграє від зближення, то може оцінити збиток від того, що залишиться на віддалі.

Прибуток або збиток оцінюються по відчутним насолоді або стражданню, бо людина віддаляється й ненавидить те, що доставляє їй страждання. І міра віддалення залежить від міри відчуття страждання. Адже в природі людини уникати страждань, тому одне залежить від іншого; і в міру страждання вона намагається та робить все можливе, аби віддалитися від того, що викликає страждання. Тобто страждання викликають ненависть до їхнього джерела, і в цій мірі людина віддаляється від нього.

Зі сказаного випливає, що людині необхідно знати, – що означає подібність властивостей, аби знати, що вона повинна робити з метою прийти до злиття, званого подобою властивостей. І з цього вона дізнається, що означає відмінність властивостей та розлука.

Відомо з кабалістичних книг, що Творець добрий і творить тільки добро. Тобто Його управління осягається нижчими як добре. І в це ми зобов'язані вірити. Тому, коли людина дивиться на те, що відбувається в навколишньому світі, – на себе й на інших, – і бачить, наскільки всі страждають від вищого управління, а не тішаться, як повинно виходити з управління доброго, то важко їй стверджувати, що вище управління є добрим, діє з доброю метою та посилає нам лише добро. Але необхідно знати, що в разі, коли не може людина сказати, що Творець посилає своїм створінням добро, вона називається грішником, бо відчуття страждань змушує її засуджувати Творця. І лише у разі, якщо Творець посилає їй насолоди, вона виправдовує Творця, як сказано: «Праведником називається той, хто виправдовує дії Творця», тобто – стверджує, що Творець управляє світом праведно.

Виходить, що відчуваючи страждання, людина виявляється віддаленою від Творця, тому що природно, в силу своєї натури, перетворюється на ненависника того, хто посилає їй страждання. Виходить, що замість того, аби любити Творця, людина ненавидить Його.

Але що ж має робити людина, щоби досягти любові до Творця? Для цього даний нам «чудовий засіб» *(сгула)* – заняття Торою і заповідями, бо світло, яке міститься в ній, повертає людину до Творця. Оскільки є в Торі світло, яке дає людині можливість відчути небезпеку віддалення від Творця. І поступово, якщо людина має намір осягнути світло Тори, виникає в ній ненависть до віддалення від Творця. Тобто вона починає відчувати причину, з якої вона та її душа перебувають у розлуці й віддаленні від Творця.

Тобто людина повинна вірити в те, що управління Творця є добрим, з доброї метою. А людина погрузла в егоїзмі, що викликає в ній протилежність властивостей стосовно Творця для того, щоби зробила виправлення «заради Творця», зване подобою властивостей. І лише в такому випадкові можна отримати це добро й насолоду. Але оскільки не може отримати те добро й насолоду, яку Творець бажає дати, – це і викликає в людині ненависть до віддалення від Творця. Тоді є в неї можливість зрозуміти величезну користь від подібності властивостей. І тоді людина починає прагнути до злиття з Творцем.

Виходить, що кожен стан вказує на те, що є йому протилежним, і тому всі падіння, які людина відчула як віддалення від Творця, дали їй можливість зрозуміти як цей, так і протилежний віддаленню стани. Тобто з падінь людина повинна отримати поняття про зближення. Інакше не було б у людини можливості оцінити важливість того, що згори наближають її та дають підйоми. І не було б в неї можливості усвідомити цю важливість, – немов дають їжу людині, яка ніколи не відчувала почуття голоду. Звідси видно, що падіння, час віддалення, призводять людину до усвідомлення важливості зближення у підйомах. А підйоми викликають в людині ненависть до падінь, котрі приносить їй віддалення.

А коли не може оцінити величину зла в падіннях, тобто коли погано відзивається про Вище управління і не відчуває навіть про Кого вона так погано говорить, – нехай знає, що повинна виправитися і зблизитися з Творцем, тому що зробила великий прогріх, кажучи погане про Творця.

Виходить, що саме коли є в людині два відчуття, вона здатна зрозуміти відмінність між ними, як сказано: «Перевага світла – з пітьми». Тобто тільки тоді вона може оцінити близькість до Творця, за допомогою якої можна досягти добра й насолоди, що вміщені в задум творіння «насолодити створених». А все, що їй уявляється – послане їй Творцем для того, щоби вона відчула це так, як відчуває, тому що це і є шляхами досягнення мети творіння.

Але не просто досягти злиття з Творцем і необхідно докласти великих зусиль, щоб удостоїтися відчути насолоду та благо. А до цього зобов'язана людина виправдовувати Вище управління та вірити вище свого розуму, що Творець управляє всіма створіннями тільки добром і для їхнього добра. Тільки видно і відчутно це лише тим, хто досягає мети творіння, а ті, хто не досягли цього, відчувають зворотне, як сказано: «Очі їх, – нехай не побачать, їхні вуха, – нехай не почують».

Сказано мудрецями: «Хавакук встановив один принцип: праведник живе своєю вірою». Тобто людині немає необхідності займатися подробицями, а всю свою увагу й зусилля вона повинна зосередити на одній важливій умові – досягненню віри в Творця. І про це вона повинна просити Творця, – щоби Творець допоміг їй йти вірою вище знання. Оскільки є в вірі чудова властивість, за допомогою якої людина починає ненавидіти віддалення, – тобто віра побічно викликає в людині ненависть до віддалення від Творця.

Ми бачимо, що є велика відмінність між вірою та очевидним знанням. Адже коли дано людині побачити і зрозуміти, і розум зобов'язує людину до необхідності докласти зусилля та виконати щось конкретне, то, якщо вирішує це один раз, – вже досить цього рішення, і як вирішила, так і буде виконувати, бо розум супроводжує її в кожній дії, щоби все робила так, як розум каже їй. І розум дає людині зрозуміти, що необхідно вирішити саме так, як вирішує розум.

Тоді як віра є згодою через силу, проти розуму, коли людина долає доводи свого розуму і каже, що необхідно діяти так, як зобов'язує її віра вище знання. Тому віра вище знання ефективна лише в той час, коли людина діє з нею, – тобто коли вірить, – і тільки тоді вона здатна видати зусилля вище знання (*розуму*). Але як тільки залишає віру вище знання навіть на хвилинку, тобто хоч на мить, тут же послаблюється її віра, вона негайно припиняє займатися Торою і духовною роботою, та не допоможе їй те, що раніше прийняла на себе йти вірою вище знання.

Тоді як, якщо вирішила в своєму розумі, що щось шкодить їй та піддає її життя небезпеці, то не повинна кожен раз повертатися до свого рішення і пояснювати собі, – чому це шкідливо й небезпечно, – а те, що вирішене раз та збагнуте розумом на сто відсотків, зобов'язує її чинити саме так, як вказує їй розум, кажучи їй «що добре і що погане», і вже діє за раніше вирішеним та обраним шляхом.

Звідси видна відмінність між тим, до чого зобов'язує людину розум і до чого зобов'язує віра, і в чому ж причина того, що ґрунтуючись на вірі, людина зобов'язана постійно пам'ятати форму віри, – інакше падає з досягнутого ступеню у стан грішника. Ці стани можуть змінюватися багато разів на день, – коли людина падає зі свого ступеню, – адже неможливо, щоби за цілий день ні на мить не перервалася в ній віра вище знання.

Причина ж того, що віра забувається, – в тому, що віра вище знання й розуму протистоїть всім бажанням тіла. А оскільки бажання тіла походять з самої його природи, званої «бажання насолодитися», – як в розумі, так і в серці, – тому тіло постійно тягне людину до своєї природи. І тільки коли людина є відданою своїй вірі, ця віра дає їй сили вийти з влади бажань тіла та йти вище знання, тобто – проти розуміння тіла.

Тому, перш ніж людина удостоюється бажань віддачі, званих «злиття», вона не може постійно перебувати в вірі. І в той час, коли не світить їй світло віри, вона бачить, в якому жалюгідному стані вона знаходиться, нижче від якого немає. І цей стан є наслідком невідповідності Творцеві, наслідком егоїстичного бажання. Відмінність властивостей з Творцем і викликає в людині відчуття страждання, руйнуючи в ній все, що вклала у зближення з Творцем. І вона виявляє, що в ту мить, коли зникає в ній віра, вона виявляється в іще більш гіршому стані, ніж до того, як почала працювати на віддачу. Внаслідок цього в людині виникає ненависть до віддалення за властивостями від Творця, оскільки негайно починає відчувати страждання в собі, а також – страждання всього світу, і не в змозі виправдати управління Творця створіннями як абсолютно добре і з доброї метою. І відчуває тоді, що весь світ померк для неї і нема звідки прийти радості.

Тому, кожен раз, коли вона починає виправляти свою погану думку про управління, в ній виникає ненависть до віддалення від Творця. А від відчуття ненависті до віддалення від Творця вона приходить до любові зближення з Творцем. Адже в міру відчуття страждань під час віддалення, – в цій мірі вона зближується з Творцем. Як сказано вище, в міру відчуття пітьми, що являє зло, вона доходить відчуття зближення з добром і вже знає, як повинна цінувати цей стан, коли отримує хоч трохи зближення з Творцем.

Звідси можна зрозуміти, що всі страждання, які тільки є в світі, являють собою лише підготовку до істинних страждань, до яких людина повинна прийти, – інакше не зможе досягти найменшого духовного ступеню, оскільки немає світла без клі *(бажання відчути це світло)*. І цими істинними стражданнями називається те, коли вона звинувачує Вище управління, погано кажучи про нього. І саме про це вона молиться, – аби не говорити погано про управління Творця. І тільки ці страждання бере до уваги Творець, що називається: «Творець чує молитву кожного». Творець відповідає лише на ці страждання, тому що людина просить допомоги не заради задоволення свого егоїстичного бажання; адже якби Творець дав їй бажане, це ще більше віддалило б її від Творця через відмінність властивостей, які виникли в наслідок отримання бажаного. Але, як раз навпаки, – людина просить віру, щоби Творець дав їй сили протистояти егоїзму, аби змогла досягти подоби Творцеві. Адже вона бачить, що за відсутності постійної віри, коли світло віри не світить їй, вона перестає вірити в управління Творця, – тобто стає грішником, звинувачуючи Творця.

Виходить, що всі її страждання – лише через те, що погано думає про Вище управління. Тобто страждає від того, що там, де людина повинна дякувати і звеличувати свого Творця: «Благословен Творець, який створив нас на славу Собі», – коли створіння мали б дякувати Творцеві, – вона бачить, що управління світом – не на славу Творця;

бо в кожного є претензії і скарги на те, що управління має бути явним, і Творець повинен відкрито управляти світом добром з метою добра. А оскільки це нерозкрите нижчим, то таке управління не підносить Творця, і саме це викликає в людині страждання.

Виходить, що страждання, які відчуваються людиною, викликають у неї засудження управління Творця. А тому просить Творця дати їй силу віри осягнути, що Творець – «Добрий та творить добро». І це не заради отримання блага та власного задоволення, а щоби не засуджувати управління Творця, – що викликає в ній страждання. Тобто зі свого боку людина бажає вірою вище знання вірити в те, що Творець управляє світом добром і на благо. І вона хоче, щоб віра відчувалася нею настільки явно, немов це достеменне знання.

Тому, коли людина займається Торою і заповідями, вона бажає притягнути на себе світло Творця не заради власного задоволення, а тому, що нестерпно їй від того, що не може виправдати управління Творця як таке, що є добрим і несе добро. І це заподіює людині страждання, оскільки вона проклинає ім'я Творця, який Добрий і творить добро, але тіло людини *(його бажання)* говорить їй зворотне. І від цього всі її страждання: адже якщо знаходиться на віддалі від Творця, то не в змозі виправдати Його поводження з нижчими. І це означає, що віддалення від Творця є ненависним їй.

І коли з'являються в людині такі страждання, Творець чує її молитву *(звернення в серце)* та наближає до Себе. І удостоюється людина зближення, оскільки страждання віддалення від Творця, що відчуваються нею, викликають зближення з Творцем.

Про такий стан сказано: «Перевага світла оцінюється з пітьми», а також: «Перевага землі – в усьому», де «земля» – це створіння. «В усьому», – тобто внаслідок переваги, яка дозволяє людині бачити відмінність між станами зближення та віддалення, удостоюється вона злиття «у всьому», тому що Творець – ВСЕ!

35. Про життєву силу Святості

Почуто в 1945 р. в Єрусалимі

Сказано: «Ось море велике і просторе, там плазуни, яким немає числа – тварини малі й великі» (Псалми, 104:25).

Пояснення.»Ось море» – означає море нечистих бажань *(сітра ахра)*. «Велике і просторе», – тобто воно розкриває себе перед кожним і кричить: «Дай! Дай!» *(івр. – «Гав! Гав!»)*, що означає величезні келім, які прагнуть отримання.

«Там плазуни» – означає, що там є вищі світла, по яких ступає людина, топчучи їх ногами.

«Яким немає числа», – тваринам малим і великим: тобто всі життєві сили, які тільки є в людини, від великих й до малих, містяться в цьому морі.

А все тому, що є правило: «З небес дають дари, а не забирають» (все, що дають з небес, не береться назад нагору, а залишається внизу). Тому, якщо людина викликала збудження з висі, а потім зіпсувала його, – воно вже залишається внизу, – але не в людині, потрапляючи в море нечистих бажань. Тобто, якщо людина притягнула певне світло, але не в змозі утримувати його постійно, тому що її келім ще є недостатньо чистими, і не виправлені настільки, щоби бути відповідними до світла та отримувати його з наміром віддавати, – подібно до світла, що виходить від Того, хто дає, – тоді зобов'язане це світло зникнути з людини. І тоді воно потрапляє в нечисті бажання. І так кілька разів: людина отримує світло, а потім втрачає його.

Завдяки цьому збирається світло в морі нечистих бажань *(сітра ахра)*, доки не сповниться певна міра. Тобто після того, як людина видасть повну міру зусиль, на яку здатна, тоді сітра ахра віддає їй назад все, що забрала у своє володіння, в чому таїнство мовленого: «поглине силу – і зригне назад» (Писання, Йов).

Виходить, – все, що отримане нечистими бажаннями у своє володіння, було лише в якості внеску, – тобто на весь той час, поки вони мають владу над людиною. А вся наявна у них влада призначена лише для того, щоб дати людині можливість виявити свої егоїстичні бажання та увести їх до святості. Це означає, що якщо б нечисті бажання не панували над людиною, вона би вдовольнилася малим, і тоді залишилася б у розлуці з Творцем у всіх своїх бажаннях. Так людина ніколи б не змогла зібрати келім, які відносяться до кореня її душі, увести їх до святості та притягти призначене їй світло. Тому виправлення полягає в тому, що кожен раз, коли вона притягує якесь світло, а потім падає, – зобов'язана ще раз почати заново, тобто почати нові з'ясування. А те, що було в неї в минулому, падає в нечисті бажання і зберігається в їхньому володінні в якості внеску. Потім же людина отримує від сітра ахра все, що та забирала в людини весь цей час.

Однак слід знати, що якби людина була в силах утримувати хоча б найменше світіння, але постійно, – вона би вже вважалася досконалою людиною, тобто з цим світінням вона могла би йти вперед. Тому, якщо вона втратила світіння, то повинна шкодувати про це. І це схоже на людину, яка садить в землю насіння, щоб з нього виросло велике дерево, але відразу ж виймає це насіння з землі. А якщо так, – то яка користь від її роботи, від того, що садила насіння в землю? І більш того, можна сказати, що вона не просто витягнула насіння з землі і занапастила його, – але що витягнула з землі ціле дерево з дозрілими плодами та занапастила їх. А справа в тому, що якби вона не втратила це невелике світіння, виросло би з нього велике світло. Виходить, що нею втрачене не мале світіння, а втрачене величезне світло.

І слід знати загальне правило: не може людина жити без життєвої сили і насолоди, що випливає з кореня створіння, – тобто з Його бажання завдати насолоди створеним. Тому ніяке створіння не може існувати без життєвої сили й насолоди. А тому будь-яке створіння змушене йти та шукати місце, звідки може отримати задоволення та насолоду.

І можна отримати насолоду в трьох часах: з минулого, теперішнього та з майбутнього, але, в основному, ми отримуємо насолоду в сьогоденні. І хоча ми бачимо, що людина може також отримувати задоволення від минулого та майбутнього, – однак це, власне, через те, що минуле і майбутнє світять їй у теперішньому. Тому якщо людина не знайшла відчуття насолоди в сьогоденні, то вона отримує життєву силу від минулого. Вона може розповідати іншим про те, як їй було добре в минулому, і від цього отримувати силу для життя в даний час. Або ж вона уявляє собі і сподівається, що в майбутньому їй буде добре. Однак відчуття насолоди від минулого і майбутнього оцінюється в залежності від того, наскільки вони світять людині в теперішньому. І знай, що це правило відноситься як до матеріальних насолод, так і до насолод духовних.

І, як ми бачимо, навіть в той час, коли людина працює в матеріальному, вона неминуче шкодує під час своєї роботи, що змушена неволити себе до праці, і єдине, в силу чого вона може продовжувати роботу, – це те, що в майбутньому їй світить отримання за це винагороди. І ця надія світить їй, тому вона в змозі продовжувати роботу. Якщо ж вона не в силах уявити винагороду, очікувану в майбутньому, то витягує з майбутнього не ту насолоду, яку отримала би від оплати за свою роботу, – тобто чекає не винагороди, а того, що закінчаться її страждання від необхідності працювати. І вона насолоджується вже зараз в теперішньому тим, що буде у майбутньому. Тобто майбутнє світить їй в сьогоденні тим, що скоро робота закінчиться, скінчиться час, протягом якого потрібно працювати, і вона зможе відпочивати. Виходить, що все одно їй світить насолода від відпочинку, який вона в результаті отримає, – тобто вона бачить вигоду в тому, що позбудеться страждань, котрі відчуває в даний час від роботи, і це дає їй силу, яка дозволяє зараз працювати. А якби людина була не в змозі уявити, що скоро звільниться від страждань, котрі зараз відчуває, – вона би прийшла до відчаю та впала в тугу до такої міри, що могла би позбавити себе життя.

І з приводу вищесказаного говорили мудреці: «У того, хто позбавляє себе життя, немає частки в майбутньому світі», оскільки він не приймає вищого управління, заперечуючи, що Творець управляє світом як Добрий і той, хто творить добро. Але повинна людина вірити, що ці стани приходять до неї тому, що таким чином згори хочуть принести їй виправлення. Тобто, щоби вона отримала решимот від цих станів і змогла з особливою силою розкрити та зрозуміти шлях світу. І ці стани називаються станами «зворотної сторони», а коли вона подолає ці стани, то удостоїться лику Творця, – тобто світло засвітить всередині цієї зворотної сторони.

І є правило, що не може жити людина, не маючи можливості отримувати задоволення та насолоду. Виходить, що в той час, коли вона не в змозі отримувати від сьогодення, вона в будь-якому випадкові зобов'язана отримати життєву силу від минулого або від майбутнього. Тобто тіло шукає для себе життєву силу всіма засобами, які є в його розпорядженні. І якщо людина не згодна отримувати життєву силу від матеріальних речей, то у тіла немає виходу, і воно змушене погодитися отримувати життєву силу від речей духовних, – адже в нього немає ніякої іншої можливості. Тому тіло повинне погодитися отримувати задоволення і насолоду від віддачі, оскільки без життєвої сили неможливо жити.

Згідно з цим виходить, що в той час, коли людина звикла виконувати Тору та заповіді ло лішма (*заради себе*), – тобто отримувати винагороду за свою роботу, – дійсно в неї є можливість уявити собі, що потім вона отримає якусь оплату, і вже може працювати в рахунок того, що потім отримає задоволення і насолоду.

З іншого боку, якщо людина працює не заради того, щоб отримати нагороду, а хоче працювати без будь-якої оплати, – то як вона здатна уявити собі, звідки вона отримає життєву силу згодом? Вона не може уявити собі ніякої картини майбутнього, адже їй нема на що опертися! Разом з тим, коли вона перебуває в ло лішма, немає необхідності давати їй згори життєву силу, адже вона отримує життєву силу, уявляючи собі картину майбутнього, а з висі дають не зайве, а лише необхідне. Тому, якщо людина бажає працювати тільки для користі Творця і не згодна приймати життєву силу ні в якому іншому виді, тоді не залишається іншого виходу, і згори зобов'язані дати їй життєву силу. Адже вона не вимагає нічого, крім сили, яка необхідна для життя аби зуміти продовжити жити. І тоді вона отримує цілющу силу з будівлі Святої Шхіни.

І про це сказали мудреці: «Кожен, хто переживає страждання суспільства, удостоюється втіхи за все суспільство». Товариством називається Свята Шхіна, адже суспільство означає – зібрання, тобто Зібрання Ізраеля, а Малхут – це сукупність всіх душ.

І людина не бажає жодної винагороди для власної користі, а хоче працювати на користь Творця, що називається підняти Шхіну з праху, щоби вона не була такою приниженою, як в той час, коли не хочуть працювати на користь Творця. Але, в будь-якій справі, з якої людина розраховує винести для себе користь, вона отримує енергію для роботи. Коли ж справа стосується користі Творця, і людина не бачить, що отримає якусь оплату, тоді тіло противиться цій роботі, відчуваючи в цій роботі смак праху.

І ця людина дійсно хоче працювати на користь Творця, лише тіло опирається цьому, тому вона просить Творця дати їй силу, щоби все ж таки зуміти працювати та підняти Шхіну з пороху. Тому вона удостоюється лику Творця, який розкривається їй, і зникає від неї вкриття.

36. Три тіла в людині

Почуто двадцять четвертого Адара (19 березня 1944 р.) в Єрусалимі

Духовне поняття «людина» складається з трьох тіл: внутрішнє тіло, – вбрання душі; кліпат Нога; кліпа «Мішха де-хівія» *(зміїна шкіра)*.

Для того аби звільнитися від останніх двох тіл, які заважають святості, та мати можливість використовувати тільки внутрішнє тіло, необхідно думати лише про те, що пов'язане з ним. Тобто всі думки людини постійно повинні бути про те, що «Немає нікого, крім Нього», і лише Він діяв, діє та буде діяти у всесвіті; і жодне створіння, жодна сила в світі не може розлучити людину з духовним. А оскільки людина вже не думає про зовнішні тіла, то вони вмирають, не отримуючи живлення й можливості для існування. Адже думки людини про них і є їхньою життєвою силою.

Тому сказано: «У поті чола свого будеш їсти свій хліб». Адже до гріха з Древом пізнання, життя людини не залежала від хліба, – тобто вона не повинна була здійснювати особливі дії аби отримувати світло й життєву силу, – світло і так світило їй. Але після гріхопадіння, приліпилася до тіла людини Мішха де-хівія та життя її стало залежати від хліба, тобто від прожитку, який потрібно кожен раз притягувати заново. А не отримуючи живлення, ці двоє зовнішніх тіл помирають. І це велике виправлення, котре дозволяє позбутися від двох нечистих тіл.

Тому покладено на людину докладати зусилля і намагатися не думати про те, що стосується двох цих тіл, про що сказано: «Грішні помисли страшніше за самий гріх», тому що думки і є живленням двох зовнішніх тіл. І від того, що людина думає про них, – отримують ці тіла цілющу силу. Тому людина повинна думати лише про внутрішнє тіло, адже саме воно і є шатами її святої душі. Тобто думати потрібно лише про те, що знаходиться «поза її шкірою», – поза власними шкурними інтересами, що і означає «поза тілом», – поза її егоїстичною вигодою, думаючи лише про користь ближнього. І це називається «за межами шкіри», тому що поза тілом людини не може бути жодного зв'язку з кліпот (*егоїстичними намірами*), а весь зв'язок з кліпот лише «всередині шкіри», в усьому, що відноситься до тіла, до егоїзму. До всього, що вдягається в тіло, негайно присмоктуються кліпот, а все, що не вдягається в тіло – для них є недоступним.

Якщо людині вдається постійно перебувати своїми думками поза інтересами тіла, то вона удостоюється сказаного: «І вибито це за моєю шкірою, і з плоті своєї побачу Творця» (Писання, Йов, 19:26). «Це» – натякає на розкриття Святої Шхіни, а «вибито» – означає виправлення, яке дозволяє їй перебувати за межами шкіри людини. І тоді людина удостоюється «з плоті своєї побачити Творця», – тобто Творець розкривається, вдягаючись у внутрішнє тіло людини. А відбувається це тільки, якщо людина згідна працювати поза своїм тілом, тобто без будь-якого облачення в нього насолоди.

Тоді як грішники, які бажають отримати за свою роботу наповнення всередині тіла, «всередині шкіри» (*в свої бажання*), «вмирають, не досягнувши мудрості», – тобто не отримавши ніякого світла і нічого не досягнувши. І саме праведники удостоюються облачення світла в їхні тіла.

37. Стаття про Пурім
Почуто в 1948 р.

Розберемося в сенсі подій, про які розповідає Мегілат Естер.

1. Написано: «Після цих подій цар Ахашверош звеличив Амана». Що означає «після цих подій»? Після того, як Мордехай врятував царя, було би розумним аби цар підніс Мордехая? Чому ж сказано, що він підніс Амана?

2. Коли Естер говорить царю: «Тому що продані ми, – я і народ мій», то питає цар: «Хто це, і де він, – той, що наважився на таке?». Неначе цар нічого не знав, – але ж написано, що він сказав Аману: «Срібло це віддане тобі, а також народ, – щоб ти зробив з ним, як тобі завгодно». І виходить, що цар знав про продаж.

3. Що означає «чинили по волі кожного»? Пояснюють мудреці, що це означає «з волі Мордехая та Амана». Але відомо, що там, де написано «Цар», мається на увазі Творець, Володар світу. І як можливо, щоби Творець виконував волю грішника?

4. Написано: «І дізнався Мордехай про все, що робилося», – наче тільки один Мордехай знав. Але ж перед цим говориться: «А місто Шушан було в замішанні», і виходить, що все місто Шушан знало про це.

5. Написано: «Тому що указ, який був написаний від імені царя та скріплений царським перснем, не можна відмінити». І як же потім був виданий інший указ, який скасовував перший?

6. Чому сказано мудрецями, що зобов'язана людина сп'яніти в Пурім до такої міри, щоб не відрізнити проклятого Амана від благословенного Мордехая?

7. Сказано, що «пиття йшло добропристойно, як належить за законом». І що значить «за законом»? Пояснює рабі Ханан: «Це означає «по закону Тори». А закон Тори вказує, що їжа повинна переважати над питвом.

І для того, щоби зрозуміти все це, потрібно перш за все з'ясувати, хто такі Аман і Мордехай. Як пояснили мудреці, що «чинили по волі кожного», – означає «з волі Амана та Мордехая».

Бажання Мордехая називається законом Тори, за яким їжа переважає над питвом. А по волі Амана, – навпаки, питво переважає над їжею. І запитується: як же можливо, щоби трапеза йшла за волею грішника? І дається на це відповідь: «Йшло питво добропристойно, без примусу». Тобто питво було необов'язковим, «без примусу».

І так пояснюють мудреці сказане: «І закрив Моше лице своє, бо боявся поглянути на Творця» (Тора, Шмот). «Закрив Моше лице своє» – означає, що удостоївся бачити Творця. Адже саме коли не потребує людина насолоди *(тобто може зробити на неї екран)*, – тоді дозволяється їй цю насолоду отримати. Тому сказано: «Послав Я допомогу герою!» (Псалом 89). А герой – той, хто може йти шляхами Творця і такому Творець допомагає.

Тому написано, що «пиття йшло добропристойно, як належить за законом», тобто не було примусу. А це означає, що не потребували питва. Але потім, коли вже почали пити, то потягнулися до пиття, тобто пристрастилися до нього і отримали в ньому потребу, а інакше не змогли б рухатися вперед. І це називається примусом та скасуванням підходу Мордехая.

Тому сказали мудреці, що це покоління приречене на погибель, бо насолоджувалися трапезою того грішника. А якби брали питво «без примусу», то не скасували б волю Мордехая, яка виражає підхід Ісраелю. Вони ж пізніше пили з примусу, і тому самі прирекли на загибель закон Тори, що означає «Ісраель». І в цьому сенс правила: «Їжа повинна переважати над питвом». Адже «пиття» означає розкриття світла Хохма, яке називається «знанням». А «їжа» – це світло хасадім, тобто «віра».

В цьому суть двох царських стражів, Бітана й Тереша, «котрі замислили підняти руку на Володаря світу. І стало відомо про це Мордехаю. І розслідувана була ця справа та виявлено, що це так». І не відразу, не легко далося розслідування, та стало Мордехаю відомо все, а лише після великої роботи розкрився йому цей порочний задум. І коли розкрилося йому це з повною ясністю, – «повісили тих обох на дереві». Коли розкрилося відчуття всього цього пороку, тоді повісили їх, тобто усунули подібні вчинки й бажання з цього світу.

«Після цих подій» – означає: після всіх старань і зусиль, яких доклав Мордехай для цього розслідування. І хотів Цар нагородити Мордехая за його роботу – за те, що працював лішма, лише заради Творця, а не для власної користі. Але, як правило, людина не може отримати те, в чому не має потреби, – адже немає світла без клі, а клі – це бажання. А якщо Мордехаю нічого не потрібно для самого себе, то як можливо йому щось дати? І якби Цар запитав Мордехая, – чим саме нагородити його за роботу, то ж Мордехай – він праведник, і працює лише заради віддачі. Він не відчуває жодної потреби підніматися сходами нагору, а задовольняється малим.

А Цар бажав дати йому світло Хохма, яке виходить з лівої лінії. А робота Мордехая була тільки в правій лінії. І що ж зробив Цар, – «підніс Амана», тобто звеличив ліву лінію, як сказано: «І поставив його над усіма міністрами, і дав йому владу». «І всі служителі царські схилялися і падали на коліна та вклонялися Аманові, бо так наказав про нього цар», наділивши його владою, і всі погодилися з цим.

«Опускання на коліна» означає визнання влади над собою. Тому що шлях Амана в роботі подобався їм більше, ніж шлях Мордехая. І все іудеї в Шушані прийняли владу Амана, тому що важко їм було зрозуміти судження Мордехая. Адже всім зрозуміло, що працюючи в лівій лінії, яка означає «знання», легше йти шляхом Творця. І питали Мордехая: «Чому ти порушуєш повеління Царя?». А коли побачили, як стійко він тримається на шляху віри, то впали в розпач і не знали – з ким правда. Тоді пішли вони до Амана, щоб дізнатися від нього, – з ким правда, як написано: «Розповіли про це Аману аби побачити, чи втримається в слові своєму Мордехай, бо сказав він їм, що він іудей». А для іудея їжа повинна переважати над питвом, тобто – головною бути віра. І в цьому вся основа іудея *(від слова «ігуд» – єднання з Творцем)*.

І дуже розсердився Аман, дізнавшись, що Мордехай не погоджується з його думкою. А всі побачили шлях Мордехая, який стверджує, що це єдиний шлях, яким має йти іудей; той же, хто йде іншим шляхом, займається ідолопоклонством. І тому сказав Аман: «Але всі царські почесті нічого не значать для мене, доки бачу я Мордехая-іудея таким, що сидить у вратах царських», – адже Мордехай стверджував, що лише його шлях веде до воріт Царя, а не шлях Амана.

Зі сказаного зрозумій, чому написано, що «дізнався Мордехай про все, що робилося», – наче саме Мордехай знав. Але ж мовиться, що «місто Шушан було в замішанні», – виходить, що всі знали. Справа ж у тому, що місто Шушан перебувало в розпачі, не знаючи з ким правда. Однак Мордехай знав, що якщо прийде влада Амана, то принесе смерть народу Ісраеля, – тобто зітре спільність Ісраеля з лиця землі. Це означає: знищити шлях народу Ісраеля, котрим йдуть із закритими очима разом з Творцем і завжди кажуть собі: «Є очі у них, – та нехай не побачать». Адже Аман тримається тільки лівої лінії, що зветься «знання», тобто – є протилежною вірі.

А тому кидав Аман жереб в Йом Кіпур: «Один жереб на жертвування Творцеві, і один – для нечистої сили». Жереб для Творця – означає праву лінію, світло хасадім, що означає куштування їжі, тобто віру. А один жереб – нечистій силі, тобто лівій лінії, де ні в чому не буває успіху і звідки виходить вся нечиста сила. Тому те, що виходить з лівої лінії, створює перешкоду світлу, адже ліва лінія заморожує світло. І про це сказано: «Викинув жереб, встановивши рок, долю». Тобто розшифрував жереб, який випав, і оголосив «пур» *(долю)*, що означає «пі-ор» *(уста світла)*. І за рахунок жереба, який випав для нечистої сили, переривається все світло та відкидається вниз.

Аман думав, що «праведник приготує, а грішник вдягне». Тобто він вважав, що забере собі всю нагороду, яка призначена за роботу і зусилля Мордехая та його союзників, думаючи, що заволодіє усім світлом, яке розкриється завдяки виправленням, що зроблені Мордехаєм. А все тому, що бачив, що Цар дає йому всю владу аби притягнути світло Хохма вниз. І коли прийшов до царя просити його про знищення іудеїв, – тобто про скасування влади Ісраель, яка означає віру та хасадім *(милосердя)*, – щоби розкрилося знання в світі, то відповів йому цар: «Срібло це віддано тобі, а також народ, – щоб ти вчинив з ним так, як тобі завгодно». Тобто, – як краще для Амана, його влади, яка означає ліву лінію і знання.

Вся різниця між першим та другим царськими посланнями була в слові «іудеї». В письмовому указі *(письмовий указ – це запис розпорядження, виданого царем, а потім на цей указ даються пояснення, котрі його тлумачать)* було написано: «Передати указ цей в кожну область як закон, оголошений всім народам, щоб були вони готові до цього дня». І не написано, – кого вони повинні готуватися знищити. А Аман сам дав пояснення на письмовий указ, – «І наказано все, як повелів Аман». А в других посланнях вже написано слово «іудеї», як сказано: «Список з указу цього слід передати в кожну область як закон, оголошений всім народам, щоб готові були іудеї в цей день помститися ворогам своїм». Тому, коли прийшов Аман до царя, той сказав йому: «Срібло, що приготоване заздалегідь, віддано тобі», – тобто не потрібно ніяких додаткових дій, а віддається йому народ, щоб він вчинив з ним так, як йому завгодно. Тобто народ вже хоче зробити так, як йому завгодно, бажаючи прийняти його владу.

Однак Цар не говорив йому скасовувати владу Мордехая та іудеїв, а заздалегідь приготував розкриття світла Хохма, яке так бажане Аману. І в копії указу було написано: «Передати в кожну область як закон, що оголошений всім народам». Це означає, що закон зобов'язує світло Хохма розкритися для всіх народів. Але не було написано, що скасовується влада

Мордехая та іудеїв, яка означає віру. Передбачалося, що відбудеться розкриття світла Хохма, а вони, разом з тим, виберуть хасадім.

Але Аман сказав, що оскільки настав час розкриття світла Хохма, то, звичайно ж, воно надане для того, щоб ним скористатися, – адже хто б став робити непотрібні речі! Якщо не використовувати його, то виходить це розкриття безглуздим. І, звичайно ж, Творець бажав, щоб використовували світло Хохма, коли здійснював це розкриття. А Мордехай заперечував, що розкриття – лише для того, аби показати, що вони самі вирішили йти по правому шляху, вибравши «хасадім мехусім» *(котрі не потребують світла Хохма)*, а не від того, що немає в них іншого вибору. Коли йдуть вони цим шляхом, то здається, ніби слідують ним з примусу, через відсутність інших можливостей, адже в цей час немає розкриття світла Хохма. Але зараз, коли є розкриття світла Хохма, то з'являється в них можливість вибору по своїй добрій волі. І вони вважають за краще шлях милосердя *(хасадім)*, а не ліву лінію, де є розкриття світла Хохма.

Тобто розкриття було потрібно лише для того, аби змогли вони усвідомити важливість хасадім і вирішити, що хасадім для них є важливішими, ніж Хохма. І про це сказали мудреці: «До сих пір, – з примусу, а з цього моменту і далі, – з доброї волі», і в цьому сенс: «Встановили іудеї і взяли на себе святкувати цей день». Все розкриття світла Хохма приходить зараз з єдиною метою: щоб змогли прийняти на себе шлях іудеїв з власної волі.

І в цьому суть спору між Мордехаєм та Аманом. Мордехай заперечував: Творець розкриває зараз перед ними владу світла Хохма не для того, щоб вони прийняли її, а щоби піднесли хасадім. Адже тепер зможуть вони показати, що приймають хасадім за власним бажанням. Є в них можливість отримати Хохму, оскільки зараз панує ліва лінія, яка випромінює світло Хохма, та, незважаючи на це, вони обирають хасадім. І, вибираючи хасадім, вони показують, що права лінія панує над лівою. Тобто головне – це закон іудеїв. А Аман стверджував зворотне: раз Творець розкриває зараз ліву лінію, в якій є Хохма, – так це для того, щоби це світло Хохма використовувати. Інакше виходить, ніби Творець робить безглузді дії, тобто робить те, що нікому не дає насолоди. Тому не треба дивитися на те, що каже Мордехай, а всі повинні слухатися голосу Амана та використовувати розкриття світла Хохма, яке зараз відбулося.

Виходить, що другий указ не скасовував перший, а лише пояснював його й розшифровував. І «розкрити це всім народам» – означає розкриття світла Хохма для іудеїв, яке світить зараз для того, аби іудеї могли вибрати хасадім зі своєї доброї волі, а не тому, що в них немає ніякої можливості йти іншим шляхом. Тому написано в другому указі: «Щоб готові були іудеї в цей день помститися ворогам своїм». Тобто Хохма зараз панує для того, щоб вони показали, що віддають перед нею перевагу хасадім. І це називається «помститися ворогам своїм», адже вороги якраз бажають отримати світло Хохма, а іудеї відштовхують це світло.

Звідси стає зрозумілим, чому питав цар: «Хто це і де він, – той, що наважився на таке?». І як він міг таке питати, якщо сам сказав Аману: «Срібло це віддане тобі, а також народ, – щоб ти вчинив з ним, як тобі завгодно». (Але розкриття Хохма відбувається лише для того, щоби вчинив з цим народом «як тобі завгодно», – тобто створити можливість вибору, що і означає «вчинив з ним, як тобі завгодно». Якщо ж немає розкриття світла Хохма, то немає місця вибору, і коли вони беруть хасадім, то здається, ніби це по безвиході, через брак чогось іншого.) І все це приходить завдяки силі царського указу, який велить зараз світлу Хохма розкритися.

А сенс був у тому, щоби ліва лінія служила правій, адже тоді всім буде видно, що права важливіша за ліву, і через це вони вибирають хасадім. І в цьому суть назви «Мегілат Естер», яка здається взаємовиключним протиріччям, – адже Мегіла означає «розкриття» (*мегале*), а Естер означає, що є вкриття (*естер*). Справа в тому, що все розкриття відбувається лише для того, щоб дати можливість вибрати укриття.

І тепер зрозумій, чому сказали мудреці: «Зобов'язана людина сп'яніти в Пурім до такої міри, щоб не відрізнити проклятого Амана від благословенного Мордехая». Справа в тому, що події з Мордехаєм та Естер відбувалися до будівництва Другого Храму. Будівництво Храму означає притягання світла Хохма, а Малхут називається Храмом. І тому Мордехай посилає Естер до царя просити за свій народ. А вона відповідає: «Всі служителі царя знають, що для кожного, хто з'явиться до царя непрошеним, один закон – смертна кара. Я ж не була кликана до царя ось вже тридцять днів».

КЛАСИЧНА КАБАЛА

І сенс тут – у забороні притягувати світло ҐАР де-Хохма вниз. А той, хто все ж таки притягне світло ҐАР (*три сфіри, кожна з яких складається з десяти, що в підсумку утворює тридцять*), присуджується до смерті, тому що ліва лінія призводить до відриву від справжнього життя. «Лише той, до кого простягне цар золоте берло, може залишитися в живих», адже золото – означає властивість Хохма і ҐАР. Це означає, що лише завдяки пробудженню з висі можна залишитися в живих, – тобто в злитті з Творцем, що означає життя, – але не силою пробудження самої людини знизу. І хоча Естер – цариця, тобто Малхут, яка має потребу в Хохмі, але це можливо лише при пробудженні Вищого. Якщо ж вона сама притягне світло Хохма, то втратить все своє становище. І на це відповів їй Мордехай: «Якщо спасіння та визволення прийдуть до іудеїв з іншого місця», – тобто абсолютно скасують вони ліву лінію і залишаться з однією правою, зі світлом хасадім, – то «ти і дім батька твого загинете», на що натякає Зогар: «Від батька основа в дочці»; а тому потребує вона в світла Хохма.

Значить необхідно, щоби «їжа переважала над питвом». Але якщо не залишиться в іудеїв виходу і будуть змушені скасувати ліву лінію, – то анулюється вся її суть. І про це сказала Естер: «Якщо вже гинути мені, то загину». Тобто, якщо піду до Царя, – то пропаду, адже можу віддалитися від Творця, тому що таке збудження знизу відриває людину від джерела життя. А якщо не піду, то «спасіння та визволення прийдуть до іудеїв з іншого місця», – тобто іншим чином, коли вони скасують ліву лінію зовсім, як сказав їй Мордехай. Тому прийняла вона шлях Мордехая і запросила Амана на застілля, тобто притягнула ліву лінію, як наказав їй Мордехай. А потім включила ліву лінію в праву, і таким чином можливо розкрити світло внизу та одночасно залишитися в злитті з Творцем. І в цьому таємниця «Мегілат Естер», – тобто хоча і є вже розкриття світла Хохма, вона все одно вибирає укриття, яке існує там (*бо Естер означає вкриття, «естер»*).

А сенс «сп'яніння до того, щоб не розрізнити», пояснюється у Вченні про десять сфірот, частина п'ятнадцята. Адже хоча і світить Хохма, але неможливо її отримати без світла хасадім, тому що це веде до віддалення від Творця. Але сталося диво, коли завдяки своїм постам та молитвам, притягли вони світло хасадім, і таким чином змогли отримати світло Хохма.

Однак, такий стан є неможливим до ґмар тікуну, оскільки ця властивість відноситься до остаточного виправлення (ґмар тікун), і лише тоді вже буде виправлена. Як написано в Зогарі: «В майбутньому ангел смерті перетвориться на святого ангела, коли зникне відмінність між Аманом та Мордехаєм, і навіть Аман виправиться». І в цьому сенс сказаного: «Зобов'язана людина сп'яніти в Пурім до такої міри, щоб не відрізнити проклятого Амана від благословенного Мордехая».

І потрібно додати, – чому сказано, що повісили їх *(Бітана і Тереша)* на дереві. Для того, щоб зрозуміли, що це той самий прогріх на Древі пізнання, де теж пошкоджений ҐАР. І сказано, що сидів Мордехай в царських воротах, щоб показати, що сидів він, а не стояв, тому що положення сидячи означає ВАК, а стояння у повний зріст означає ҐАР.

38. Його багатство – трепет перед Творцем
Почуто десятого Нісана (31 березня 1947 р.)

Багатство – це судина, в якому зберігається надбання людини. Наприклад, зерно зберігають у сараї, а дорогі речі зберігають у більш захищеному місці. Тобто кожна придбана річ визначається через її відношення до світла, а клі, судина, має бути здатною вмістити цю річ. Адже, як відомо: немає світла без клі, і це правило діє навіть в матеріальному світі.

Але що таке духовна судина, яка здатна вмістити в себе світло й духовну благодать, котрі бажає дати нам Творець? Якою повинна бути судина аби відповідати світлові? Точно так, як і в цьому матеріальному світі: судина повинна пасувати тому, що зберігається в ній, і вони повинні відповідати один одному. Наприклад, ми не можемо сказати, що зберігаємо запас вина, і він не зіпсується, якщо налили його в нові мішки, або – зробили великі запаси борошна, засипавши його в бочки. А, як і належить, для вина потрібні бочки та глеки, а для борошна – мішки, а не бочки.

І тому запитується: якою повинна бути духовна судина аби з такими судинами ми могли зібрати величезне багатство з вищого світла? Згідно з правилом: «Більше, ніж теля бажає смоктати, – корова бажає годувати», – адже бажання Творця – завдати насолоди створінням. І повинні ми вірити, що цимцум, – скорочення світла, – зроблено заради нашої користі і, звичайно ж, лише тому, що немає у нас придатних келім, котрі здатні вмістити світло. Подібно до матеріальних судин, які повинні підходити для того, що збираються в них зберігати. А тому нам потрібно зрозуміти, що якщо ми знайдемо додаткові келім, то нам буде в чому відчути духовну рясноту.

І дається на це відповідь: «Немає в скарбниці Творця ніякого іншого багатства, крім трепоту перед Ним». Але треба з'ясувати: що таке трепіт перед Творцем, котрий є судиною, з якої роблять скарбницю, щоби внести до неї всі важливі для людини цінності? І сказали мудреці, що це той самий трепіт, який відчув Моше, коли «Сховав обличчя своє, бо боявся поглянути на Творця», – а в нагороду удостоївся Його побачити. І сенс страху в тому, що боїться людина величезного задоволення, яке є там, адже не може отримати його заради віддачі. А в нагороду за те, що відчувала страх, набуває собі клі, яке здатне прийняти вище світло. Саме в цьому полягає робота людини; все ж інше відноситься до Творця, окрім трепоту. Адже суть остраху в тому, щоби не отримувати насолоду, – а все, що дається Творцем, призначене лише для отримання. І тому сказано: «Все у владі небес, крім трепоту перед Творцем».

Нам необхідна ця судина, а інакше ми будемо подібними до дурня, про якого сказали мудреці: «Який дурень той, хто втрачає все, що дають йому!». Це означає, що нечиста сила відбирає у нас все світло, якщо ми не можемо прийняти його з наміром заради віддачі, і все воно переходить до келім отримання, – тобто до сітра ахра і нечистоти. Про це сказано: «Дотримуйтесь же всіх заповідей», адже суть дотримання міститься в остраху. І хоча в природі світла зберігати себе, і він зникає тільки-но його хочуть отримати в егоїстичні келім, але все ж, сама людина повинна берегтися від цього наскільки це тільки можливо, як сказано: «Бережіть себе самі хоч трохи на своєму рівні внизу, а Я дам вам величезну охорону згори».

Трепіт же покладений лише на людину, – як сказали мудреці: «Все у владі небес, окрім трепоту перед Творцем», – тому що Творець може дати людині все, крім цього трепету. Адже що дає Творець? Він додає в їхні стосунки любов, але не страх. А знайти страх можна завдяки чудовій силі Тори і заповідей. Коли людина виконує цю духовну роботу, бажаючи завдати задоволення своєму Творцеві, то цей намір вдягається на її дії з виконання заповідей та вивчення Тори, і приводить її до трепоту. А інакше вона залишиться на неживому рівні святості, – навіть виконуючи Тору й заповіді до останньої тонкощі і з усією ретельністю.

А тому повинна людина завжди пам'ятати, – з якою метою займається Торою і заповідями. Про що сказали мудреці: «Хай буде святість ваша – заради Мене». Лише Творець повинен бути їхньою метою, щоб працювали лише заради задоволення Творця, – тобто всі їхні дії повинні бути заради віддачі.

Як сказано мудрецями: «Кожному, хто дотримується, є місце у спогадах». Тобто всі, хто дотримується Тори й заповідей з наміром досягти «спогадів», – про них мовлено: «Спогади про Нього не дають мені заснути». Виходить, що головна мета дотримання Тори – це досягнення спогадів. Тобто бажання пам'ятати про Творця змушує людину дотримуватися Тори й заповідей. Саме в Творці – причина, через яку людина займається Торою і заповідями, – адже без цього неможливо досягти злиття з Ним, бо «не може Творець бути разом з гордієм» через відмінність властивостей.

Однак винагорода й покарання приховані від людини і залишається їй тільки вірити, що є винагорода та покарання. Тому що Творець хотів, щоб всі працювали заради Нього, а не для власної вигоди, – адже це б віддаляло їх від властивостей Творця. А якби розкрилися винагорода та покарання, то людина би працювала через любов до самої себе, – бажаючи, щоби Творець любив її; або ж через ненависть до себе, – боячись, що Творець її зненавидить. Виходить, що вся мотивація в її роботі – лише вона сама, а не Творець. Творець же бажає аби в Ньому полягала причина і мотивація для роботи.

Виходить, що страх приходить саме в той час, коли людина пізнає свою нікчемність, і заявляє, що служити Царю та бажати віддавати Йому – це велика нагорода. І неможливо оцінити й висловити нескінченну важливість цього служіння. Згідно з відомим правилом, що віддача важливій людині розцінюється як отримання від неї. І зрозуміло, що в тій мірі, наскільки відчуває людина власну нікчемність, – настільки здатна почати цінувати велич Творця, і пробуджується в ній бажання служити Йому. Якщо ж людина – гордівник, тоді каже Творець: «Неможливо Мені і гордієві бути разом».

У цьому сенсі мовиться про те, що дурень, грішник та грубіян ходять разом. Дурнем він називається тому, що не відчуває трепоту, – тобто не може принизити себе перед Творцем й оцінити – яка це величезна честь служити Творцеві без будь-якої винагороди. Тому не може він отримати від Творця мудрість (Хохма) та залишається дурнем. А бути дурнем – означає бути грішником, як сказано мудрецями: «Не зробить людина гріха, доки не вселиться до неї дух дурості».

39. І зшили вони листя смоківниці
Почуто двадцять шостого Шевата (16 лютого 1947 г.)

Лист – означає тінь, укриття на світло, на сонце. Є два види тіні:
1) тінь внаслідок святості;
2) тінь внаслідок гріха.

Тобто існує два види приховання світла у всесвіті, – як в нашому світі тінь створює укриття на сонце, також є вкриття на вище світло, зване «сонце», котре йде зі святості внаслідок вибору людини.

Як сказано про Моше: «Закрив Моше лице своє, бо боявся дивитися», тобто тінь була наслідком страху, – страху отримати світло благодаті, – адже боявся, що буде не в змозі отримати його з наміром не заради себе, а заради Творця. В такому випадкові тінь виходить з почуття святості, з того, що людина бажає бути злитою з Творцем, а злиттям називається віддача, і тому вона боїться, що, можливо, не зможе віддавати *(внаслідок розкриття їй великого світла-насолоди)*. Виходить, що вона є злитою зі святістю. І це називається «тінь святості».

Але є, також, тінь гріха, – тобто вкриття є не наслідком того, що не бажає отримувати, а навпаки, приховання відбувається саме через бажання людини отримувати заради себе, і тому світло зникає. Адже вся відмінність святості від нечистоти, кліпот, в тому, що святість бажає віддавати, а кліпа бажає тільки отримувати і не віддавати нічого. Тому називається це «тінню нечистоти». І немає іншої можливості вийти з цього стану, як тільки відповідно до сказаного в Торі: «І зшили листя смоківниці і поробили собі пояси» (Тора, Берешит, 3). Пояси – це сили тіла, які тепер, після гріхопадіння, стали пов'язаними з тінню святості. Тобто, незважаючи на те, що немає у них світла, – адже світло зникло внаслідок гріха, – все одно вони докладають зусиль працювати на Творця силою вище знання, що і називається «силою».

Тому сказано: «І почули голос Творця ... і сховався Адам та дружина його». Тобто зникли вони в тіні, як сказано про Моше, який сховав лице своє. І Адам вчинив так само, як Моше. «І звернувся Творець до людини і запитав її: «Де ти?». І відповів Адам: «Голос Твій почув я в саду, і злякався, бо нагий я, та сховався». «Нагий «- означає нагий щодо вищого світла. Тому запитав його Творець про причини: навіщо йому знадобилася тінь аби сховатися, – тому що нагий він? Чи зі сторони святості вона, чи з боку нечистоти? І запитав його Творець: «Чи не від дерева, від якого Я наказав тобі не їсти, їв ти?», – тобто тінь твоя внаслідок гріха.

Але якщо тінь є наслідком гріха, вона є протилежною тіні святості та називається магією і чаклунством, як сказано: «Одне проти іншого (*святість проти нечистоти*) створив Творець». І скільки є сил у святості, щоб показати свою велику силу, надзвичайні можливості та чудеса, – такі ж можливості є у нечистої сторони. І тому праведники не використовують ці сили аби не було сил у нечистої сторони робити так, як вони роблять це зі святої сторони. Адже проти кожної сили є та, що протистоїть їй.

І лише в особливі часи, за особливих обставин Творець не дає нечистій стороні такі ж можливості й сили, як святій своїй стороні. Як, наприклад, дав Еліягу на горі Кармель, сказавши: «Щоб не сказали, що це діяння ворожби», – здатне здійснювати утаєння вищого світла.

Тому пояса робляться з листів смоківниці, від гріха Древа пізнання. І ці листя, тобто тінь, походить від нечистої сторони, тому що причина її не в святості, – коли самі прагнуть створити собі тінь, – а виникає тут тінь тому, що немає в них іншого виходу, окрім як сховатися у неї. І тінь ця допомагає вийти зі стану падіння, але потім необхідно почати роботу заново.

40. Якою повинна бути віра в Учителя
Почуто в 1943 р.

Є два шляхи: лівий і правий. Правий – від слова «повернути вправо» («*емін*» – *співзвучне зі словом* «*емуна*» – «*віра*») означає віру в Творця. І коли вчитель радить учневі йти правим шляхом, де «правий» означає досконалість, а «лівий» – абсолютно недосконалий, тобто такий, в якому відсутнє виправлення, то учень повинен вірити своєму вчителеві, котрий каже йому йти правим шляхом, – досконалим.

І досконалістю, якої повинен досягти учень, вважається такий стан, коли людина малює в своїй уяві картину, як ніби вона вже удостоїлася повної віри в Творця, і відчуття її таке, що Творець управляє світом добром та творить добро, яке отримують створіння. Але коли людина дивиться на себе, то бачить, що в неї нічого немає, а весь світ страждає: хто більше, хто менше. І на це потрібно сказати: «Очі у них, – хай не побачать». Тобто поки людина знаходиться у владі «багатьох», що називається «у них», – вона не побачить правди.

«Влада багатьох» – це влада двох бажань, коли людина вірить, що хоча весь світ і належить Творцеві, але, все ж таки, щось є підвладним і людині. А насправді вона повинна анулювати владу багатьох в ім'я повної влади Творця і сказати, що людина не повинна жити заради себе, а все, що вона бажає зробити, – повинно бути задля, та заради Творця. І таким чином вона остаточно анулює своє правління і буде перебувати в єдиній владі – владі Творця. І тільки тоді вона зможе побачити істину: побачити все те добро, яким Творець управляє світом.

Але доки людина визнає владу багатьох, – тобто її бажання знаходяться як в серці, так і в розумі, – немає в неї можливості бачити правду. А вихід в тому, щоб йти вірою вище знання і сказати: «Є у них очі, – хай не побачать істини». І навіть тоді, коли людина дивиться на себе, – вона не може знати, чи знаходиться вона в стані підйому, чи падіння. Наприклад, їй здається, що зараз вона в падінні, але і це є неправильним, оскільки саме в цей час вона якраз може перебувати в стані підйому, адже зараз вона бачить свій справжній стан, тобто розуміє, – наскільки вона є далекою від Творця, а значить, – наближається до істини. І навпаки, – їй дають бачити себе в стані підйому, а насправді вона знаходиться у владі бажання отримати заради себе, – тобто в падінні.

І тільки той, хто визнає одну єдину владу – владу Творця, може відрізнити правду від брехні. А тому людина повинна покластися на думку вищого і вірити в те, що він каже, тобто вчиняти так, як вказує їй вчитель, усупереч численним сумнівам. І, незважаючи на це, вона повинна сподіватися на знання вчителя та вірити їм, розуміючи, що доки вона знаходиться у владі багатьох, – не можна зрозуміти правду та бачити її в інших книгах.

І доки людина не удостоїться розкриття правди, Тора буде для неї отрутою смерті. Чому мовиться, що якщо не удостоїлася, то Тора стає отрутою смерті? Тому що будь-які премудрості, які людина вчить або чує, не приносять ніякої користі та не наближають її до життя, – тобто до єднання з Творцем, – а навпаки. Тобто кожен раз стає тільки все далі й далі від Творця. А все, що нею робиться, – лише для потреб тіла, і називається отрутою смерті, адже приносить їй смерть, а не життя, оскільки вона все більше віддаляється від віддачі, званої подобою до Творця, про яку сказано: «Як Він милосердний, так і ти будь милосердним».

Ще необхідно знати, що під час перебування у правій лінії, людина може здобувати вищу насолоду, адже «благословенний приліплюється до Благословенного», і в стані досконалості людина називається благословенною та знаходиться в єдності властивостей із Творцем. А ознакою досконалості служить радісний настрій, інакше далекою є вона від досконалості. І про це сказано: «Лише в радості виконання заповіді воцаряється Божа присутність (*Шхіна*)». Причиною появи радості є заповідь, – тобто те, що вчитель заповідав людині якийсь час йти по правій лінії, а якийсь – по лівій, і людина виконує цю заповідь вчителя. І ліва лінія завжди знаходиться у протиріччі з правою. В лівій лінії робиться розрахунок пройденого та придбаного в роботі Творця. І тут відкривається, що в людини нічого немає, – як же вона може бути досконалою? Але, незважаючи на це, згідно з заповіданим вчителем, вона йде вище знань, що називається вірою.

І в цьому таїнство сказаного: «У всякому місці, де дозволю згадати ім'я Моє, – прийду до тебе і благословлю тебе». «У всякому місці», – тобто хоча ти поки що не гідний бути благословенним, все одно даю тобі Своє благословення, тому що надав ти «місце» – місце радості, всередині якого може запанувати вище світло.

41. Мала й велика віра
Почуто увечері під кінець першого дня свята Песах
(29 березня 1945 р.)

Сказано: «І повірили в Творця і в раба його, Моше». Світло Песаха в силах дати людині світло віри. Але неправильно думати, що світло віри – це мале світло. Адже мале світло або велике, – це залежить тільки від тих, хто отримує.

Коли людина не працює на правильному шляху, вона думає, що є в неї така велика віра, що може поділитися нею з багатьма людьми. Тоді і вони будуть такими ж досконалими, як вона. Але той, хто бажає працювати на Творця істинним шляхом, кожен раз перевіряє себе: чи дійсно вона готова віддати всю себе Творцю, «від щирого серця». І тоді вона виявляє, що завжди їй бракує віри. Тобто завжди знаходить недоліки у своїй вірі. І лише якщо є в неї віра, вона може відчути себе такою, що знаходиться перед Творцем. А коли відчуває велич Творця, то може розкрити любов до Нього з обох сторін: з хорошої сторони та зі сторони суворого суду.

Ось чому той, хто просить істини, потребує світла віри. І якщо така людина чує або бачить якусь можливість отримати світло віри, – то радіє, ніби знайшла великий скарб.

Тому ті, хто шукають істину на свято Песах, коли світить світло віри, читають в тижневій главі: «І повірили в Творця і в раба його, Моше», – адже в цей час вони також можуть досягти цього стану.

42. ЕЛУЛЬ (Я до Улюбленого свого, а Улюблений до мене)

Почуто п'ятнадцятого Елуля (28 серпня 1942 р.)

Для того щоб зрозуміти, на що натякає скорочення (*акронім*) ЕЛУЛЬ (*я до Улюбленого свого, а Улюблений до мене*) в духовній роботі, необхідно з'ясувати ще кілька понять:

1) Сенс «царств», «спогадів», «сурмління в шофар», а також сенс мовленого: «Схили своє бажання перед Його бажанням, щоби Він схилив Своє бажання перед твоїм»;

2) Чому сказали мудреці, що «Грішники відразу ж засуджуються до смерті, а праведники – негайно до життя»?

3) Чому написано: «Сини Гершона: Лівні та Шимі» (Тора, Шмот 6:17)?

4) Чому написано в Зогар, що «йуд – це чорна точка, в якій немає нічого білого»?

5) Сенс написаного: «Малхут вищого стає Кетером для нижнього»;

6) Чому радість в роботі свідчить про те, що робота є досконалою?

І щоб зрозуміти все перераховане, потрібно зрозуміти мету творіння, яка полягає в бажанні Творця завдати насолоди створеним. Але, щоби створіння не відчували сором, куштуючи дармовий хліб, здійснюється виправлення у вигляді приховання насолоди (*вищого світла*). Внаслідок цього з'являється екран, який перевертає бажання отримувати у бажання віддавати. І, в міру виправлення бажань (*келім*) з отримання на віддачу, ми отримуємо приховане раніше світло, яке вже заздалегідь призначалося створінням, – тобто отримуємо всі насолоди, вготовані Творцем у задумі творіння.

Звідси стає зрозумілим сенс сказаного «схили своє бажання перед Його бажанням...», – анулюй своє бажання насолодитися перед бажанням віддавати, бажанням Творця. Тобто, – зміни любов до себе на любов до Творця, що означає анулювання себе щодо Творця та призводить до злиття з Творцем. А потім Творець може наповнити світлом твоє бажання насолодитися тому, що воно вже виправлене наміром «заради віддачі». І про це мовлено: «...щоб Він схилив Своє бажання перед твоїм», – Творець анулює своє бажання, тобто вкриття (*цимцум*), яке було наслідком відмінності властивостей Творця і створіння. А оскільки зараз створіння стає подібним до Творця, світло розповсюджується до створіння, яке отримало виправлення свого наміру на віддачу. Адже задумом творіння було втішити створених, і цей задум тепер може здійснитися.

Звідси можна зрозуміти сенс сказаного в Пісні Пісень: «Я до улюбленого свого…», – тобто я анулюю свій намір насолодитися заради себе та виправляю його цілком на віддачу. І тоді я отримую «…і Мій улюблений до мене», – коли Улюблений, тобто Творець, наповнює мене вищою насолодою, яка вміщена в Його задумі насолодити створіння. Отже, все, що раніше було приховане й обмежене, стає зараз розкритим, і таким чином відкривається, що задум творіння полягає в насолоді створінь.

Але необхідно знати, що бажання віддачі відповідають буквам юд-гей імені АВАЯ (*юд-гей-вав-гей*) і являють собою світлі (*слабкі*) бажання. І саме вони наповнюються світлом. Таким чином удостоюється створіння «…і Мій улюблений до мене», – наповнення всією насолодою, тобто досягає розкриття Творця.

Однак є умова, що неможливо удостоїтися розкриття лику Творця перш ніж людина отримує зворотну сторону, – приховання лику Творця, – і каже, що воно для неї є важливим так само, як розкриття, перебуваючи в такій же радості в стані вкриття, ніби вже отримала розкриття Творця. Але втриматися в такому стані, приймаючи укриття немов розкриття, можливо лише, якщо людина досягла наміру «заради Творця». Лише тоді людина є радою перебувати в стані приховання, адже їй важливо насолоджувати Творця, і якщо для Творця більшою насолодою є стан укриття, – людина готова на це.

Але якщо залишилися ще в людині іскри егоїстичного бажання, то виникають в неї сумніви, і важко їй вірити в те, що Творець управляє світом лише добром й задля доброї мети, – про що і говорить буква «юд» імені АВАЯ, звана «чорна точка, в якій немає нічого білого». Тобто в ній міститься повна темрява і утаєння лику Творця. Коли людина приходить до того, що втрачає будь-яку опору, вона входить в стан чорної пітьми, в найнижчий зі станів у вищому світі. І з цього утворюється Кетер нижчого, – тобто клі віддачі. Оскільки найнижча частина вищого, – це Малхут, яка сама нічого не має, і саме тому називається «малхут» (*царство*). Адже якщо приймає на себе владу (*царювання*) Творця, нічого за це не отримуючи та залишаючись в радості, то стає згодом Кетером – бажанням віддавати, найсвітлішим клі. Саме завдяки тому, що приймає на себе в повній темряві стан Малхут, – з Малхут утворюється Кетер, тобто клі віддачі.

Тому сказано: «Прямими є шляхи Творця. Праведники пройдуть ними, а грішники спіткнуться на них», – грішники, тобто ті, що знаходяться під владою свого егоїзму – мимоволі зобов'язані впасти під вагою його ноші, коли опиняються в цьому стані пітьми. Тоді як праведники, – тобто ті, що прагнуть до віддачі, – піднімаються завдяки такому стану і удостоюються бажання віддавати.

Уточнимо визначення «праведник» та «грішник».

Грішник – той, хто ще не визначив у своєму серці, що необхідно в результаті зусиль та роботи над собою досягти бажання віддавати.

Праведник – той, в серце якого вже визначено, що необхідно удостоїтися бажання віддавати, але ще не може досягти цього.

Як написано в Книзі Зогар, сказала Шхіна рабі Шимону Бар Йохаю (*Рашбі*): «Нема куди мені сховатися від тебе», і тому розкрилася йому. Сказав Рашбі: «Адже до мене бажання Його», – тобто «Я до Улюбленого свого, а Улюблений – до мене». І так він викликає поєднання «вав» і «гей» імені АВАЯ, адже немає довершеності Творця і Його трону до тих пір, поки не з'єднаються «гей» і «вав», де «гей» – остаточне бажання отримати насолоду, а «вав» наповнює «гей», що призводить до стану повного виправлення.

Тому сказано, що «праведники – негайно присуджуються до життя». Тобто сама людина зобов'язана сказати, в яку книгу вона бажає бути записаною, – в книгу праведників, тобто тих, які прагнуть набути бажання віддавати, – або ж ні. Адже в людині можуть бути різні бажання до віддачі. Наприклад, іноді людина каже: «Правильно, я хочу отримати бажання віддавати, але щоб від цієї віддачі і мені теж перепало щось», тобто бажає отримати для себе обидва світи, і свою віддачу теж використовувати для самонасолоди. Але в книзі праведників записується лише той, хто вирішив повністю змінити своє бажання отримувати на бажання віддавати, нічого не використовуючи заради себе, щоб не було потім у нього можливості сказати: «Якби я знав, що егоїстичне бажання повинно повністю зникнути, то не просив би про його скасування». Тому людина зобов'язана сказати в повний голос про свій намір бути записаною в книгу праведників, щоб не з'явилася потім з претензіями.

Необхідно знати, що в духовній роботі книга праведників і книга грішників перебувають в одній людині, – тобто сама людина мусить вибрати і остаточно вирішити, чого саме вона бажає. Адже в одному тілі, в одній людині знаходиться і праведник, і грішник. Тому людина повинна сказати, чи хоче вона бути записаною до книги праведників аби негайно бути присудженою до життя, тобто перебувати в злитті з джерелом життя, бажаючи все робити тільки заради Творця. І так само, якщо вона з'являється записатися в книгу грішників, куди записуються всі охочі отримати заради себе, вона каже, щоб її негайно приписали до смерті, – тобто егоїстичне бажання зникне в ній і, ніби, помре.

Але іноді людина сумнівається, не бажаючи, щоби відразу і остаточно зник в ній егоїзм. Адже їй важко зважитися на те, щоб усі іскри її бажання насолодитися були негайно засуджені до смерті. Вона не згодна аби весь її егоїзм тут же зник, а хоче, щоб це відбувалося поступово, не в один момент, коли б в ній поволі діяли бажання отримання разом з бажаннями віддачі. Виходить, що в людині немає остаточного твердого рішення, коли б вона вирішила: або «все моє», – тобто все для мого егоїзму, – або «все Творцю», що і означає остаточне тверде рішення. Але що може зробити людина, якщо її тіло не погоджується з її рішенням, щоб все було Творцеві? В такому випадкові залишається їй робити все, що тільки в її силах аби всі її бажання були заради Творця, – тобто молитися Творцеві, щоб допоміг їй виконати задумане та присвятити всі свої бажання Творцю, про що наша молитва: «Згадай нас для життя і запиши в книгу життя».

Це означає Малхут (*Царство*), коли людина приймає на себе цей стан чорної точки, абсолютно позбавленої білого кольору, що означає анулювати своє бажання, аби підняти до Творця нагадування про себе, і тоді Творець скасує своє бажання перед бажанням людини. І чим же нагадує людина про себе? Сурмлінням рогу, який зветься шофар, від слів «шуфра де-іма» (*«краса матері»*), де «все залежить від каяття». Якщо людина приймає стан пітьми (*приховання Творця*), то повинна також намагатися звеличувати його, а не нехтувати ним, що називається «краса матері», – тобто вважати його прекрасним та достойним.

Зі сказаного можна зрозуміти, що означають «Сини Гершона: Лівні та Шимі». Якщо людина бачить, що його усувають (*«гіршу»*) від духовної роботи, вона повинна пам'ятати, що це робиться через «Лівні», – тобто через те, що вона хоче саме «білого» (*«лаван»*). Якщо дадуть їй «білий колір», тобто якщо посвітить їй якесь світло, і вона відчує приємний смак в Торі та молитві, тоді вона готова слухатися Тори та виконувати духовні дії. І це називається «Шимі», – тобто лише «при білому світлі» вона готова слухати (*«лішмоа»*). Якщо ж під час роботи відчуває пітьму, то не може погодитися прийняти на себе таку роботу. А тому така людина повинна бути вигнана з Царського палацу, адже прийняття над собою влади Творця повинне бути безумовним. Якщо ж людина говорить, що готова прийняти на себе роботу лише за умови, що вона буде при «білому світлі», коли їй світить день, а коли робота супроводжується пітьмою, – вона не згодна на неї, – то такій людині немає місця в царських чертогах.

Адже в чертоги Творця удостоюється увійти лише той, хто бажає працювати заради віддачі. А коли людина працює для віддачі, – їй неважливо, що саме вона відчуває під час своєї роботи. І навіть якщо вона відчуває пітьму й падіння, це її не бентежить, і вона бажає лише аби Творець дав їй сили подолати всі перешкоди. Тобто вона не просить у Творця дати їй розкриття «в білому світлі», а просить дати їй сили для подолання всіх приховань.

Тому той, хто бажає прийти до віддачі, повинен розуміти, що якщо постійно буде знаходитися в стані розкриття Творця, (що називається «в білому світлі»), то це дасть йому сили продовжувати роботу. Бо коли світить людині, вона може працювати також і заради себе. У такому випадку людина ніколи не дізнається, – чи є чистою й безкорисливою її робота (*тобто – чи заради Творця вона*). А тому не зможе прийти до злиття з Творцем. Тому дають людині згори стан пітьми, і тоді вона може побачити, – наскільки безкорисливою є її робота. І якщо у стані пітьми вона також може залишатися в радості, то це ознака того, що її робота – заради Творця. Адже людина повинна радіти й вірити в те, що згори їй дають можливість працювати саме на віддачу.

Виходить, як сказали мудреці: «Ненажера завжди гнівається». Тобто той, хто ще перебуває в намірі насолоджуватися «заради себе», гнівається тому, що завжди відчуває нестачу, – не в змозі наповнити свої егоїстичні бажання. Тоді як той, хто бажає йти шляхом віддачі, завжди повинен бути в радості, незалежно від того, які обставини посилаються йому, бо немає у нього ніяких намірів «заради себе». Тому він каже, що якщо він дійсно працює лише заради віддачі, то, звичайно, повинен постійно бути в радості від того, що удостоївся завдати насолоди Творцеві. А якщо відчуває, що поки ще його робота не заради віддачі, – все одно повинен залишатися в радості, адже нічого не бажає для себе і радіє, що його егоїзм не може отримати жодного наповнення від його роботи. І це приносить йому радість. Але якщо він думає, що від його зусиль перепаде дещо і його егоїзму, то він дає цим можливість причепитися до його роботи нечистим бажанням, і це викликає в ньому печаль та роздратування.

43. Істина і віра

Істиною називається те, що людина відчуває і бачить своїми очима. І це називається «винагородою та покаранням», коли неможливо отримати нічого без попередніх зусиль. Подібно до людини, яка сидить вдома і не бажає докладати зусилля, щоб заробити, і яка каже, що Творець добрий та бажає добра своїм створінням, всім дає необхідне, та, звичайно ж, і їй пошле все, що потрібно, а вона сама не зобов'язана ні про що піклуватися. Зрозуміло, ця людина помре з голоду, якщо буде так себе вести. І здоровий глузд переконує нас в цьому, і ми бачимо на власні очі, що насправді так і відбувається, і така людина вмирає з голоду.

Але, разом з тим, людина зобов'язана вірити вище свого розуму в те, що навіть без будь-яких зусиль також зможе досягти всього необхідного, тому що особисте управління підготувало їй це. Творець один вчиняв та буде вчиняти всі дії, людина ж нічим Йому не допомагає. Адже все творить лише Творець, а людина ні в чому не може ані додати, ані відняти.

Однак як можна поєднати ці два абсолютно різні, взаємовиключні підходи? Один стверджує, спираючись на розум, що без участі людини, тобто без попередньої роботи і зусилля, неможливо нічого досягти. І в цьому – істина, тому що Творець бажає аби людина відчула саме так. А тому називається цей шлях істинним. Але якщо є протилежний цьому стан, то як же це називається істинним? Справа в тому, що істинним називається не шлях і стан, а відчуття, що Творець бажає аби людина відчула саме так. Тобто істиною називається бажання Творця, який бажає, щоб саме так людина відчула.

І разом з цим, людина зобов'язана вірити, – не дивлячись на те, що не відчуває так і не бачить, – що Творець може допомогти їй досягти всього і без будь-яких зусиль з її боку. І це називається особисте управління Творця над людиною. Але людина не може досягти особистого управління перш ніж досягне пізнання «винагороди і покарання». І це тому, що особисте управління – це управління вічне й досконале, а людський розум – не вічний і не досконалий, і тому не може вічне й досконале поміститися в ньому. Тому, після того як людина осягає управління винагородою й покаранням, це осягнення стає тою судиною, в якій вона пізнає особисте управління.

Звідси можна зрозуміти сказане: «Спаси нас Творець та надішли нам удачу». «Спаси» – означає винагороду і покарання. Тобто людина повинна молитися, щоби Творець послав їй роботу та можливість докласти зусиль, за допомогою яких вона удостоїться винагороди. Але, разом з тим, вона повинна молитися про удачу, тобто про особисте управління, щоби і без будь-якої роботи та зусиль вона удостоїлася всього найкращого.

Подібне ми бачимо і в нашому світі. (Два послідовних стани, котрі відбуваються в духовному в одній душі ніби в різний час, діляться в нашому світі на два окремих людських тіла.) І в нашому світі ми бачимо, що є люди, які отримують винагороду тільки після великих зусиль та важкої роботи, а є менш здібні й більш ледачі люди, котрі заробляють легко, стаючи найбагатшими у світі. Причина ж у тому, що ці два різних матеріальних стани походять з відповідних вищих коренів – управління «винагородою й покаранням» та «особистого управління». І відмінність лише в тому, що в духовному це розкривається як два послідовних осягнення однієї душі, – тобто в одній людині, але в двох її послідовних станах, – а в матерії це розкривається в один час, але в двох різних людях.

44. Розум і серце
Почуто десятого Тевета (3 січня 1928 р.)

Необхідно постійно перевіряти свою віру та дивитися, – чи є в тебе трепет й любов, як сказано: «Якщо Отець Я, – де пошана мені? Якщо Господар Я, – де страх переді мною?». І це називається «моха», – робота в розумі.

Але також необхідно стежити, щоб не було ніяких бажань до самонасолоди, і навіть думка така щоби не виникала, щоб не піднімалося бажання завдати насолоди себе, а щоби всі бажання були – тільки завдати задоволення від своїх думок та дій Творцеві. І це називається «ліба», робота в серці, про що сказано: «Творець в своєму милосерді вимагає все серце людини».

45. Два стани в Торі і роботі
Почуто першого Елуля (5 вересня 1948 р.)

Є два стани в Торі і два стани в роботі: страх і любов.

Тора – це стан досконалості, коли не говорять про роботу людини, про стан, в якому вона конкретно знаходиться, а говорять про саму Тору.

Любов – це стан, коли є у людини бажання пізнати шляхи Творця, Його таємниці, і, щоби досягти цього, людина докладає всі свої зусилля. І від кожного осягнення, яке виносить з вивчення Тори, вона захоплюється, радіючи, що удостоїлася головного. В такому випадкові, в міру її захопленості від важливості Тори, вона поступово і сама росте, доки не починають, згідно з її зусиллями, розкриватися їй таємниці Тори.

Страх – це стан, коли людина бажає працювати заради Творця, адже «якщо не буде знати закони Творця, – як зможе працювати на Нього»?

І тому знаходиться в остраху і тривозі, – не знаючи, як працювати на Творця. А коли, вивчаючи закони Творця, вона знаходить смак в Торі і може використовувати його як захопленість від того, що удостоїлася якогось осягнення в Торі, вона продовжує йти цим шляхом, і поступово розкриваються їй таємниці Тори.

І тут існує відмінність між зовнішньою мудрістю людського розуму і внутрішньою мудрістю Тори: в людській мудрості захопленість зменшує розум, тому що почуття є протилежним розуму. Тому захопленість затьмарює розум. Тоді як в мудрості Тори захопленість – сама по собі, як і мудрість, тому що Тора – це життя, як написано: «Мудрість дає життя тому, хто володіє нею», адже мудрість і життя – це одне й те ж. Тому, як мудрість розкривається в розумі, так само мудрість розкривається і в захопленні, у відчутті. Адже світло життя заповнює всі частини душі. (І тому нам необхідно невпинно захоплюватися мудрістю Тори, адже саме захоплення так відрізняє мудрість Тори від зовнішніх наук.)

Робота – це стан у лівій лінії, тому що людина пов'язана з бажанням отримати насолоду, відчуваючи нестачу:

1) особисту нестачу;
2) загальну нестачу;
3) страждання Шхіни.

Будь-яке відчуття нестачі зобов'язує заповнити його і тому пов'язано з отриманням, з лівої лінією.

Тоді як Тора – це стан, коли людина працює не тому, що відчуває недолік, який необхідно виправити, а тому що бажає віддати, завдати задоволення Творцеві (через молитву, вихваляння і подяку). А коли в цій роботі вона відчуває себе у досконалості та не бачить в світі жодного недоліку, – це називається Торою. Тоді ж, коли вона працює, відчуваючи якусь нестачу, – це називається роботою.

Робота людини може виходити:

1) з її любові до Творця, бажання злиття з Творцем, коли відчуває, що саме тут можливо розкрити вміщену в ній здатність любити та полюбити Творця;
2) зі страху перед Творцем.

46. Влада Ісраеля над кліпот

Що означає влада Ісраеля (*бажання до Творця*) над кліпот (*нечистими бажаннями*) і, навпаки, – влада кліпот над Ісраелєм?

Перш за все потрібно з'ясувати, що мається на увазі під Ісраелєм і «народами світу». В багатьох місцях пояснюється, що Ісраель – це назва внутрішньої, «лицьової» частини келім, з якими можливо працювати заради віддачі Творцю. А «народами світу» називається зовнішня частина, або «зворотна сторона» келім, які спрямовані тільки на отримання, а не на віддачу.

Влада «народів світу» над Ісраелєм означає, що вони не можуть працювати на віддачу в келім де-панім (*лицьової сторони*), а лише в келім де-ахораїм (*АХАП*), які спокушають робітників Творця притягнути світло вниз, в бажання отримання. А влада Ісраелю означає, що кожен отримує силу працювати заради віддачі Творцю, – тобто тільки в келім де-панім. І навіть якщо і притягують світло Хохма, то лише як «шлях, яким зможуть пройти, і не більше».

47. Там, де ти знаходиш Його велич

«Там, де ти знаходиш Його велич, там знайдеш Його смирення» (Мегіла).

Якщо людина постійно перебуває в істинному злитті з Творцем, то бачить, що Творець принижує Себе до свого створіння, тобто перебуває з ним у всіх низьких місцях. І людина не знає, – що ж їй робити? Тому сказано: «Творець, котрий перебуває так високо, схиляється аби бачити, – в небесах і на землі», – тобто людина бачить велич Творця, а потім бачить «падіння» неба до рівня землі. В такому випадкові, можна дати людині лише одну пораду: думати, що якщо це бажання виходить від Творця, то немає нічого вищого за це, як сказано: «Зі сміття піднімає жебрака».

Перш за все, людина повинна подивитися: чи є в неї відчуття нестачі? А якщо ні, – то повинна молитися: чому я не відчуваю нестачі? Адже відсутність почуття нестачі – від нестачі усвідомлення. Тому, вчинюючи кожну заповідь, повинна молитися: чому я не відчуваю, що моє виконання є недосконалим, і мій егоїзм приховує від мене правду? Адже якби вона побачила, що перебуває у такій ницості, то, звичайно, не схотіла б залишатися в такому стані. А весь час прикладала б старання в роботі, доки не повернеться до Творця, як сказано: «Всевишній умертвляє та оживляє, опускає в пекло й піднімає».

Коли Творець бажає, щоби грішник розкаявся і повернувся до Нього, Він опускає його в безодню такого приниження, доки той сам не захоче перестати бути грішником. А тому повинен він просити і благати, щоб Творець розкрив перед ним істину, давши йому більше світла Тори.

48. Головна основа

Почуто під кінець шабату (тижневої глави) Ваера (8 листопада 1952 р.)

Основне на духовному шляху – це обережність і остереження в роботі розуму. Тому що робота розуму побудована на запитанні, і якщо виникає те сумнозвісне питання, то людина повинна бути до нього готова й захищена, щоб встояти і зуміти негайно відповісти, як годиться.

І весь шлях до Творця складається з питань і відповідей, з яких і будується духовна будівля людини. А якщо немає питань і, відповідно, немає й відповідей, – значить, людина стоїть на місці та не рухається.

Також і тому, що удостоївся стати судиною *(клі)* для світла Шхіни та піднімається по духовних ступенях, коли вже немає у людини цієї роботи, – і такій людині Творець готує місце для наповнення її вірою. Хоча важко собі уявити, – як може бути таке на духовних ступенях, але Творець може це зробити.

І це називається виправленням середньою лінією, коли в лівій лінії можна отримувати. Але ми бачимо, що саме в Малхут розкривається світло Хохма, хоча світло Хохма і Малхут є протилежними. І про це сказано: «І перешкода ця буде в тебе під рукою». Адже «людина може вчинити праведно, згідно з законом лише там, де колись прогрішила». Законом («галаха») називається Малхут (Малхут означає наречену («кала»). А той час, коли йдуть («алаха» – «ходьба») до нареченої, називається «законом»). І весь шлях до Малхут складається з перешкод, тобто – з питань. А якщо їх немає, то Малхут навіть не називається «віра» або «Шхіна».

49. Основне – це розум і серце
Почуто в п'ятий день тижня (глави) Ваера (6 листопада 1952 р.)

Над розумом необхідно працювати, як при роботі над вірою. Це означає, що якщо людина лінується в роботі над вірою, вона падає в стан, коли бажає лише знання, а це – нечиста сила (кліпа) проти святої Шхіни. Тому робота полягає в тому, щоб зміцнюватися в постійному оновленні розуму.

Так само в роботі над серцем: якщо людина відчуває, що лінується, то повинна зміцнитися в роботі над серцем та здійснювати протилежні, зустрічні дії, тобто накладати обмеження на своє тіло, на противагу його бажанням насолодитися.

Відмінність лінії при роботі в розумі і в серці в тому, що існує зла кліпа проти розуму, якій під силу привести людину до повного розчарування, коли розчарується в першоосновах. Тому необхідно чинити протидію, тобто оновлювати свій розум, визнаючи минулі помилки і шкодуючи про них, а також беручи зобов'язання на майбутнє. І засоби для цього можна отримати від неживого рівня.

Наповнення людини вірою – це постійний та вічний стан, а тому завжди може служити мірою: чистою є її робота чи ні. Адже Шхіна ховається та зникає з людини тільки від порушення в розумі чи в серці.

50. Два стани
Почуто двадцятого Сівана

У цього світу є лише два можливих стани:
1) стан, коли світ називається «страждання»;
2) стан, коли світ називається «Шхіна».

ШАМАТІ • ПОЧУТЕ

Перш ніж людина удостоїться виправити всі свої дії наміром на віддачу, вона відчуває, що світ сповнений страждань і болю. Але коли удостоюється та бачить, що Шхіна *(присутність Творця)* заповнює весь світ, то Творець називається «Той, хто наповнює весь світ», і світ називається «Шхіна», – та, що отримує від Творця. І цей стан називається єдністю Творця та Шхіни, тому що як Творець дає створінням, так і світ зараз лише віддає Творцеві.

І подібне це до сумної мелодії, – коли є музиканти, які вміють висловити страждання, що вміщені в нотах. Тому що кожна мелодія – немов людська розповідь, – висловлює почуття, про які хочуть розповісти. І якщо мелодія чіпає слухачів до сліз і кожен плаче від відчуття страждань, котрі передаються музикою, тоді вона називається «мелодією, яку всі люблять слухати».

Але як же можуть люди насолоджуватися стражданнями? А це тому, що мелодія виражає не справжні відчуття страждань, а ті, що були в минулому, – тобто вже виправилися і «всолодилися» наповненням бажаного. Тому люди люблять слухати такі мелодії, адже вони нагадують про «підсолодження» нестатків та страждань минулого. Тому страждання ці – солодкі, і солодким є нагадування про них. І в такому випадку світ називається «Шхіна».

Основне, що необхідно знати та відчути, – це що є Той, хто управляє всім, як сказав праотець Авраам: «Не може бути столиці без Правителя». І не можна думати, що в світі діє якась випадковість. Але нечисті сили *(сітра ахра)* змушують людину згрішити та сказати, що все випадково. І називається це таємницею «сімені, що витрачене даремно», що співзвучно зі словом «випадковість», яке вселяє людині думки, що все випадково. (Але й те, що ці нечисті сили змушують людину згрішити, подумавши, що в світі править випадковість і немає вищого управління, – це також не випадково, а згідно з бажанням Творця.)

Але людина повинна вірити у винагороду й покарання, в наявність Суду і Судді, в повне вище управління винагородою та покаранням. Адже іноді приходить до людини якесь бажання і прагнення до духовного, а вона думає, що воно прийшло до неї випадково. Але і в цьому випадку вона повинна знати, що раніше зробила роботу, котра послужила «дією, що передує почутому», тобто молилася про допомогу згори, щоб зуміти зробити хоч якусь дію з наміром заради Творця. І це називається молитвою, підняттям МАН. Однак людина вже забула про це та не взяла до уваги, бо не отримала негайної відповіді на свою молитву, щоб можна було сказати, що Творець дійсно чує будь-яке прохання. Але все ж, зобов'язана людина вірити, що згідно з духовними законами, відповідь на молитву може прийти після багатьох днів та місяців. Тому не слід вважати, що вона випадково отримала це нове натхнення та устремління до духовного, яке зараз відчуває.

Іноді людина каже: «Зараз я відчуваю, що нічого мені не треба, і немає в мені ніяких тривог й турбот, і мозок мій спокійний та чистий. Тому зараз я можу сконцентрувати свої розум і серце, думки й бажання на роботі Творця». Цим вона ніби каже, що її робота на Творця, її результат, залежить від її здібностей та зусиль, і випадково вона потрапила в такий стан, коли може займатися духовним поступом та досягти духовного результату. Але в такому випадкові, вона повинна зрозуміти, що цей стан прийшов до неї у відповідь на те, як вона молилася раніше, і її колишні зусилля викликали зараз відповідь Творця.

Коли людина, заглиблюючись в книгу з кабали, отримує деяке світіння та наснагу, вона також зазвичай вважає це випадковим. Однак все відбувається виключно по управлінню Творця. Та навіть, якщо людина знає, що вся Тора – це імена Творця, вона все ж може сказати, що отримала осяяння від книги. Але ж багато разів вона розкривала ту ж книгу, знаючи, що вся Тора – імена Творця, і, все ж таки, не отримувала ніякого осяяння й відчуття. Все було сухо і прісно, і ніяке знання про те, що ця книга говорить про Творця, не допомагало їй.

Тому, коли людина заглиблюється в книгу, вона повинна покладати свої надії на Творця аби її навчання було на основі віри, – віри у Вище управління, що Творець розкриє їй очі. Тоді вона починає потребувати Творця та набуває зв'язку з Ним, і за допомогою цього вона може удостоїться злиття з Творцем.

Є дві сили, що протилежні одна одній: вища й нижня. Вища сила – означає, що все створене лише заради Творця, як сказано: «Все, що назване ім'ям Моїм, створив Я на славу Собі». Нижня сила – це егоїстичне бажання отримувати насолоди, яке стверджує, що все створено лише для нього: як земне, матеріальне, так і вище, духовне, – все для його особистого блага. І егоїзм вимагає, що належить йому отримати і цей світ, і світ майбутній. І, звичайно ж, в цьому протистоянні перемагає Творець, але такий процес називається «шлях страждань». І він дуже довгий.

Але є короткий шлях, званий «шлях Тори». І прагненням кожної людини повинно бути скоротити час, що називається «ахішена». Інакше буде рухатися природним ходом часу – «бейто», під тиском страждань. Як сказано мудрецями: «Удостоїтеся – прискорю час (ахішена). Не удостоїтеся – все буде в свій час (бейто), і Я поставлю над вами такого володаря, як Аман, який змусить вас мимоволі повернутися до правильного шляху».

А Тора починається зі слів: «Спочатку …земля була пустою й хаотичною, і пітьма була над безоднею…» і закінчується словами: «… на очах усього Ісраеля». Спочатку людина бачить, що земне життя – це присмерк, хаос і пустота. А потім, коли виправляє себе, набуває наміру «заради Творця», і тоді удостоюється: «І сказав Творець: нехай буде світло…». Доки не досягне останнього ступеня духовного розвитку – «…на очах усього Ісраеля», що означає розкриття світла всім душам.

51. Якщо образив тебе грубіян
Почуто під кінець свята Песах (23 квітня 1943 р.)

Сказано: «Якщо образив тебе цей грубіян (*егоїзм, твоє зло*), тягни його в Бейт-мідраш» («*Бейт-мідраш*» – *так називається місце, де вивчають Тору, кабалу. «Бейт» – будинок, приміщення, клі, судина. Мидраш – від дієслова «лідрош», – вимагати, – вимагати розкриття Творця*).

А якщо ні, нагадай йому про день смерті – нагадай, що духовна робота повинна бути там, де він не перебуває. Тому що вся духовна робота відбувається поза тілом людини, за її шкірою, зовні. І називається це роботою поза тілом тому, що всі її думки не про себе.

52. Прогріх не скасовує заповідь
Почуто у вечір шабату дев'ятого Іяра (14 травня 1943 р.)

«Прогріх не скасовує заповідь, і заповідь не скасовує прогріху». Духовна робота людини полягає в тому, щоб йти хорошим шляхом, але її зла основа не дає їй цього. І необхідно знати, що людина не повинна викорінювати з себе зло – це абсолютно неможливо. А треба лише ненавидіти зло, як сказано: «Ті, хто люблять Творця, ненавидьте зло!». І необхідна лише ненависть до зла, тому що ненависть розділяє тих, хто раніше були близькими.

Тому саме по собі зло не існує, а існування зла залежить від любові до хорошого та ненависті до зла. Якщо є в людині любов до зла, то вона потрапляє в сіті зла. А якщо ненавидить зло, то звільняється з-під його впливу, і немає у зла ніякої можливості панувати над людиною. Виходить, що основна робота людини полягає не в роботі над самим злом, а в любові чи ненависті до нього. І тому прогріх призводить до наступного прогріху.

Але чому дають людині в покарання здійснити ще один проступок? Адже якщо людина падає з того рівня своєї духовної роботи, на якому вона була, необхідно допомогти їй піднятися. А тут ми бачимо, що згори доповнюють їй перешкоди, щоби впала ще нижче, ніж в перший раз, від першого прогріху.

Це робиться навмисне згори: аби людина відчула ненависть до зла, додають їй зло, щоби відчула, наскільки гріх віддалив її від духовної роботи. І хоча були в неї жаль та каяття від першого прогріху, але ці жаль і каяття ще були недостатніми аби виявити в неї ненависть до зла. Тому гріх призводить до гріхів, і кожен раз людина кається, і кожне каяття народжує ненависть до зла – доки не виникає в ній така міра ненависті до зла, що вона повністю звільняється та віддаляється від зла, тому що ненависть викликає віддалення.

Виходить, що якщо людина розкриває таку міру ненависті до зла, яка приводить її до віддалення від зла, вона не потребує того, щоби гріх викликав наступні гріхи, і таким чином виграє час. А замість ненависті до зла приходить до любові до Творця. І тому сказано, що «ті, які люблять Творця, ненавидять зло». Адже вони лише ненавидять зло, проте зло залишається існувати на своєму ж місці, – необхідна лише ненависть до нього.

ШАМАТІ • ПОЧУТЕ

А слідує це зі сказаного: «Адже лише трохи применшив Ти людину перед ангелами». Тому сказав Змій: «І будете, як Боги, які пізнали добро і зло». Тобто людина докладає зусиль, бажаючи зрозуміти, подібно до Творця, всі шляхи вищого управління. Але про це мовиться: «Гордівливість людини принижує її», тому що бажає все зрозуміти своїм тваринним розумом. Якщо ж не розуміє, – то відчуває себе приниженою.

Справа в тому, що якщо людина відчуває в собі устремління пізнати щось, – це ознака того, що вона повинна пізнати бажане. І якщо вона піднімається над своїм власним розумінням і замість зусилля пізнати бажане, приймає все вірою вище знання, це вважається у людства найбільшим приниженням. Виходить, що чим сильнішою є її вимога більше дізнатися, тим в більшому приниженні вона перебуває, приймаючи віру вище знання. Ось чому сказано про Моше, що був він скромним і терплячим, тобто відчував страждання приниженості в найбільшій мірі.

І тому сказано, що Адам до прогріху куштував плоди з Дерева Життя і знаходився у досконалості, але не міг піднятися вище від свого ступеню, бо не відчував ніякої нестачі в своєму стані. І тому не міг розкрити імена Творця. Тому була необхідність в його прогріху, «жахливому для всього людства», коли скуштував плід Древа Пізнання добра і зла, через що втратив усе вище світло та був зобов'язаний заново почати роботу. І про це сказано, що вигнаний він з Райського саду. Бо якщо після прогріху скуштує від Дерева Життя (*котре означає внутрішню частину світів*), то буде жити вічно, – тобто залишиться навічно в своєму невиправленому стані. Адже не буде відчувати у своєму грішному стані жодного недоліку. Тому, щоби дати людині можливість розкрити в собі всі імена Творця (*відчуття вищого світла*), які розкриваються виправленням добра і зла, зобов'язаний був Адам покуштувати з Древа Пізнання.

Це подібне до людини, яка бажає дати товаришеві вміст цілої бочки вина. Але у того є лише маленький стакан. Що ж робить господар? Він наповнює своєму товаришеві його маленький стакан, який той несе додому і спорожняєте в свою бочку, яка стоїть в будинку. Повертається знову, і повторюється той же процес, поки весь вміст бочки господаря не переходить до його бочки.

А ще я чув притчу про двох товаришів, один з яких був царем, а інший – бідняком. Почувши, що його товариш став царем, бідняк відправився до нього і розповів про своє тяжке положення. І цар дав йому листа до свого скарбника із зазначенням, що протягом двох годин бідняк може отримати стільки грошей, скільки побажає. Бідняк прийшов до скарбника з невеликим кухлем, зайшов і наповнив його грошима. А коли він вийшов, служитель вдарив по кухлю і всі гроші впали на землю. І так повторювалося щоразу. І плакав бідняк: «Чому ж він це робить?!». Але врешті-решт служитель сказав: «Всі гроші, які взяв ти, – твої! Можеш забрати їх собі. Адже не було в тебе судини (*клі*), щоб взяти достатньо грошей з державної скарбниці». Тому і був придуманий такий виверт.

53. Обмеження

Почуто ввечері шабату першого Сівана (4 червня 1943 р.)

Обмеження полягає в обмеженні себе, свого стану, аби не бажати зайвого (*великих станів – «ґадлут»*); а саме в тому стані, в якому людина перебуває, – вона готова залишатися надовго. І це називається вічним злиттям. І неважливо, наскільки великим є стан, котрого вона досягла. Адже може перебувати навіть у найнижчому стані, але якщо це світить вічно, вважається, що удостоїлася вічного злиття. Тоді як прагнення до більшого називається прагненням до надмірності.

«І будь-яка печаль буде зайвою». Печаль приходить до людини тільки внаслідок її прагнення до надмірності. Тому сказано, що коли Ісраель прийшли отримувати Тору, зібрав їх Моше біля підніжжя гори (*гора – «ар», від слова «ірурім» – сумніви*). Тобто Моше привів їх до найглибших думок й розуміння, – до найнижчого ступеню. І тільки тоді погодилися, без вагань і сумнівів, залишитися в такому стані та йти в ньому, – ніби перебувають у найбільшому й досконалому стані, – і проявити при цьому справжню радість, як сказано: «Працюйте в радості на Творця». Адже у великому стані (*ґадлут*) від людини не вимагається працювати над тим, щоби бути в радості, тому що в цей час радість проявляється сама по собі.

І лише в стані нестачі *(катнут)* потрібно працювати аби бути в радості, незважаючи на відчуття незначності свого стану. І це велика робота.

Створення такого малого стану *(катнут)* є основним в народженні ступені, і цей стан має бути вічним. А великий стан *(ґадлут)* – приходить лише як доповнення. І прагнути необхідно основного, а не додаткового.

54. Мета духовної роботи
Почуто шістнадцятого Шевата (13 лютого 1941 р.)

Відомо, що основне – це завдавати насолоди Творцеві. Але що значить віддача? Адже це настільки звичне для всіх слово, а звичка притупляє смак. Тому потрібно добре розібратися: що ж означає слово «віддача».

Справа в тому, що в дії віддачі, яку вчиняє людина, бере участь її бажання отримати насолоду *(тобто бажання насолодитися можна використовувати, якщо воно виправлене)*. Адже без цього не може бути жодного зв'язку між Творцем і створінням, між Давцем та отримувачем. Не може бути партнерства, коли один дає, а інший нічого не повертає йому у відповідь. Тому що лише коли обидва виявляють любов один до одного, тоді є зв'язок і дружба між ними. Але якщо один проявляє любов, а інший не відповідає йому взаємністю, то така любов не може існувати.

І кажуть мудреці про слова: «І сказав Творець Ціону: Мій народ ти!» (Пророки, Ісая, 51), що потрібно читати не «народ ти!», А «з ким ти?». І це означає: «З ким ти знаходишся у партнерстві?». Тобто створіння повинні бути в партнерстві з Творцем. Тому, коли людина хоче віддавати Творцеві, вона повинна також отримувати від Нього – тоді це і є партнерство, адже як Творець віддає, так і людина віддає.

Але бажання людини повинно прагнути злитися з Творцем та отримати Його світло і життя, адже мета творіння – насолодити створіння. Однак внаслідок розбиття келім в світі Некудім, впали бажання під владу егоїзму, кліпот. І від цього з'явилися в бажанні, в клі, дві особливості:
- прагнення до насолод у відриві від Творця, – відповідно, робота задля виходу з-під влади цієї кліпи називається «очищенням» (*«таара»*);

- віддалення від духовних насолод, що полягає в тому, що людина віддаляється від духовного, і немає в неї ніякого прагнення до духовного, – виправлення цього називається «святість» (*«кдуша»*) і досягається вона прагненням до величі Творця; тому що тоді Творець світить людині в цих бажаннях до відчуття величі Творця.

Але необхідно знати, що в тій мірі, в якій є у людини чисті келім (*келім де-таара*), що визначають її «ненависть до зла» (*егоїзму*), в тій же мірі вона може працювати в святості, як сказано: «Ті, хто любить Творця, ненавидять зло».

Виходить, що є дві особливості: очищення, святість.

Святістю називається клі, підготовка до отримання блага Творця відповідно до Його задуму «втішити створіння». Але клі це відноситься до створіння, – адже в руках людини виправити його, тобто в її силах прямувати до хорошого тим, що примножує свої зусилля в осягненні величі Творця і в аналізі власної нікчемності та ницості.

Тоді як світло, яке повинно розкритися в цьому клі святості, – воно у владі Творця. Творець виливає Своє благо на людину, і не у владі людини вплинути на це. І це називається: «Таємниці світобудови відносяться до Творця».

А оскільки задум творіння, званий «усолодження створінь», починається зі світу Нескінченності, то ми молимося, звертаючись до світу Нескінченності, – тобто до зв'язку Творця зі створіннями. Тому сказано у Арі, що необхідно молитися до світу Нескінченності, а не до Ацмуто, тому що в Ацмуто немає ніякого зв'язку зі створіннями. Адже початок зв'язку Творця зі створіннями починається в світі Нескінченності, де знаходиться Його Ім'я, клі, корінь створіння.

Тому сказано, що той, хто молиться, звертається до імені Творця. Це Ім'я, клі в світі Нескінченності, називається «вежа, яка повна блага». Тому ми молимося до Його Імені, щоб отримати все, що знаходиться в ньому, адже це вготовано нам від початку.

Тому Кетер називається бажанням завдати насолоди створінням. А саме благо зветься Хохма. Тому Кетер називається «Нескінченність» і «Творець». Але Хохма ще не називається створінням, тому що в ній ще немає клі, і вона визначається як світло без клі. Тому і Хохма також визначається як Творець, бо неможливо осягнути світло поза клі. А уся відмінність Кетеру від Хохми в тому, що в Хохмі більше розкривається корінь створіння.

55. Де в Торі згаданий Аман
Почуто шістнадцятого Шевата (13 лютого 1941 р.)

Так вказує Тора на Амана: «Чи не від *(аман)* дерева, що Я наказав тобі не їсти, їв ти?» (Берешит 3:11).

Який же зв'язок між Аманом і Древом пізнання?

Древо пізнання – це все створене Творцем бажання самонасолодитися, яке необхідно виправити на отримання заради віддачі Творцю.

Аман – це також все створене Творцем бажання самонасолодитися, як сказано в «Мегілат Естер»: «І сказав Аман в серці своєму: кому окрім мене захоче надати шану Цар, Повелитель світу!», – адже в Амані вміщене все величезне бажання насолодитися. І про це сказано: «І піднесеться серце людини на шляхах Творця».

56. Тора називається «такою, що показує»
Почуто в перший день тижня (глави) Бешалах (2 лютого 1941 р.)

Тора називається «такою, що показує», від слів «скинути вниз» (Тора, Шмот, 19:13), тому що в той час, коли людина займається Торою, – в міру своїх зусиль в Торі, – в тій же мірі вона відчуває віддалення. Тобто розкривають їй істину, – покажуть міру її віри, котра являє собою всю основу істини. І в мірі віри, – та саме на ній, – будується вся основа існування людини в Торі та заповідях. Адже тоді розкривається перед її очима, що вся основа її будується лише на вихованні, яке вона отримала, бо їй достатньо отриманого виховання для виконання Тори й заповідей в усіх їхніх вимогах та з усією точністю. А все, що виходить від виховання, називається «віра всередині знання». Хоча це є протилежним розумінню: адже розум зобов'язує очікувати, що чим більше людина докладає зусиль в Торі, – в тій же мірі вона повинна відчувати своє наближення до Творця. Але, як сказано вище, Тора завжди показує їй все більшу істину.

Якщо людина шукає правду, то Тора наближає її до істини та показує міру її віри в Творця. І робиться це для того, щоби людина могла просити милості та молитися Творцеві аби дійсно наблизив її до Себе, – коли б вона удостоїлася справжньої віри в Творця. І тоді зможе дякувати й славити Творця за те, що Він наблизив її до Себе.

Але якщо людина не бачить міри свого віддалення від Творця і здається їй, що йде вперед, – її зусилля та надії є безпідставними та такими, що побудовані на нетривкій основі; і немає в неї відчуття необхідності молитви до Творця аби наблизив її до Себе. Виходить, що немає в неї можливості докласти зусиль, щоби здобути повну віру. Адже людина вкладає зусилля тільки в те, чого їй бракує. Тому, поки не гідна бачити правди, – то навпаки: чим більше додає в заняттях Торою і заповідями, – відчуває себе все більш досконалою і не бачить ніякої вади в собі. А тому немає в неї підстави докладати зусиль і молитися Творцеві аби удостоїтися повної істинної віри. Адже лише той, хто відчуває в собі пороки й несправності, вимагає виправлення. Але якщо людина займається Торою і заповідями правильно, то Тора показує їй правду, тому що є в Торі чудова властивість *(сгула)* показувати справжній стан людини та величину її віри. (Про що сказано: «Коли дізнається він, що згрішив...».)

А коли людина займається Торою, і Тора показує істинний стан її, – тобто віддаленість її від духовного, – і вона бачить, наскільки вона є низьким створінням, гірше за яке немає людини на всій землі, то з'являється до неї нечиста сила з іншою скаргою про те, що в дійсності її тіло (бажання) – огидне, та немає в світі більш низької істоти, ніж вона, – аби привести людину до депресії й розчарування. А все тому, що нечиста сила боїться, як би людина не взяла близько до серця побачений стан і не побажала б його виправити. Тому нечиста сила *(егоїстична сила людини)* згідна з тим, що людина говорить про те, що вона є нікчемною й жахливою у своїх якостях; нечиста сила дає людині зрозуміти, що якби вона народилася з кращими задатками та великими здібностями, то, звичайно б, зуміла перемогти грішника в собі, виправити його і таким чином злитися з Творцем.

ШАМАТІ · ПОЧУТЕ

На ці доводи нечистої сили людина повинна заперечити, що саме про це і сказано в Талмуді, у трактаті Тааніт, де йдеться про те, як рабі Ельазар, син рабі Шимона бар Йохая, повертався з обгородженого будинку свого рава (*«будинок» – клі, «рав» – від слова «великий», – тобто знаходився після досягнення великого духовного стану*). Їхав він, сидячи на віслюку (*віслюк – «хамор», від слова «хомер» – матерія. «Їхати, сидячи на віслюку» – означає досягти виправлення всього свого егоїстичного матеріалу, керуючи ним з наміром заради Творця*). Їхав він уздовж берега річки (*річка – течія світла мудрості. Берег, «сафа», від слова «край, межа». Тобто рабі Ельазар досяг межі мудрості*). Перебував він у великій радості. Була його думка про себе грубою тому, що багато вчився Торі. Зустрілася йому одна людина, вкрай потворна (*тобто побачив свої справжні властивості*). Сказав йому: «Мир тобі, ребе!». Не відповів йому привітанням рабі Ельазар, а сказав: «Яка жахлива ця людина у своїй потворності! Невже всі в вашому місті такі ж потворні, як ти?». Відповів йому той чоловік: «Не знаю. Але звернися до Того, Хто створив мене. Скажи Йому, наскільки жахливе клі (судину) створив Він». Побачив рабі Ельазар, що згрішив, та й зліз з осла...».

І зі сказаного зрозумій, що оскільки він так багато вчив Тору, – удостоївся побачити правду: яким насправді є справжня відстань між ним і Творцем, – міру своєї близькості до Нього та віддалення. Тому сказано, що була його думка про себе грубою, – адже він бачив всю свою гординю, весь свій егоїзм. І тому удостоївся побачити правду: що він – і є найжахливіша в світі людина у своїй егоїстичній потворності. Чим він досяг цього? Тим, що багато вчив Тору!

Але як зможе він злитися з Творцем, якщо є настільки жахливим (*егоїстичним*), тобто абсолютно протилежним Творцеві? Тому запитав: а чи всі – такі, як він? Або лише він один такий виродок, абсолютний егоїст? Відповіддю було: «Не знаю». Тобто вони не знають, бо не відчувають. А чому не відчувають? Тому, що не бачать правди, адже недостатньо вчили Тору, щоби вона розкрила їм правду. Тому відповів йому Еліягу: «Звернись до Того, Хто створив мене». Оскільки людина побачила, що не в силах піднятися зі свого стану, розкрився їй пророк Еліягу й сказав:

«Звернись до Того, Хто створив мене». Адже якщо Творець створив в тобі весь цей жахливий егоїзм, Він точно знає, як з цими келім досягти довершеної мети. Тому не турбуйся, йди вперед і досягнеш успіху!

57. Наблизь його до бажання Творця
Почуто в перший день тижня (глави) Ітро (5 лютого 1944 р.)

Сказано: «Наблизь його (*своє бажання*) до бажання Творця». Але як? Змушують його, поки не скаже: «Бажаю я!». І також треба зрозуміти, – чому ми молимося: «Хай буде бажання згори…»? Адже сказано: «Більше, ніж теля бажає смоктати, корова бажає годувати». Але тоді незрозуміло – навіщо ж нам молитися, щоби було бажання у Творця?

Відомо, що для того аби притягнути світло згори, спочатку необхідне прагнення знизу (*ітарута де-летата*). Але навіщо потрібне попереднє прагнення знизу? Для цього ми молимося: «Хай буде бажання згори…», – тобто ми самі повинні пробудити бажання небес віддавати нам. Значить, недостатнім є існуюче в нас бажання отримати, але ще і згори повинно бути добре бажання надати Того, хто дає. І хоча у Творця від початку є бажання завдати насолоди всім своїм створінням, Він очікує нашого бажання, яке пробудило б Його бажання. Адже якщо ми не можемо Його пробудити, – це ознака того, що ми ще не готові до отримання, і наше бажання – не істинне й не досконале. Тому саме молячись «Хай буде бажання згори…», ми приходимо до того, що в нас міцніє справжнє бажання, яке готове отримати вище світло.

Однак необхідно зауважити, що всі наші дії, – як погані, так і хороші, – сходять з небес (*так зване «особисте управління»*), – коли все робить Творець. І, разом з тим, треба жалкувати про свої погані вчинки, хоча вони також виходять від Нього. Розум же зобов'язує, що не можна шкодувати в такому випадкові, а треба виправдати дії Творця, котрий посилає нам бажання здійснювати проступки. Але, все ж таки, необхідно діяти навпаки і шкодувати про те, що Творець не дав нам зробити добрі справи. Звичайно ж це покарання, бо ми не гідні служити Йому.

Але якщо все походить згори, то як ми можемо говорити, що не гідні, – адже від нас не залежить жодне наша дія? Тому даються нам погані думки й бажання, котрі віддаляють нас від Творця та від духовної роботи, і вселяють нам думки, що ми не гідні нею займатися. І у відповідь народжується молитва, яка і є виправленням, щоб стали ми гідними та придатними отримати роботу Творця.

Звідси нам стане зрозумілим, чому можна молитися про уникнення нещасть. Хоча нещастя сходять згори, від Творця, внаслідок покарання; а покарання, – саме по собі, – це виправлення, бо існує закон: покарання є виправленням. Але якщо так, – як же можна молитися, щоб Творець анулював наше виправлення, як сказано: «Неможна так багато бити його, інакше приниженим буде брат твій у тебе на очах»! (Тора, Дварім). Однак необхідно знати, що молитва виправляє людину набагато ефективніше, ніж покарання. І тому, коли людина молиться замість отримання покарання, то анулює покарання й страждання, які поступаються місцем молитві, що виправляє її тіло, тобто бажання.

Тому сказано мудрецями: «Удостоївся, – виправляється шляхом Тори. Не удостоївся, – виправляється шляхом страждань». Але шлях Тори є набагато успішнішим від шляху страждань і приносить більше духовного прибутку, тому що бажання (*келім*), які необхідно виправити для отримання вищого світла, розкриваються швидше й ширше, внаслідок чого зливається людина з Творцем.

І про це сказано: «Примушують його, поки не скаже: «Бажаю я!». Тобто Творець говорить: «Бажаю Я дій людини». Про молитву ж сказано, що Творець жадає молитви праведників. Адже молитвою виправляються бажання, в які може потім Творець вилити вище світло, оскільки готові вони отримати найвищу насолоду.

58. Радість – показник хороших дій
Почуто в четвертий напівсвятковий день Суккота

Радість – це показник хороших дій: якщо дії добрі, тобто святі, не заради себе, а лише заради Творця, – на них розкривається радість й веселощі.

Але є також нечиста сила, кліпа. І щоб визначити – чисте це бажання чи нечисте (*святе, альтруїстичне, чи земне, егоїстичне*), необхідний аналіз в розумі, «в знанні»: в чистому бажанні є розум, а в нечистому немає його. Тому що про нечисту силу сказано: «Інший бог безплідний і не приносить плодів». Тому, коли приходить до людини радість, вона повинна заглибитися в Тору, щоби розкрилася їй мудрість, думка і знання Тори.

Також необхідно знати, що радість є світінням згори, яке розкривається на прохання (*МАН*) людини про можливість добрих дій. Творець завжди судить людину по тій меті, якої вона зараз хоче досягти. Тому, якщо людина приймає на себе волю Творця навічно, – негайно у відповідь на це рішення і бажання світить їй вище світло. Адже природа вищого світла вічна й постійна, і воно може світити лише якщо є в людини постійне добре бажання.

І хоча відомо Творцю, що ця людина в наступну мить впаде зі свого духовного ступеня, Творець все одно судить її по тому рішенню, яке в даний час вона взяла на себе. І якщо людина вирішила прийняти на себе повністю й надовго владу Творця у всіх своїх бажаннях (*в тому, що відчуває в собі в даний час*), – це вважається досконалістю.

Але якщо людина, приймаючи владу Творця, не бажає залишатися під нею навічно, така дія й намір не вважаються досконалими і не може вище світло світити в них. Адже вище світло – досконале, вічне, постійне та ніколи не зміниться, тоді як людина бажає аби навіть той теперішній стан, в якому вона зараз перебуває, не тривав вічно.

59. Посох і Змій

Почуто тринадцятого Адара (23 лютого 1948 р.)

…І відповідав Моше: «Але ж не повірять вони мені…». І сказав йому Творець: «Що це в руці твоїй?». І відповів: «Посох». І сказав Творець: «Кинь його на землю». І кинув він і обернувся той на змія. І побіг Моше від нього (Тора, Шмот, 4).

Є лише два стани: або святість (*чистота, віддача, «заради Творця»*) або нечиста сила, сітра ахра (*егоїзм, «заради себе»*). І немає стану посередині між ними, і той же самий посох перевертається на змія, якщо кидають його на землю.

Щоб зрозуміти це, необхідно перш за все зрозуміти сказане мудрецями, що Шхіна *(явище Творця)* сходить на «дерева і каміння», тобто розкривається саме на прості й скромні бажання, які вважаються в очах людини не дуже важливими.

Тому Творець запитав Моше: «Що це в руці твоїй?». «Рука» – означає осягнення, адже мати в руках – це значить досягти й отримати. І відповів: «Посох» *(на івриті: «мате»)*. Це означає, що всі його досягнення побудовані на речах низьких *(івр. «мата»)* за своїм значенням та важливості, – тобто на вірі вище знання. Адже віра в очах розумника є чимось неважливим і низьким. Він поважає все, що базується на знанні і фактах, тобто в очах людини важливою є «віра всередині знання».

Якщо ж розум людини не в змозі осягнути чогось, або те, що осягається, суперечить її розумінню, то вона повинна сказати, що віра для неї є важливішою й вищою за її знання, розуміння, усвідомлення. Виходить, що цим вона применшує значення свого розуму і каже, що якщо її поняття суперечать шляху Творця, то віра для неї є важливішою, вищою від знання. Тому що все, що суперечить шляху Творця, – не варто нічого, не має ніякої важливості в її очах, як сказано: «Очі у них, – нехай не побачать, вуха у них, – нехай не почують». Тобто людина анулює все, що бачить і чує, – все, що не узгоджується зі шляхом Творця. І це називається «йти вірою вище знання». Але це виглядає в очах людини як низький, неважливий, недорозвинений та незрілий стан.

Тоді як у Творця віра не розцінюється як неважливий стан. Це тільки людині, яка не має іншої можливості і зобов'язана йти шляхом віри, віра здається неважливою. Але Творець міг би воцарити свою Божественну присутність *(свою Шхіну)* не на деревах і каменях. Однак вибрав Він за основу саме шлях віри всупереч знанню, тому що це – найкраще для духовного шляху. Тому для Творця віра не є неважливою, – навпаки, саме у цього шляху є численні переваги. Але у створінь це вважається ницим.

І якщо людина кидає посох на землю та бажає працювати з більш вищим для неї та важливим, – тобто всередині знання, – і нехтує цим шляхом вище знання тому, що ця робота здається їй неважливою, то негайно з Тори і його роботи виходить змій, – втілення первородного Змія.

Тому сказано: «Всякому гордівникові каже Творець: «Ми не зможемо бути разом». Причина ж саме в тому, що Шхіна спочиває «на деревах і каменях» *(знаходиться в тому, що є неважливим для людини: вірі, віддачі, простоті)*. Тому, якщо людина кидає посох на землю і підносить себе для роботи з більш високою якістю, – це вже гордість, тобто змій. І немає нічого іншого, крім посоху – святості, або змія – нечистоти, тому що вся Тора і робота, – якщо є вони ницими в очах людини, то стають змієм.

Але відомо, що у нечистої сили немає світла, тому і в матеріальному немає в егоїзму нічого, крім бажання, яке не отримує жодного наповнення. Егоїстичні бажання завжди залишаються не сповненими. І тому, отримує сто, – бажає двісті і т.п., і «вмирає людина, не досягнувши й половини бажаного», що виходить з вищих коренів.

Корінь нечистої сили, кліпи, – бажання отримувати насолоду. Протягом всіх 6000 років *(періоду виправлення)* ці бажання неможливо виправити так, щоби було можливим отримати в них світло, і тому на них лежить заборона першого скорочення *(цимцум алеф)*. Оскільки в цих бажаннях немає наповнення, вони спокушають, підмовляють людину притягнути світло до їхніх ступенів. І тоді всю життєву силу, все світло, котре людина отримує від чистої сторони за свою роботу у віддачі, забирають нечисті *(егоїстичні)* бажання. Внаслідок цього вони набувають влади над людиною тим, що дають їй підживлення в цьому стані, не дозволяючи вийти з нього. Через цю владу кліпи над собою людина не в змозі йти вперед тому, що немає у неї потреби піднятися вище від свого справжнього стану. А оскільки немає бажання, – то не може рухатися, не може зробити ані найменшого руху.

У такому випадкові, людина не в змозі зрозуміти, – чи йде вона до святості, чи у зворотну сторону, тому що нечиста сила дає їй все більше й більше сил для роботи. Адже зараз вона знаходиться «всередині знання», – працює розумом і не вважає свою роботу низькою та неважливою. І тому людина може залишитися в полоні нечистої сили навічно.

Але щоб визволити людину з-під влади нечистої сили, створив Творець особливе виправлення: якщо людина залишає стан «посох», то негайно падає в стан «змій», і в цьому стані у неї нічого не виходить. І не в силах вона подолати цей стан, і залишається їй лише знову прийняти на себе шлях віри («*ницих*», «*неважливих*» *станів*, – *посох*). Виходить, що самі невдачі знову призводять людину до прийняття на себе роботи на все нових ступенях віри вище знання.

Тому сказав Моше: «Але вони не повірять мені», – тобто не побажають прийняти шлях віри вище знання. Але відповів йому Творець: «Що це в руці твоїй?», – «Посох», – «Кинь його на землю», – і відразу посох обернувся на змія. Тобто між посохом та змієм немає ніякого середнього стану. І це для того, щоби людина могла точно знати у якому стані, – в святому або нечистому, – вона знаходиться.

Виходить, що немає іншого шляху, окрім як прийняти на себе шлях віри вище знання, званий «посох». І посох той повинен бути в руці, і не можна кидати його на землю. Тому сказано: «І розцвів посох Аарона», – адже весь розквіт, якого удостоївся в роботі Творця, був саме на основі посоху Аарона. І це для того, щоби служило нам ознакою, – чи йде людина правильним шляхом, чи ні, можливістю дізнатися, – яка основа її духовної роботи: вище або нижче знання. Якщо основа її – «посох», то знаходиться на шляху виправлення і святості, а якщо основа її всередині знання, то не зможе досягти святості.

Але в самій роботі, тобто в її *(людини)* Торі і молитві, немає жодної ознаки – чи працює вона на Творця, чи заради себе. І більш того: якщо її основа всередині знання, – тобто робота ґрунтується на знанні та отриманні, – то тіло *(бажання)* дає сили працювати, і вона може вчитися і молитися з величезним завзяттям та наполегливістю, адже діє відповідно до розуму. Тоді як, якщо людина йде шляхом виправлення *(святості)*, який ґрунтується на вірі й віддачі, то вона потребує великої, особливої підготовки аби святість світила їй. А просто так, без підготовки, її тіло не дасть їй сил працювати. І людині необхідно постійно прикладати зусилля, адже її природа – це отримання задоволення та отримання всередину знання.

Тому, якщо її робота на матеріальній основі *(заради себе)*, – вона ніколи не відчуває в ній ніяких труднощів. Але якщо основа її роботи – у віддачі та вище розуму *(знання)*, то вона постійно повинна докладати зусиль, щоб не впасти в роботу заради себе, ґрунтовану на отриманні, а не на віддачі.

І ні на мить людина не може залишати поза увагою цю небезпеку, – інакше миттєво падає у корінь бажань матеріальної *(заради себе)* вигоди, званий «прах і попіл», як сказано: «Бо ти прах і в прах повернешся» (Тора, Берешит, 3:19). Так сталося після прогріху з Древом пізнання.

Людині дана можливість аналізу і перевірки, – чи йде вона правильним шляхом, у святості *(віддачі)*, чи навпаки: «Інша сила, інший бог безплідний і не приносить плодів». Цю ознаку дає нам книга Зогар. Саме на основі віри, званої «посох», удостоюється людина множення плодів своєї праці в Торі. Тому сказано: «Розцвів посох Аарона», – що явно показує, що цвітіння і народження плодів приходять саме шляхом «посоху».

Кожен день, як у той час, коли, встаючи зі свого ложа, людина умивається і очищає тіло своє від нечистот, – точно так само вона повинна очиститися від нечистот духовних, від кліпот, – тобто перевірити себе: чи досконалим є її «шлях посоху». І таку перевірку вона повинна проводити в собі постійно. І якщо вона лише на мить відволікається від цього аналізу, – тут же падає під владу нечистих сил *(сітра ахра)*, званих «бажання насолоджуватися заради себе», і негайно стає їхнім рабом. Адже відповідно до правила: «Світло створює клі», – наскільки людина працює заради отримання для себе, в цій мірі їй стає необхідним прагнути лише до егоїстичного отримання, і вона віддаляється від віддачі.

Звідси можна зрозуміти сказане мудрецями: «Будь дуже-дуже смиренним!». І чому ж так підкреслено: «Дуже-дуже»?

Але справа в тому, що людина стає залежною від оточуючих у тому, щоб отримувати від них почесті, повагу, схвалення. І навіть якщо на початку вона отримує це не заради насолоди, а наприклад, «заради поваги до Тори», і впевнена в тому, що немає у неї ніякого прагнення до пошани, і тому можна їй приймати почесті, – адже не для себе вона отримує, – не дивлячись на це, не можна отримувати почесті через те, що «світло створює клі». Тому, після того як отримала почесті, вже починає бажати їх, і, значить, вже знаходиться у владі пошани. І дуже важко звільнитися від пошани. А внаслідок цього людина відокремлюється від Творця і важко їй схилитися перед Творцем.

Але ж, щоби досягти злиття з Творцем, людина повинна повністю анулювати себе *(всі свої особисті бажання)* перед Творцем. Тому сказано «дуже-дуже», де перше «дуже» означає, що не можна отримувати почесті заради власного задоволення. А друге «дуже» додано тому, що навіть якщо не заради себе, – все одно заборонено отримувати почесті.

60. Заповідь, що викликана гріхом
Почуто в перший день тижня (глави) Тецаве (14 лютого 1943 р.)

Якщо людина приймає на себе духовну роботу заради винагороди, її ставлення до роботи ділиться на дві частини:
- дія називається «заповідь»;
- намір отримати за неї винагороду називається гріхом, тому що переводить дію від святості до нечистоти.

А оскільки вся основа і причина цієї роботи – у винагороді, і лише звідти вона отримує всі сили, то заповідь ця – є «викликаною», адже причина, котра спонукала людину зробити заповідь, є гріхом. Тому ця заповідь називається «Заповідь, що викликана гріхом» – адже призводить до неї гріх, тобто виключно бажання отримати винагороду.

А для того щоб цього не сталося, людина повинна працювати лише для множення слави й величі Творця, що називається роботою по відродженню Шхіни з праху.

Шхіною зветься сукупність всіх душ, котра отримує все світло від Творця і розподіляє душам. Розподіл і передача світла душам здійснюється злиттям Творця і Шхіни, коли сходить світло до душ. А якщо немає злиття, – то немає сходження світла до душ.

Оскільки бажав Творець насолодити творіння, – думав про насолоду і про бажання насолодитися, адже одне неможливе без іншого. І заготовив це в потенціалі аби потім народилися і розвинулися ті, які зможуть отримати це на ділі. Одержувач всього цього світла в потенціалі називається Шхіна, тому що задум Творця є досконалим і не потребує дії.

61. Дуже важко біля Творця

Почуто дев'ятого Нісана (18 квітня 1948 р.)

Сказано: «Дуже бурхливо, важко біля Творця» (Псалом 50). І пояснюють мудреці, що тут алегорично сказано, що «навколо Творця безліч волосся» *(інше прочитання тих же слів)*, тому що Творець прискіпливий до праведників на товщину волоса. І самі ж вони запитують: «Чому ж так? Чим заслужили праведники такої кари? Адже – праведники вони все ж таки!».

Справа в тому, що всі обмеження у всесвіті, в світах, – всі вони лише щодо створінь, тобто внаслідок того, що той, хто осягає, робить на себе обмеження і скорочення, залишаючись потім внизу. А Творець погоджується з усім, що робить той, хто осягає, і в цій мірі сходить світло вниз. Тому нижній своїми речами, думками та діями викликає випромінювання і вилив світла згори.

З цього випливає, що якщо людина вважає, що відключення на мить від думки про злиття з Творцем є рівносильним найбільшому прогріху, то Творець згори також погоджується з цим, і дійсно вважається ніби зробила людина самий великий гріх. У підсумку виходить, що праведник встановлює, – наскільки прискіпливо Творець буде ставитися до нього, – аж до «товщини волоса»; і як нижній встановлює, так це і приймається Творцем.

А якщо людина не відчуває самої невеликої заборони немов найсуворішої, – тоді і згори не надають значення дрібним гріхам, що трапляються з нею, не розглядаючи їх як великі гріхи. Виходить, що з такою людиною Творець поводиться як з малою дитиною, вважаючи, що у неї і заповіді маленькі, а також і гріхи малі. Адже і ті, й інші зважуються на одних вагах. І така людина вважається невеликою.

Той же, хто є прискіпливим навіть до своїх невеликих дій і хоче, щоби Творець також прискіпливо ставився до нього «на товщину волоса», – той вважається великою людиною, в якої як заповіді великі, так і гріхи великі. І в міру насолоди, що відчувається нею при виконанні заповіді, з тією ж силою відчуває страждання, скоївши гріх.

І існує розповідь про те, як жила-була людина в якомусь царстві. Здійснила вона проступок перед Царем, за що була засуджена на двадцять років примусових робіт та й заслана до якогось глухого місця далеко від своєї країни. І негайно привели вирок до виконання і відвезли її туди, на край світу. І знайшла вона там таких же людей. Але напала на цього чоловіка хвороба забуття, і він зовсім забув, що є в нього дружина й діти, близькі друзі та знайомі. І здається йому, що в усьому світі немає більше нічого, крім цього занедбаного місця і людей, що живуть там, і це – його батьківщина. Виходить, що все його уявлення про світ побудоване на його теперішніх відчуттях, і не може він навіть уявити собі справжнього стану, а живе лише даними йому зараз знанням й відчуттям.

У тій далекій країні навчили його законам, щоб не порушив їх знову та міг уберегтися від всіх злочинів, і знав, як виправити скоєний ним гріх аби звільнили його звідти. А вивчаючи зводи законів Царя, виявив він закон, що якщо людина робить певний гріх, то її засилають у віддалене місце, відрізане від усього світу. І жахається він від такого важкого покарання, обурюючись жорстокістю суду. Але не приходить йому в голову, що це він сам порушив закони Царя, засуджений суворим судом, і вирок вже виконано. А оскільки страждає на хворобу забуття, то жодного разу не відчув справжнього свого стану.

І в цьому сенс сказаного, що «дуже важко біля Творця» (*«навколо Творця безліч волосся»*), – тобто людина повинна дати собі душевний звіт на кожен свій крок, адже це вона сама порушила закони Царя і тому вигнали її з вищого світу.

А від того, що робить тепер добрі діяння (*заради Творця*), починає повертатися до неї пам'ять, і вона починає відчувати, – наскільки насправді далеким є від свого істинного світу. А тому починає виправлятися, поки не виводять її з вигнання і не повертають на її місце. Відчуття ці з'являються в людини саме внаслідок її роботи, коли відчуває, наскільки віддалилася від свого джерела і кореня, доки не удостоюється повного повернення до свого кореня, – тобто досконалого і вічного злиття з Творцем.

62. Падає і підбурює, піднімається та звинувачує

Почуто дев'ятнадцятого Адара I (29 Лютого 1948 р.)

«Падає і підбурює, піднімається та звинувачує». Людина зобов'язана постійно перевіряти себе, – чи не веде її Тора та внутрішня робота в глибоку прірву. Адже висота людини вимірюється мірою її злиття з Творцем, тобто мірою анулювання свого «я» перед Творцем, коли вона не зважає на любов до самої себе, а бажає повністю виключити своє «я». Якщо ж людина працює заради егоїстичного отримання, то в міру роботи вона росте у власних очах і відчуває себе крішкою, самостійною особистістю, та їй вже важко анулювати себе перед Творцем.

Тоді як, якщо людина працює заради віддачі, то коли закінчить роботу, – тобто виправить бажання отримання, які є в корені її душі, – нема чого їй більше робити в світі. Тому лише на цій точці має бути сконцентрована вся увага й думки людини.

Ознака істинного шляху: чи бачить людина, що вона знаходиться у стані «падає і підбурює», – тобто вся її робота в падінні. Тоді людина потрапляє під владу нечистих бажань і вона «піднімається та звинувачує», тобто відчуває себе на підйомі і звинувачує інших.

Але той, хто працює по очищенню себе від зла, – не може звинувачувати інших, а завжди звинувачує себе. Інших же він бачить на більш високому ступені, ніж відчуває себе самого.

63. Позичайте, а Я поверну

Почуто під кінець шабату (1938 р.)

Сказано: «Позичайте, а Я поверну». Мета творіння – світло суботи, яке повинно наповнити створіння. Ця мета творіння досягається виконанням Тори, заповідей і добрих діянь. Повним виправленням (*ґмар тікун*) називається стан, коли світло повністю розкривається проханнями знизу (*ітарута де-летата*), тобто – саме виконанням Тори і заповідей.

Тоді як до досягнення стану повного виправлення, також є стан суботи, званий «подібним до майбутнього світу» (*міейн олам аба*), коли світло суботи світить як в кожному окремому, так і в загальному. І це світло сходить без попереднього зусилля знизу від душ. А потім душі повертають свій борг, тобто – докладають необхідних зусиль, які повинні були докласти раніше, перш ніж удостоїлися цього досконалого світла.

Тому сказано: «Позичайте» – отримаєте світло суботи зараз, не напряму, в борг, «і Я сплачу його». Творець розкриває це світло суботи лише коли Ісраель позичає, – тобто бажає отримати його, хоча і не гідний ще, але все ж, таким чином (*не напряму*) може отримати.

64. Від ло лішма приходять до лішма

Почуто в тиждень (глави) Ваєхі, чотирнадцятого Тевета
(27 грудня 1947 р.) на ранковій трапезі

Від ло лішма (*заради себе*) приходять до лішма (*заради Творця*).

Якщо ми уважно вдивимося, то виявимо, що період духовної роботи, коли людина ще працює з наміром «заради себе», набагато важливіший, тому що в ньому легше з'єднати свої дії з Творцем. Адже в лішма людина говорить, що робить цю добру дію тому, що працює повністю на Творця, і всі її дії «заради Творця». Виходить, що вона – господар своїх дій.

Тоді як, якщо займається духовною роботою «ло лішма», – з наміром «заради себе», – то добру дію людина робить не заради Творця. Тому вона не може звернутися до Творця з претензією, що їй належить винагорода. Виходить, що Творець не стає в її очах боржником. Але чому людина вчинила добре діяння, – тільки тому що Творець дав їй можливість, щоби егоїстичні бажання зобов'язали людину до цього вчинку. Наприклад, якщо з'явилися люди додому до людини, а вона соромиться сидіти без діла, – то бере книгу і показує, що вивчає Тору. Виходить, що вчить Тору не «заради Творця», не тому що Він зобов'язав її вчити, не заради виконання заповіді аби сподобатися Творцеві, а щоби сподобатися своїм гостям. Але як можна після цього вимагати винагороду від Творця за вивчення Тори, якою займався заради гостей? Виходить, що Творець не стає у людини боржником, а може вона вимагати винагороди від гостей, щоб поважали її за те, що вона вивчає Тору. Але в жодному разі не може вимагати від Творця.

А коли людина аналізує свої дії і каже, що, врешті-решт, вона займається Торою, і відкидає причину, по якій займалася, тобто гостей, і каже, що з цієї миті вона займається лише заради Творця, – то негайно зобов'язана сказати, що все походить з висі, і Творець побажав виправити її аби займалася Торою, і дав їй справжню причину занять. Але оскільки недостойна людина прийняти правду, Творець посилає їй неправдиву причину, щоби за допомогою цієї неправдивої причини вона займалася Торою.

Виходить, що все робить Творець, а не людина. Тому зобов'язана вона оспівувати Творця, який навіть в таких низьких станах не залишає її та дає їй сили і енергію для того, щоби бажала займатися Торою.

І якщо людина уважно вдивляється в те, що відбувається з нею, то виявляє, що Творець – Єдиний, хто діє, як сказано: «Він один робить і буде робити все дії», а людина своїми добрими вчинками не робить ніяких дій. Адже, хоча вона і виконує заповідь, але робить це не заради заповіді, а заради іншої, сторонньої причини.

Але правда в тому, що Творець, – Він справжня причина, котра викликає всі дії людини. Однак Творець вдягається для людини в різні шати, але не в заповіді, – заради острахy, або заради любові до чогось іншого, але не до Творця. Виходить, що в стані ло лішма *(коли працює не заради Творця)* легше віднести до Творця свої добрі дії, сказавши, що це Творець робить добрі діяння, а не сама людина. Адже людина не бажала здійснювати ці дії заради заповіді, а тільки заради іншої причини.

Тоді як в стані лішма, людина знає, що працює заради заповіді, – тобто вона сама захотіла виконати заповідь. І не тому, що Творець дав їй в серце бажання виконати заповідь, а тому, що вона сама обрала це.

Істина ж у тому, що все робить Творець, але неможливо осягнути ступінь особистого управління, перш ніж осягає людина ступінь управління «винагородою й покаранням».

65. Відкрите і вкрите
Почуто двадцять дев'ятого Тевета (18 січня 1942 р.) в Єрусалимі

Сказано: «Вкрите – Творцю нашому, а розкрите – нам і дітям нашим навічно аби виконували ми сказане в Торі».

Навіщо сказано: «Вкрите Творцю»? Хіба приховане означає те, що є неосяжним нами, а розкрите означає – те, що осягається нами? Але ми бачимо, що є ті, хто знають приховану частину Тори, а є і такі, що не знають відкриту її частину. Адже не малося на увазі, що тих, хто знає відкриту частину, більше, ніж тих, хто пізнав укриту (*думати так – значить домислювати від себе*).

У нашому світі є доступні всім дії, які кожен може зробити, а є такі, котрі відбуваються, але людина не може в них втрутитися, – лише якась невидима сила діє всередині і вчиняє дію.

Наприклад, сказано мудрецями: «Троє створюють людину: Творець, батько й мати». Відкрита нам заповідь: «Плодіться й розмножуйтеся», яка виконується батьками, і якщо вони чинять правильно, Творець дає душу зародку. Тобто батьки роблять відкриту частину, адже лише відкриту, відому дію вони в змозі зробити. А прихована частина полягає у передачі зародку душі, в чому батьки не в силах брати участь, і лише сам Творець робить це.

Також і при здійсненні заповідей ми робимо тільки відкриту їх частину, адже лише це ми в змозі зробити, – тобто займатися Торою, «виконуючи Його наказ». Але вкритою частиною, душею цих дій, людина управляти не в силах. І тому під час виконання дії заповіді, необхідно молитися Творцеві аби виконав Свою вкриту частину, – тобто дав душу нашій дії.

Дія називається «Свіча заповіді», але свічу необхідно запалити «Світлом Тори», від чого і поміщається в дію її душа. Як видно на прикладі зародка, в створенні якого беруть участь троє.

Тому сказано: «Відкрита частина – нам», тобто нам треба робити все, що тільки в наших силах, і лише в цьому ми можемо діяти. Але осягнути душу та отримати життєву силу, – залежить тільки від Творця. І це називається: «Вкрита частина – Творцю нашому», тобто Творець гарантує нам, що якщо ми зробимо дію, що розкрита нам, на умовах виконання Тори і заповідей в розкритій частині, то Творець дасть для цієї дії душу.

Тоді як раніше, ніж удостоюємось прихованої частини душі, розкрита частина, – дія, – подібна до мертвого тіла. Тобто головне – удостоїтися прихованої частини, яка в руках Творця.

66. Дарування Тори
Почуто на трапезі в вечір свята Шавуот (1948 р.)

Дарування Тори, яке відбулося біля гори Сінай, не означає, що колись була вручена Тора один раз і більше не вручається. Ніщо не зникає в духовному, адже духовне – категорія вічна і безперервна. Але лише оскільки з точки зору Давця, ми є непридатними для отримання Тори, ми говоримо, що її дарування було припинено з боку Вищого.

Тоді як в той час, при вручненні Тори у гори Сінай, був весь народ Ісраеля готовий до її отримання, як сказано: «І зібралися біля підніжжя гори як одна людина з одним серцем». Тобто весь народ був підготовлений тим, що у всіх був один намір, одна думка, – лише про отримання Тори. А з боку Того, Хто дає немає змін, і Він завжди вручає Тору. Як сказав Бааль Шем Тов, що людина зобов'язана щодня чути десять заповідей з гори Сінай.

Тора називається «еліксиром життя» та «отрутою смерті». І як же можуть бути одночасно дві протилежні властивості в одному?

Але знай, що ми не в змозі нічого збагнути самі по собі, а все що осягаємо, – осягаємо лише зі своїх відчуттів. А дійсність, – яка вона сама по собі, – нас абсолютно не цікавить. Тому саму Тору ми не осягаймо зовсім, а пізнаємо лише свої відчуття. І всі наші враження залежать лише від наших відчуттів.

Тому, коли людина вчить Тору і Тора віддаляє її від любові до Творця, – звичайно ж така Тора називається «смертельною отрутою». І навпаки, якщо Тора, яку вчить людина, наближає її до любові до Творця, – природно, вона називається «еліксиром життя». Але Тора сама по собі, без зв'язку з людиною, котра зобов'язана її осягнути, вважається як світло без клі, яке є таким, що абсолютно не осягається. Тому, коли говорять про Тору, мають на увазі відчуття, які людина отримує від Тори, бо лише наші відчуття диктують нам навколишню дійсність.

Коли людина працює заради себе, це називається «ло лішма». Але з такого стану «ло лішма» (*заради себе*), людина, поступово виправляючись, досягає стану «лішма» (*заради Творця*). Тому, якщо людина ще не удостоїлася отримання Тори, вона сподівається, що отримає Тору в наступному році.

Але після того як людина удостоїлася довершеності, отримавши виправлення «заради Творця», їй більше нема чого робити в цьому світі, – адже вона виправила все, щоби бути у досконалості наміру лішма.

Тому щороку є час дарування Тори, – час, придатний для пробудження знизу (*ітарута де-летата*), адже тоді збуджується час, котрий розкрив перед нижніми світло дарування Тори. І тому є пробудження згори, яке дає сили нижнім зробити необхідні дії виправлення для отримання Тори, як це було тоді.

Звідси випливає, що якщо людина йде по шляху ло лішма (*заради себе*), який призводить до лішма (*заради Творця*), значить вона йде правильним шляхом і зобов'язана сподіватися, що врешті-решт удостоїться досягти «лішма» та отримає Тору.

Але зобов'язана людина остерігатися, щоби не втратити мету, а постійно тримати її перед собою, інакше піде у зворотний бік. Адже тіло – це бажання самонасолодитися і постійно тягне до свого коріння «заради себе», що є зворотним Торі, званої «Древо життя». Тому Тора вважається у тіла «отрутою смерті».

67. Віддаляйся від зла

Почуто по закінченню свята Сукот (1943 р.) в Єрусалимі

Необхідно віддалятися від зла та оберігати чотири союзи.

1. «Союз очей» (*бріт ейнаїм*), який попереджає остерігатися дивитися на жінок. І ця заборона виходить не з того, що може призвести до нехороших бажань, – адже вона поширюється навіть і на столітніх старців, – а виходить з дуже високого кореня, який застерігає, що якщо не буде остерігатися дивитися на жінок, прийде до стану, коли захоче дивитися на Святу Шхіну. І досить тому, хто розуміє.

2. «Союз слова» *(бріт га-лашон)*, який зобов'яже остерігатися в аналізі «правда-брехня», котрий після гріхопадіння Адама є основним, тоді як до гріхопадіння Адама аналіз був «солодке-гірке». А аналіз «правда-брехня» – зовсім інший, і, часом, на початку його буває солодко, а в кінці виявляється гірко. Виходить, що дійсність може бути гіркою, – але все одно правдою.

Тому потрібно остерігатися говорити неправду. І навіть якщо людині здається, що вона неправдива лише з товаришем, необхідно пам'ятати, що тіло – немов машина і, як звикає діяти, так вже і продовжує. І коли привчають його до брехні і обману, то вже не може йти іншим шляхом. А через це і сама людина наодинці сама з собою теж змушена йти на брехню і обман. Виходить, що людина змушена обманювати саму себе і не в силах сказати собі правду, адже не дуже зацікавлена її побачити. І можна сказати, що той, хто думає, що обманює друга, – в дійсності обманює Творця, тому що крім людини, є лише Творець. Адже від початку людина названа створінням лише у власному сприйнятті, оскільки Творець побажав, щоби людина відчувала себе існуючою окремо від Нього. Але насправді «вся земля повна Творцем». І тому, обманюючи товариша, він обманює Творця, і засмучуючи товариша, засмучує Творця.

А якщо людина звикла говорити правду, – це приносить їй користь відносно Творця, – тобто якщо пообіцяє щось Творцеві, то постарається стримати обіцянку, бо не звикла обманювати. Тоді удостоїться, щоби став «Творець її тінню». І якщо людина виконує свої обіцянки, відповідно, і Творець теж виконає свою обіцянку відносно людини, як сказано: «Благословен той, хто говорить і робить».

Існує правило: бути стриманим у розмові, щоб не розкрити своє серце і не дати можливості нечистим силам приєднатися до святості. Адже доки людина остаточно не виправлена, розкриваючи щось сокровенне вона дає нечистим силам можливість звинуватити її перед вищим управлінням. І тоді вони насміхаються над її роботою і кажуть: «Що за роботу вона робить для Всевишнього, якщо вся ця робота – лише заради самої себе?».

І в цьому відповідь на найважче запитання. Адже відомо, що «заповідь тягне за собою іншу заповідь», – так чому ж ми бачимо, що часто людина випадає з духовної роботи? А справа в тому, що нечиста сила засуджує та обмовляє її роботу, а потім спускається і забирає її душу. Тобто вже після того як поскаржилася Творцеві, що робота людини не є чистою, і вона працює заради свого егоїзму, спускається та забирає її живу душу тим, що запитує в людини: «Що дає тобі ця робота?!». І тоді, навіть якщо вже удостоїлася якогось світла живої душі, – знову втрачає його.

І вихід тут тільки в скромності, щоб нечиста сила не дізналася про роботу людини, як сказано: «Серце устами не розкрив». Бо нечиста сила знає лише те, що розкривається розмовою і дією, і лише за це може вчепитися.

І потрібно знати, що страждання і удари в основному приходять до людини через звинувачення, а тому, наскільки це можливо, потрібно остерігатися розмов. Більш того, навіть якщо кажуть про щось повсякденне, теж розкриваються таємниці його серця, як сказано: «Душа його виходить з промовами». І в цьому і полягає «Союз слова», який треба боятися порушити.

А головне – остерігатися під час підйому, оскільки під час падіння важко втриматися на високому рівні та зберегти досягнуте.

68. Зв'язок людини зі сфірот

Почуто дванадцятого Адара (17 лютого 1943 р.)

До гріхопадіння тіло Адама Рішон було з Біни де-Малхут де-Малхут світу Асія. І було воно наповнене світлом НАРАН (нефеш, руах, нешама) світу Брія та НАРАН світу Ацилут.

Після гріхопадіння впало тіло (*бажання*) Адама в мішха де-хівія (зміїна шкіра), кліпу бхіни далет, звану «прахом цього світу». Всередину цього тіла (*егоїстичних бажань*) одягається внутрішнє тіло (*духовні бажання*), – кліпат нога, що складається наполовину з хороших бажань і наполовину з поганих. Всі хороші дії людини відбуваються лише з тіла кліпи Нога.

Займаючись кабалою, людина поступово повертає це тіло до повного добра, а тіло мішха де-хівія відділяється від неї. І тоді вона удостоюється світел НАРАН, відповідно до своїх дій.

Зв'язок світел НАРАН людини зі сфірот.

Світла НАРАН людини походять з малхут трьох сфірот: Біни, Зеір Анпіну і Малхут кожного зі світів АБЄА.

Якщо вона удостоюється НАРАН світла нефеш, то отримує його від трьох малхут: малхут Біни, малхут ЗА і малхут де-Малхут світу Асія.

Якщо вона удостоюється НАРАН світла руах, то отримує його від трьох малхут: малхут Біни, малхут ЗА та малхут де-Малхут світу Єцира.

Якщо вона удостоюється НАРАН світла нешама, то отримує його від трьох малхут: малхут Біни, малхут ЗА і малхут де-Малхут світу Брія.

Якщо вона удостоюється НАРАН світла хая, то отримує це світло від трьох малхут: малхут Біни, малхут ЗА та малхут де-Малхут світу Ацилут.

Тому сказано, що людина розмірковує лише серцем, адже все її тіло вважається серцем. І хоча людина складається з чотирьох видів бажань: неживого, рослинного, тваринного й людського, – але всі вони оселилися в «серці» людини.

Оскільки після гріхопадіння тіло Адама Рішон впало у кліпу мішха де-хівія, – кліпу бхіни далет, звану «прах цього світу», то всі роздуми людини, всі її думки виходять із серця, – тобто з тіла мішха де-хівія.

Коли ж людина долає ці егоїстичні думки за допомогою вивчення кабали і роботи над собою *(що є єдиним засобом для досягнення віддачі Творцю)*, то ці заняття очищають її тіло *(бажання)*, і кліпа мішха де-хівія відділяється від неї. А попередня сила, що штовхала людину до духовного, котра називається кліпат нога і являє собою внутрішнє тіло, яке наполовину складалося з добра, і наполовину – зі зла, зараз цілком стає добром. І тепер людина досягає подібності властивостей з Творцем.

І тоді, в міру своїх дій, людина удостоюється світла НАРАН. Спочатку вона осягає НАРАН світла нефеш світу Асія. Потім, коли виправляє всі бажання, які стосуються світу Асія, вона отримує НАРАН світла руах світу Єцира і т.п., – до досягнення НАРАН світла хая світу Ацилут. І кожен раз виникає нова конструкція в серці людини. Якщо раніше її внутрішнє тіло з кліпи нога було наполовину хорошим, наполовину поганим, то зараз очищається це тіло за допомогою занять кабалою і повністю перетворюється на добре.

Коли в людини було тіло мішха де-хівія, вона повинна була думати й міркувати, виходячи лише з велінь серця. Це означає, що всі її думки були спрямовані лише на те, як наповнити бажання, до яких її змушувала кліпа, і не було в неї ніякої можливості думати й мати намір всупереч бажанням серця. А серце її тоді являло собою мішха де-хівія – найгіршу з кліпот.

Але за допомогою занять кабалою людина удостоюється виправлення, навіть якщо займається не заради віддачі, а заради себе *(ло лішма)*, – однак вимагає і просить Творця, щоб Він допоміг їй, роблячи все, що тільки в людських силах, і очікує милості Творця, який допоможе їй досягти наміру заради віддачі *(лішма)*. А вся винагорода, якої вона вимагає від Творця за свою працю, – це удостоїтися можливості завдати насолоди Творцеві. І в такому випадкові, – як сказано мудрецями: «Світло повертає до джерела».

Тоді очищується тіло мішха де-хівія, тобто відділяється це тіло від людини, і вона удостоюється абсолютно іншої будови – нефеш світу Асія. Так вона примножує свої зусилля та йде далі, доки не набуває будови з нефеш і руах Біни, Зеір Анпіну та Малхут світу Ацилут. І навіть тоді немає в неї ніякого вибору, що дозволяє подумати про щось інше, крім того, до чого зобов'язує її нова духовна будова. Тобто немає в неї можливості розмірковувати ні про що з того, що суперечить її будові, а повинна вона думати та вчиняти дії лише з наміром віддачі Творцеві, – так, як зобов'язує чиста духовна будова.

Зі сказаного випливає, що людина не може виправити свої думки. Вона може виправити лише серце, аби воно було спрямоване до Творця, і тоді всі її думки будуть лише про те, як принести задоволення Творцю. Коли ж вона виправляє своє серце так, щоби воно і його бажання тягнулися лише до духовного, тоді серце стає судиною *(клі)*, в якому воцаряється вище світло. А коли вище світло наповнює серце, серце зміцнюється. І так людина весь час додає свої зусилля і просувається далі.

Тому сказано, що «великим є те вчення, яке призводить до практичних дій». Світло, що отримується при заняттях кабалою, призводить до практичних дій, – тобто це світло повертає людину до джерела, що і є дією. Це означає, що світло створює в її серці нову конструкцію, а колишнє тіло, яке було від Мішха де-хівія, відділяється від неї. І тоді людина удостоюється духовного тіла, коли внутрішнє тіло, зване кліпа нога, яке було наполовину добром, наполовину злом, повністю стає добром. І зараз людина наповнюється світлом НАРАН, якого вона досягла своїми діями, множачи свої зусилля та просуваючись.

А перш ніж отримає людина нову конструкцію, – як би вона не старалася очистити своє серце, воно залишається незмінним. І тоді вона вважається «такою, що виконує волю Творця». І слід знати, що починається робота саме з «виконання Його волі». Однак це не називається досконалістю, оскільки в цьому стані людина не може очистити свої думки, не будучи в силах позбутися від сумнівів, адже серце її – від тіла кліпи, а людина здатна розмірковувати лише згідно з велінням серця.

Тільки світло, одержуване при заняттях кабалою, повертає людину до джерела. І тоді роз'єднувальне тіло відокремлюється від неї, а внутрішнє тіло, кліпа нога, що була наполовину добром, наполовину злом, цілком стає добром. Таким чином, методика кабали призводить до дії завдяки створенню нової будови в людині, що і називається практичною дією.

69. Спочатку буде виправлення всього світу
Почуто в місяці Сіван (червень 1943 р.)

Спочатку досягається виправлення світу, а потім відбувається повне звільнення, тобто прихід Машиаха, коли «побачать очі твої Вчителя твого», «і наповниться земля знанням Творця». Це відповідає тому, що спочатку виправляється внутрішня частина світів, а потім зовнішня частина. Але необхідно знати, що при виправленні зовнішньої частини світів досягається більш високий ступінь, ніж при виправленні внутрішньої частини.

Ісраель відноситься до внутрішньої частини світів, як сказано: «А ви – малий з народів». Але виправленням внутрішньої частини виправляється також зовнішня, навколишня частина, тільки поступово, малими порціями. І кожен раз потроху виправляється зовнішня частина (як «гріш до гроша збирається цілий капітал»), поки вся зовнішня частина не буде виправлена.

Найкраще відмінність між внутрішньою і зовнішньою частинами видна тоді, коли людина виконує якесь виправлення й відчуває, що не всі її органи (бажання) згодні виконувати його. Немов у людини, яка дотримується посту, лише його внутрішня частина згодна з обмеженням, а зовнішня частина страждає від нього, адже тіло завжди знаходиться у протиріччі з душею. Тому тільки душами, а не тілами, відрізняється Ісраель від інших народів. А тілами вони є подібними, адже і тіло Ісраель піклується лише про себе.

І коли виправляються окремі частини, що відносяться до Ісраель, виправиться в цілому і весь світ. Тому, в тій мірі, в якій ми виправляємо себе, в тій же мірі виправляються всі народи світу. І тому сказано мудрецями: «удостоївся – виправляє та виправдовує не лише себе, але й весь світ», а не сказано: «виправдовує Ісраель». Саме «виправдовує весь світ», тому що внутрішня частина виправляє зовнішню.

70. Сильною рукою і гнівом, що зливається
Почуто п'ятого Сівана (8 червня 1943 р.)

Чому написано: «Сильною рукою і гнівом, що зливається, правитиму Я вами» (Пророки, Єхезкель, 20)? Адже ж кажуть, що нема насильства в духовному? Як сказано: «Не Мене прикликав ти, Якове, бо обтяжувався ти Мною, Ісраель...». Тобто, якщо людина виправила свої бажання, робота на Творця з неймовірно тяжкої обертається на насолоду й натхнення. А якщо не виправилася, то «Не Мене закликав ти, Якове...», – значить, це не робота заради Творця. (Пояснення Магіда з Дубни.) Але якщо так, що означає: «Сильною рукою ...буду правити Я вами»?

Хто істинно бажає прийти до роботи заради Творця, щоби злитися з Ним подобою властивостей, увійти в чертог Творця, той не відразу отримує можливість цього. Перевіряють його: можливо, є в ньому й інші бажання, крім бажання злитися з Творцем. І якщо дійсно немає у нього іншого бажання, – дозволяють увійти.

А як перевіряють людину, що є в ній лише одне бажання? Створюють їй перешкоди тим, що дають сторонні думки і підсилають до неї сторонніх людей аби перешкодити, щоб вона покинула свій шлях і пішла в житті як усі. І якщо людина долає всі перешкоди, що виникають перед нею та проривається через них, і неможливо зупинити її та звести зі шляху звичайними перешкодами, то Творець посилає їй армади нечистих сил, котрі відштовхують людину саме від злиття з Творцем, і не від чого іншого. І це називається: сильною рукою Творець відштовхує її. Адже якщо Творець не проявить «сильну руку», – важко відштовхнути людину, тому що є у неї величезне бажання злитися з Творцем, – лише до цього, а не до інших насолод.

Але того, в кому немає достатньо великого бажання, Творець може відштовхнути слабкою перешкодою, – Він посилає людині велике прагнення до чогось в нашому світі. І людина залишає всю духовну роботу, і немає необхідності відштовхувати її сильною рукою.

Але якщо людина долає завади й перешкоди, то нелегко звернути її зі шляху і можна відштовхнути її лише сильною рукою. І якщо людина долає перешкоди й сильну руку Творця, і в жодному разі не бажає зійти зі шляху до Творця, а саме бажає злиття з Творцем та відчуває, що відштовхують її, то людина каже, що Творець «виливає Свій гнів на неї», інакше дозволив би їй увійти. І здається людині, що Творець гнівається на неї і тому не дає їй увійти до Своїх чертогів та злитися з Творцем.

Тому, перш ніж людина бажає зрушити з місця і прорватися до Творця, – немає такого стану аби вона сказала, що Творець гнівається на неї. Лише після всіх відштовхувань, якщо вона не відступає і наполегливо намагається зблизитися з Творцем, коли розкриваються їй «сильна рука і гнів» Творця, – тоді здійснюється сказане: «Буду правити Я вами». Оскільки лише ціною великих зусиль розкривається їй влада Творця і удостоюється вона увійти до Його чертогів.

71. У пітьмі плач, душа моя
Почуто п'ятого Сівана (8 червня 1943 р.)

«У пітьмі плач, душа моя, адже гордій я». Таж пітьма – це наслідок зарозумілості народу Ізраеля. Але чи можна плакати перед Творцем, – адже сказано про Творця: «Сила і радість в Ньому»? Що ж означає «плач» в духовному розумінні?

Плач має місце тоді, коли людина не може допомогти собі. Тоді вона плаче, щоби хтось допоміг їй. А «у пітьмі» означає – в суперечностях, прихованні, нерозумінні, сплутаності, що розкриваються їй. В цьому і є сенс сказаного: «У пітьмі плач, душа моя». Тому що «все у владі небес, крім страху перед Творцем».

І тому сказано: «Плач стоїть всередині дому», – коли світло наповнює лише внутрішню частину клі і не розкривається назовні внаслідок відсутності клі, яке б отримало його, – має місце плач.

Тоді як у «зовнішньому домі», коли світло може світити назовні і відкритися нижчим, то видна «сила й радість в Ньому». А коли не може давати нижнім, то цей стан називається «плач», тому що потребує келім нижніх.

72. Впевненість – вбрання світла

Почуто десятого Нісана (31 березня 1947 р.)

Впевненість – це облачення світла, котре зветься «життя». Згідно з правилом: немає світла поза клі. Тому світло, зване світлом життя, може світити тільки одягнувшись до якогось клі *(бажання)*. А бажання, котре заповнене світлом життя, називається «упевненістю», оскільки людина бачить, що будь-яку найважчу дію вона в змозі зробити. Виходить, що світло пізнається і відчувається в цьому клі впевненості. Тому міра життя людини визначається мірою відчуття нею впевненості *(мірою світла, яке світить в клі)*, бо відчута нею впевненість і визначає міру життя в ній.

Тому людина може бачити сама, що весь час, поки вона знаходиться у відчутті життя, – впевненість світить їй у всьому, і не бачить нічого, що могло б перешкодити їй у досягненні бажаного. А все тому, що світло життя, – тобто сила з висі, – світить людині і передає їй сили, котрі є «вищими за людські», адже вище світло необмежене у своїх можливостях на відміну від матеріальних сил.

Коли ж світло життя зникає з людини, що відчувається як втрата міри життєвої сили, людина стає розумником і філософом, і кожну свою дію вона оцінює: чи варто її робити, чи ні. І стає вона обережною й розважливою, а не палаючою та стрімкою, як раніше, коли почала опускатися з сильного життєвого рівня. Але не вистачає розуму людині, щоби зрозуміти, що вся її премудрість й хитрість, з якими судить зараз про кожне явище, з'явилися саме тому, що зникло з неї світло життя, яке колись наповнювало її. І тому людина думає, що стала розумною, – не те, що раніше, як було до втрати світла життя, коли була вона стрімкою й нерозважною.

Однак необхідно знати, що вся мудрість, яка є зараз у людини, отримана від того, що зникло з неї світло життя, котре наповнювало її раніше. Адже світло життя, яке раніше давав їй Творець, було мірою всіх її дій. А зараз, коли людина знаходиться в стадії падіння, нечисті, егоїстичні сили *(сітра ахра)* отримують можливість з'являтися до неї з усіма своїми нібито справедливими претензіями.

І тут можна дати єдину пораду: чоловік повинен сказати собі: «Зараз я не можу розмовляти зі своїм тілом і сперечатися з ним, тому що я – мертвий. І я чекаю на воскресіння цього мертвого тіла. А поки я починаю працювати «вище розуму», – тобто я говорю своєму тілу, що у всіх своїх претензіях ти є правим і, відповідно до розуму, – нічим мені заперечити тобі. Але я сподіваюся, що почну працювати заново. А зараз я приймаю на себе тягар Тори й заповідей *(роботу з наміром «заради Творця»)* і стаю «гером», про якого сказано: «Гер є подібним до народженого заново». І я чекаю від Творця свого порятунку *(від егоїзму)*, вірячи, що Він обов'язково допоможе мені, і я знову повернуся на прямий шлях до Нього.

А коли знову знайду духовні сили, – то буде в мене, що відповісти тобі. Поки ж я зобов'язаний йти вище знання, тому що не вистачає мені святого *(заради Творця й віддачі)* розуму. Тому ти можеш, тіло моє, в цьому стані перемогти мене своїм розумом. Тож немає в мене іншого шляху, як тільки вірити в мудреців, які вказали мені виконувати Тору й заповіді *(тобто виправлення віддачею)* вірою вище мого розуму та перебувати у впевненості, що силою віри я удостоюся допомоги з висі, як сказано: «Тому, хто прийшов виправитися – допомагають».

73. Після скорочення

Почуто в 1943 р.

Після скорочення («*цимцум алеф*») стали 9 перших сфірот («*тет рішонот*») місцем святості, а малхут, на яку було зроблене скорочення, утворила місце для світів, що складаються з:

1) порожнього простору (*маком халаль*), – місця для кліпот, егоїстичних бажань «заради себе»;

2) місця вільного вибору (*маком мануй*), – вільного для внесення в нього того, що вибирає людина: святість або, не дай Бог, навпаки.

А до скорочення всю світобудову заповнювало одно просте світло. І тільки після скорочення з'явилася можливість вибору: робити добро чи зло.

І якщо обирають добро, сходить в це місце вище світло, – про що сказано у Арі, що світло Нескінченності світить нижчим. Нескінченністю називається бажання Творця завдати насолоди створінням. І хоча є багато світів, десять сфірот, безліч імен, але все виходить з Нескінченності, званої «задум творіння».

А ім'я кожної сфіри або світу вказує на особливість розповсюдження світла з Нескінченності через певну сфіру або певний світ. І справа в тому, що не в змозі нижчий отримати світло без попередньої підготовки та виправлення, які зроблять його здатним отримати це світло. Виправлення, котрі необхідно виконати людині аби зуміти отримувати світло згори, називаються «сфірот».

Тобто в кожній сфірі вміщене своє особливе виправлення. Тому є безліч таких виправлень, які існують лише щодо тих, хто отримує з висі світло, адже нижній отримує світло з Нескінченності за допомогою цих виправлень, які пристосовують його до отримання. І в цьому сенсі мовиться про те, що отримує він світло від певної сфіри. Але в самому світлі немає ніяких змін.

Звідси зрозумій, чому своєю молитвою до Творця ми звертаємося до світла Нескінченності, яке зветься «Святий, Благословенне Ім'я Його». Адже це – зв'язок між нами і Творцем, званий «Його бажання завдати насолоди створінням». І хоча в намірі молитви вміщені безліч імен, сенс у тому, що світло сходить і наповнює нижчих за допомогою виправлень, які перебувають в іменах, тому що саме за рахунок виправлень, які знаходяться в іменах, може перебувати це світло в нижніх.

74. Світ, рік, душа
Почуто в 1943 р.

Відомо, що немає нічого «існуючого» без того, щоби хтось не відчував його. Тому, коли ми кажемо «нефеш де-Ацилут», ми маємо на увазі, що в певній мірі осягаємо низхідне вище світло, і цю міру ми звемо «світло нефеш».

А світ означає правило даного пізнання, – тобто всі душі осягають однакову картину, і кожен, хто осягає певний ступінь, – осягає це ім'я, зване «нефеш». Це означає, що не якась одна людина пізнала дану картину, – а на кожного, хто приходить на цей духовний ступінь, неодмінно, згідно з його індивідуальною підготовкою та виправленням, виливається вище світло в тому ж самому виді, званому «нефеш».

Це явище можна зрозуміти з прикладу нашого світу: коли один каже іншому, що йде в Єрусалим, і вимовляє ім'я міста, – то всі знають це місто. І ніхто не сумнівається, про яке місце йдеться, тому що всі, хто побував у цьому місці, вже знають, про що йде мова.

75. Майбутній світ і цей світ
Почуто на святковій трапезі на честь обрізання, в Єрусалимі

Є майбутній світ, і є цей світ. Майбутній світ називається «віра», а цей, нинішній світ, називається «пізнання».

Про майбутній світ сказано: «Будуть їсти та насолоджуватися», – тобто в тому стані насолоджуються безмежно, тому що отриманню з вірою – немає меж.

Але отримання за рахунок пізнання має межі, тому що відбувається в самому створінні, а створіння обмежує одержуване. Тому стан «цей світ» – обмежений.

76. До кожної пожертви додай сіль

*Почуто тридцятого Шевата на трапезі
на честь завершення шостої частини, в Тверії.*

Зазначено в Торі: «До всіх твоїх жертвувань Мені – додавай сіль». Це означає «Союз солі». І по суті, союз – ніби проти розуму. Адже якщо двоє роблять добре один одному під час, коли панує між ними дружба і любов, то немає необхідності в укладанні угоди або союзу.

Але, разом з тим, ми бачимо, що саме в той час, коли між людьми панує любов і вона явно виражається в їхніх вчинках, прийнято укладати угоди та союзи. Тому що угоди та союзи укладаються не для теперішнього часу, а для майбутнього. І якщо в майбутньому відносини зіпсуються, і не всім серцем вони будуть один з одним, то вже заздалегідь існує угода, яка зобов'яже їх згадати укладений між ними союз, щоб і в цьому стані продовжити обопільну любов.

І в цьому сенс сказаного: «До всіх твоїх жертвувань Мені – додавай сіль». Тобто всі зусилля і жертви в роботі заради Творця повинні супроводжуватися укладенням «Союзу солі – вічного перед Творцем».

77. Душа людину вчить

Почуто восьмого Елуля (24 серпня 1947 р.)

«Душа людини вчить її».

Відомо, що Тора вивчається лише для потреб душі, тобто – тими, хто вже досягнув своєї душі. Але, все ж таки, і вони повинні прагнути й шукати те, що розкривається в Торі іншими душами аби вчитися від них новим шляхам, які пропонують стародавні кабалісти зі своїх розкриттів в Торі. Від цього й кабалісти що вчаться від них, зможуть легко підніматися по вищих ступенях осягнення, переходячи з їхньою допомогою з рівня на рівень.

Але є Тора, яку заборонено розкривати, тому що кожна душа зобов'язана сама зробити вибір, аналіз і виправлення, а не хтось інший замість неї та заради неї. Ось чому доки душі не закінчили свою роботу, заборонено розкривати їм цю Тору. Тому великі кабалісти приховують багато своїх осягнень. Але в усьому іншому, крім цього, є велика користь для душ у вивченні й отриманні розкриття інших кабалістів.

Душа людини вчить її, – як і що отримувати та використовувати на допомогу від розкриттів Тори іншими кабалістами, а що – розкривати самому.

78. Тора, Творець та Ісраель – одне ціле
Почуто в місяці Сіван (червень 1943 р.)

«Тора, Творець і Ісраель – одне ціле».

Тому, коли людина вчить Тору, вона повинна вивчати її лішма (*не заради себе, а тільки заради Творця*), – тобто вчити з наміром, аби Тора навчила її, бо слово «Тора» означає «навчання». І оскільки «Тора, Творець та Ісраель – одне ціле», Тора навчає людину шляхам Творця, – тому, як Творець вбирається в Тору й ховається в ній.

79. Ацилут і БЄА

Почуто п'ятнадцятого Тамуза в перший день тижня (глави) Пінхас (18 липня 1943 р.)

Ацилут – це вище від хазе парцуфа, бажання, що віддають (*келім де-ашпаа*).

БЄА (*Брія, Єцира, Асія*) – отримання заради Творця.

Підйом Малхут в Біну.

Оскільки людина вся знаходиться під владою бажання самонасолодитися, вона не в змозі зробити жодної дії, якщо ця дія не «заради себе». Тому сказано мудрецями: «Від ло лішма приходять до лішма» (*від наміру заради себе приходять до наміру заради Творця*). Тобто починають заняття Торою заради вигоди в цьому світі, а потім вчать також заради вигоди в майбутньому світі. І якщо людина вчить так, то повинна прийти до навчання заради Творця, заради Тори, – лішма, – щоби Тора навчала її шляхам Творця.

І перш за все вона зобов'язана набути виправлення Малхут за допомогою Біни *(що зветься: «підсолодити Малхут Біною»)*. Тобто підняти Малхут, – бажання отримувати насолоди, – в Біну, бажання віддавати, аби вся її робота була лише заради віддачі.

І …миттєво настає темрява! Пітьма в усьому світі для людини, тому що тіло дає енергію лише для отримання, а не для віддачі. У такому випадку немає іншого виходу, як тільки молитися Творцеві аби світлом Своїм допоміг людині працювати заради віддачі.

І про це сказано: «МІ запитує». «МІ» – називається Біна. А «запитує» – від висловлення: «Запитують (просять) про дощ», – що означає молитву про силу Біни, з проханням про яку треба звертатися до Творця.

80. Спиною до спини
Лицьова і зворотна сторони.

Лице, передня сторона означає альтруїстичне отримання світла або його віддачу, випромінювання. А негативний, зворотний до цього стан, називається спиною, зворотною стороною, коли неможливо ані отримувати заради віддачі, ані віддавати.

Коли людина починає свою духовну роботу, вона знаходиться в стані «спина до спини», оскільки ще перебуває в своїх егоїстичних бажаннях, і якщо отримає світло, – насолоду в ці бажання, – то зашкодить світлу, оскільки виявиться зворотною йому. Адже світло виходить зі свого джерела, яке лише віддає. Тому одержувачі використовують келім де-Іма, звані зворотною стороною, – тобто не бажають отримувати аби не нашкодити собі. І також Творець не дає їм світла, виходячи з того аби не завдати їм шкоди. Світло стереже себе, щоби отримувачі його не зашкодили йому, і тому цей стан називається «спиною до спини».

Тому сказано, що в кожному місці, де відчувається відсутність досконалості й нестача, є можливість нечистим силам присмоктатися та отримувати. Оскільки це місце ще не очистилося від егоїстичного бажання *(авіюту)* і там неможливо відчути світло та довершеність. Адже вище світло перебуває в постійному спокої та знаходиться скрізь, і тільки-но створюється виправлене екраном місце *(бажання)*, негайно заповнюється воно вищим світлом. А якщо є відчуття нестачі вищого світла, то, звичайно, залишається бажання *(авіют)*, вся основа якого в прагненні насолодитися.

81. Підйом МАН

Внаслідок розбиття бажань *(шбірат келім)*, впали іскри *(уламки екрану та відбитого світла)* в світи БЄА. Але там іскри, що впали, не в змозі пройти виправлення. Виправлення можливе лише за умови, якщо вони піднімуться у світ Ацилут.

А коли людина здійснює добрі діяння з наміром заради Творця *(віддача за допомогою екрану)*, а не заради себе, тоді піднімаються ці іскри в світ Ацилут. Там вони включаються до екрану вищого, що знаходиться в голові ступеню, який перебуває в постійному злитті *(зівузі)* зі світлом. Тільки-но іскри включаються в екран, він здійснює зівуґ *(злиття з вищим світлом)* на ці іскри. І світло, яке народилося від цього зівуґу, розповсюджується вниз в усі світи в мірі, що викликана цими іскрами.

Це є подібним до процесу освітлення екрану *(ослабленню екрану, іздахехут масах)* в світі Акудім, коли світло зникає з ґуф внаслідок підйому екрану разом з решімо від табуру в пе де-рош. Причина ж у тому, що коли створіння припиняє отримувати світло внаслідок послаблення екрану і звільняється від авіюту *(сили бажання)*, то масах де-ґуф піднімається назад в пе де-рош. Адже він раніше зійшов у ґуф *(тіло)* лише тому, що світло поширилося згори униз, – тобто в келім отримання *(бажання)*. А рош *(голова)* парцуфу завжди вважається такою, що діє «знизу нагору», бо противиться отриманню, розповсюдженню світла.

Тому тільки-но ґуф перестає отримувати світло згори униз внаслідок відсутності екрану, котрий послаб від зіткнення внутрішнього й навколишнього світел, це означає, що масах де-ґуф *(екран тіла)* звільнився від авіюту *(використання бажань, товщини)* і піднімається зі своїми решімо *(записами про минулий стан)*.

Також коли людина займається Торою й заповідями заради Творця, а не заради себе, то іскри піднімаються знизу вгору, з рівня на рівень, в масах де-рош *(екран голови)* світу Ацилут. І коли включаються в цей масах, народжується парцуф відповідно до величини екрану, і додається світло в усіх світах. І людина, котра викликала піднесення й світло в усіх світах, також отримує світіння.

82. Молитва, яка потрібна завжди
Почуто наодинці, в тиждень (глави) Ваєра (листопад 1952 р.)

Віра відноситься до Малхут, яка означає розум і серце, тобто віддачу й віру. А властивість, що є протилежною вірі, називається «орла» *(крайня плоть)* і означає знання. І людині властиво дорожити властивістю «орла». Тоді як віра, яка називається властивістю Святої Шхіни, скинута у прах. Тобто така робота викликає презирство, і всі намагаються уникнути цього шляху. Але лише він називається шляхом праведників і святості.

Творець бажає, щоби саме таким шляхом створіння розкрили Його Імена *(властивості)* тому, що тоді безумовно не зашкодять вищому світлу, – адже будуть ґрунтуватися лише на віддачі й злитті з Творцем. І в цьому випадкові не зможуть присмоктатися тут нечисті бажання, які годуються лише від отримання та від знання.

Але в тому місці, де панує орла, не може Шхіна отримати вище світло, щоби не впало це світло у кліпот. І тому страждає Шина, – адже не може увійти до неї вище світло для його передачі душам.

І тут все залежить лише від людини. Адже вищий може лише передати вище світло, але сила екрану, – тобто небажання нижнього отримувати егоїстично, – залежить від роботи самої людини. Саме ми самі зобов'язані прийняти це рішення.

83. «Вав» права та «вав» ліва
Почуто дев'ятнадцятого Адара (24 лютого 1943 р.)

Є властивості: «Це» і «Ця». Моше називається «Це» тому, що він «Друг Царя». Решта пророків відносяться до «Ця», або – до властивості «куф-гей» («ко»), про що говорить «яд-ко» (*рука твоя*), ліва буква «вав».

А є права буква «вав» – «зібрання букв заїн», «що об'єднують дві букви вав» як «один, який включає їх до себе», в чому полягає таємниця «йуд-гімел» (*числа 13*), котрі вказують на повний духовний ступінь.

Є правий вав і лівий вав[5]. Правий вав називається Древом життя, а лівий вав називається Древом пізнання, де знаходиться захищене місце. А дві ці букви вав називаються йуд-бет (*дванадцять*) суботніх хлібів: шість в ряд і шість в ряд, що означає тринадцять виправлень, котрі складаються з дванадцяти і ще одного, яке поєднує в собі їх всі, що зветься удача й «очищення». А також воно включає тринадцяте виправлення, зване «і не буде очищене»[6], – тобто зібрання букв заїн, де «заїн» означає Малхут, котра містить їх у собі. А доки вона не удостоїться такого виправлення, коли «не повернеться більше до глупоти своєї», називається «і не буде очищена». А той, хто вже удостоївся, щоб «не повернутися більше до глупоти своєї», називається «очищеним».

І в цьому сенс слів пісні: «Скуштуємо смак дванадцяти суботніх хлібів – це буква в імені Твоєму, подвійна й слабка». А також: «Буквами вав будеш пов'язана, а букви заїн зберуться в тобі». «Буквами вав будеш пов'язана» означає, що відбувається з'єднання властивостей двома буквами вав, які символізують дванадцять суботніх хлібів, що представляють «букву в імені Його».

Буква – це основа, і сказано про неї, що вона подвійна й слабка, тому що буква вав – подвоєна, і ліва буква вав називається «Древом пізнання», де знаходиться захищене місце. І тому стали вони слабкіші (що називається «легші»), і так утворюється місце, де можна легко працюва-

---
5   Мова йде про звучання івритської букви "вав", при вимові якої чутні дві букви "в", – "В-а-В". Написання букви "вав" у вигляді слова включає в себе дві букви "вав", зліва і справа (וו).

6   ...Гріх очищає і не очистить... (Шмот, 34:7)

ти. А якби не було б цього подвоєння від з'єднання з Древом пізнання, то довелося би працювати з правим «вав», який означає Древо життя, і хто б тоді зміг піднятися, щоб отримати світло мохін *(розуму)*? Тоді як лівий вав дає охорону, під якою весь час знаходиться сама людина. І завдяки цій охороні, яка приймається нею вірою вище знання, її робота стає бажаною. Тому це називається «послабленням», адже це легко, тобто з легкістю можна знайти місце для роботи.

Таким чином, в яких би станах не знаходилася людина, вона завжди може бути робітником Творця, бо вона ні в чому не має потреби, а все робить вище знання. Виходить, що не потрібен їй ніякий розум *(мохін)* для того, щоб з ним працювати на Творця.

І цим пояснюється сказане: «Ти накриваєш переді Мною стіл на очах у ворогів Моїх» (Псалом 23). Де «стіл» *(шульхан)* від слова «відішле її» *(шільха)*, як написано: «І відішле її з дому свого, вийде вона з його дому та піде» (Тора, Дварім, Кі-теце, 24), – тобто вихід з духовної роботи.

Це означає, що навіть під час виходу з духовної роботи, – тобто в стані падіння, – все одно є в людини можливість працювати. Людина долає свої падіння вірою вище знання і каже, що і падіння теж дане їй з висі, і завдяки цьому зникають вороги. Адже ці вороги думали, що через падіння людина прийде до відчуття своєї повної нікчемності та втече з поля бою. А в підсумку вийшло навпаки, і самі вороги зникли.

У цьому сенс слів: «Стіл, що перед Творцем». І саме завдяки цьому людина отримує розкриття лику Творця. А суть в тому, що людина підкоряється всім судам й обмеженням, навіть найбільшим, приймаючи на себе владу Творця на всі часи. І так вона завжди знаходить собі місце для роботи, як написано, що рабі Шимон Бар Йохай сказав: «Нема де мені сховатися від тебе».

84. І вигнав Адама з раю аби не взяв від Древа життя

Почуто двадцять четвертого Адара
(19 березня 1944 р.)

І запитав Творець Адама: «Де ти?». І відповів він: «Голос Твій почув я... і злякався, бо нагий я, і сховався». І сказав Творець: «Як би не простяг він своєї руки, і не взяв з Древа життя»... І вигнав Адама. (Тора, Берешит)

Що ж це за страх, котрий напав на Адама, який виявив свою наготу, – настільки, що змусив його сховатися? Справа в тому, що перш ніж скуштував від Древа пізнання, Адам живився від Біни, і це – сама свобода. А потім, скуштувавши від Древа пізнання, – він побачив, що нагий, і злякався, що може прийняти світло Тори та використовувати його егоїстично, що називається «для потреб пастухів Лота». А поняття «пастухи Лота» є протилежним вірі вище знання, званої «пастухи Авраама», при якій людина, удостоюючись розкриття світла Тори, не використовує його для обґрунтування своєї роботи.

Але людина, яка промовляє, що вже не потребує зміцнення віри тому, що світло Тори служить їй основою для роботи, – відноситься до «пастухів Лота», котрий належить до «проклятого світу» і означає прокляття. На противагу вірі, що є благословенням. Людина ж повинна сказати, що саме коли вона йде вірою вище знання, відкривається їй світло Тори для підтвердження правильності такого шляху. Але вона не потребує цього світла в якості підтримки, – щоби працювати всередині знання. Адже таким чином приходять до клі отримання, на яке було скорочення, а тому це називається проклятим місцем, а Лот означає «проклятий світ».

Тому запитав Творець Адама: «Чому боїшся ти взяти це світло? З побоювання, що можеш нанести шкоду (*отримати заради себе*)? Але хто сказав тобі, що ти нагий? Видно це через те, що з'їв ти від Древа пізнання, і тому з'явився в тобі страх! Адже поки ти куштував від всіх інших дерев Райського саду, тобто використовував світло як «пастухи Авраама» (*заради Творця*),- не боявся ти нічого!».

І вигнав Творець Адама з раю аби «не простяг він своєї руки, та не взяв плід і від Древа життя». А страх був від того, що він зробить виправлення і включиться до Древа життя та не стане виправляти гріх від куштування з Древа пізнання. Але ж якщо прогрішив на Древі пізнання, то саме його і повинен виправити.

Тому вигнав Творець Адама з Райського саду, щоби виправив гріх Древа пізнання, а потім з'явилася б у нього можливість знову увійти в Райський сад.

Суть «Райського саду» *(Ган Еден)* – в підйомі Малхут в Біну, де вона може отримати світло Хохма, зване «Рай» *(Еден)*. Малхут же зветься «Сад» *(Ган)*, а Малхут, яка наповнена світлом Хохма, називається «Райським садом» *(Ган Еден)*.

85. Плід чудового дерева
Почуто в перший напівсвятковий день Сукота (27 вересня 1942 р.)

Написано: «І візьміть собі в перший день плід чудового дерева, пальмові віття, паростки дерева густолистого й річкової верби» (Тора, Емор, 23).

Що таке «плід чудового дерева»? «Дерево» означає праведника, який називається «дерево в полі». Плоди – це те, що народжується деревом, тобто плоди праведників, – їхні добрі справи. І повинні вони бути прикрасою його дерева з року в рік, тобто протягом всього року: «шість місяців у мирровій олії і шість місяців у пахощах» (як сказано в «Мегілат Естер»), і досить тому, хто розуміє.

Тоді як грішники – немов «потерть, що розноситься вітром».

Пальмові гілки *(пальмові «лапи»)*, дві долоні, – це дві літери «гей» імені Творця АВАЯ. Перша «гей» *(Біна)* і друга «гей» *(Малхут)*, за допомогою яких удостоюються «золотої судини, повної ладану». Гілки, лапи *(«капот»)* – від слова «насильство» *(«кфія»)*, коли людина насильно приймає на себе владу Творця. Тобто навіть хоча її розум не згоден з цим, але вона йде «вище розуму» і це називається «насильницьке злиття».

Пальми *(«тмарім»)* від слова «страх» *(«море»)*, що означає «трепет» *(«ір'а»)*, – як сказано: «Зробив Творець так аби тремтіли перед Ним». І тому пальмова гілка називається «лулав». Адже доки людина не удостоїлася злиття з Творцем, є в неї два серця, що називається «ло лев» (*«немає серця»*), тобто вона не посвячує своє серце Творцеві. А коли удостоюється властивості «ло» (*Йому*), від чого стає «серце Творцю», то називається «лулав».

А також повинна людина сказати: «Коли стануть мої діяння подібними до діянь отців моїх», внаслідок чого вона удостоюється стати «гілкою дерева святих праотців» (*ті ж слова означають: «відросток дерева густолистого»*), – трьох гілок мирта, званих «адасім».

Але, разом з тим, необхідно досягти стану «гілок річкової верби», які позбавлені смаку й запаху. І треба бути щасливим та радіти подібному станові в роботі Творця, хоча не відчуває в ній людина ані смаку, ані запаху. Лише у такому вигляді називається робота «Буквами Єдиного Імені», тому що завдяки їй удостоюються повного єднання з Творцем.

86. І побудували убогі міста
Почуто від мого батька і вчителя третього Шевата (31 січня 1941 р.)

Мовлено (*в Торі*) в главі Шмот, що євреї побудували в Єгипті убогі міста для фараона – Пітом і Рамсес. Але чому ж в іншому місці сказано, що це були чудові міста? Адже «убогість» означає бідність та злиденність, а до того ж ще й небезпека (*убогий і небезпека – співзвучні слова*).

І ще незрозуміло, – коли питав праотець Авраам Творця: «Де впевненість в тому, що успадкують мої нащадки велику землю?» (Тора, глава Лех Леха). І що ж відповів йому на це Творець? Сказав Авраамові: «Знай, що будуть нащадки твої у вигнанні – страждати від рабства і зазнавати принижень чотириста років». І як зрозуміти це, адже Авраам хотів отримати впевненість у майбутньому своїх дітей, а Творець не обіцяв йому для них нічого, крім вигнання? Однак Авраам нібито заспокоївся такою відповіддю.

Але ж ми бачимо, що коли Авраам сперечався з Творцем про жителів Содому, – довго тривав цей спір, і кожен раз він заперечував: «А може бути…». А тут, коли Творець сказав, що будуть його нащадки у вигнанні, він тут же вдовольнився відповіддю і не було в нього ніяких заперечень, а прийняв це як обіцянку про спадкування землі.

◆ ШАМАТІ • ПОЧУТЕ ◆

І треба зрозуміти цю відповідь, а також, – чому сказано, що Фараон наблизив євреїв до Творця. Як це можливо, щоби закінчений грішник Фараон побажав зблизити євреїв з Творцем?

Сказано мудрецями, що в майбутньому, в кінці виправлення всього творіння, Творець приведе злу основу людини («ецер ра») та заріже її на очах у праведників та грішників. Праведникам здається зла основа людини великою і сильною, – як велика гора, а грішникам – як тонка нитка. І одні плачуть, й інші плачуть. Праведники вигукують: «Як же ми змогли підкорити таку високу гору!», а грішники вигукують: «Як же ми не могли подолати таку тонку нитку?!» (трактат Сукка, 52).

І сказане викликає одні суцільні питання:

1. Якщо вже зарізана зла основа людини, – звідки ще існують грішники?

2. Чому плачуть праведники, адже вони, навпаки, повинні радіти?

3. Як можуть одночасно існувати такі протилежні думки про злу основу людини, – від величезної гори до тонкої нитки, – якщо мова йде про стан повного виправлення злої основи людини, коли правда стає ясною кожному?

Сказано в Талмуді, що зла основа людини спочатку видається як тонка павутинна нитка, а потім, як товста голобля. Як сказано: «Горе вам, що тягнуть гріх мотузками брехні, і вину – немов голоблями возовими».

Необхідно знати, що духовна робота, яка дана нам Творцем, будується на принципі віри вище знання. І це зовсім не тому, що ми не здатні на більше та змушені приймати все на віру. Хоча цей принцип здається нам принизливим й невартим, і людина сподівається, що колись зможе звільнитися від віри вище знання. Насправді ж, це дуже високий й важливий духовний ступінь, нескінченно піднесений. Нам же він здається низьким лише в силу нашого егоїзму. Егоїстичне бажання складається з «голови» й «тіла». «Голова» – це знання, а «тіло» – це отримання. Тому все, що суперечить знанню, відчувається нами як ниці та тваринне.

Звідси зрозумілим є питання Авраама до Творця: «Де впевненість в тому, що нащадки мої здобудуть Святу землю *(тобто вийдуть в духовний світ)*»? Адже як зможуть вони прийняти віру, якщо це проти їхнього знання? А хто в силах йти проти *(вище)* знання? І як же тоді отримають вони світло віри, від якого лише і залежить досягнення духовної досконалості?

І на це відповів йому Творець: «Знай, що будуть нащадки твої у вигнанні». Тобто Творець пояснює Аврааму, що Він вже заздалегідь приготував нечисту силу, підлу і злу основу людини, Фараона – Царя Єгипетського. Слово «фараон» (*«паро»*) складається з тих же букв, що і «потилиця» (*«ореф»*), а Єгипет (*«Міцраїм»*) можна прочитати як «мецер-ям» (*морський перешийок*). Як пише Арі в книзі «Врата намірів» в главі про свято Песаху, що «фараон» присмоктується до людини, до його «потилиці», і висмоктує собі все благо, яке сходить згори до людини, – тим, що задає людині запитання: «Хто такий Творець, що я повинен слухати його голосу?». Людина чує це запитання в собі як власне. І тільки-но чує його в собі, негайно опиняється під владою Фараона, злої, егоїстичної основи людини, – про що сказано: «Не вклоняйтеся чужим богам». Але лише одним цим зверненням, одним цим питанням, ми негайно переступаємо ту заборону: «Не вклоняйтеся...».

Егоїстичні бажання людини, звані Фараон, бажають висмоктувати світло з бажань віддачі, і тому сказано, що Фараон наблизив синів Ісраеля до Творця. Але як це можливо, щоби нечисті сили допомагали набути святості, адже вони повинні віддаляти людину від Творця? І пояснює книга Зогар, що саме так вчинюється вкритий злочин, – немов удар змія, який негайно ховає голову в своєму тілі. Адже це таємний злочин, в якому міститься сила змія, що жалить людей і приносить смерть у світ, поки ще перебуває в повній силі, і неможливо відвернути його. Це немов змій, який кусає людину і негайно ж ховає голову свою в тіло, і вбити його тоді неможливо.

А ще написано в Зогарі, що часом змій пригинає голову і вдаряє своїм хвостом. Тобто він дозволяє людині прийняти на себе тягар віри, яка називається вірою вище знання, що означає «пригинання голови». Але при цьому «вдаряє хвостом». «Хвіст» означає «підсумок». Тобто він пригинає голову лише для того, щоб потім отримати все заради свого задоволення. Спочатку він дає людині дозвіл прийняти на себе віру, але тільки для того, аби потім прибрати все до своєї влади. Адже кліпа знає, що немає іншого способу отримати світло, як тільки за рахунок святості.

ШАМАТІ • ПОЧУТЕ

У цьому і полягає сенс сказаного, що Фараон наблизив синів Ісраеля *(бажаючих духовно піднестися)* до Творця, щоби потім забрати у них все до свого володіння. І про це пише Арі, – що Фараон перехоплював все вище світло, котре сходило до нижніх, і забирав все задля власного задоволення. І в цьому сенс слів: «І побудували убогі міста», які були убогими саме для Ісраель. Адже скільки вони не докладали зусиль у вигнанні, – все забирав собі Фараон. І залишався народ Ісраеля бідним.

А є другий сенс у слові «убогий»: від слова «небезпека», – адже відчули себе у великій небезпеці, що можуть залишитися в такому стані на все своє життя. Але для Фараона робота Ісраеля була плідною, як сказано, що міста Пітом і Рамсес були гарними й прекрасними. Тому сказано, що побудували вони убогі міста – для Ісраеля, а для Фараона – прекрасні міста Пітом і Рамсес, тому що все, зароблене Ісраелєм, падало до нечистих сил, до кліпот. Ісраель же не бачили нічого хорошого від своєї роботи.

І коли збільшували сини Ісраеля свої зусилля в святості, у вірі й віддачі, то з'являлося у них, як наслідок їхніх зусиль, духовне. Але, тільки-но падали до знання й отримання, так відразу ж потрапляли під владу нечистих бажань Фараона. І тоді прийшли вони до остаточного рішення, що рабство має бути лише у вигляді віри вище знання та віддачі.

Але бачили вони, що немає в них сил самостійно вийти з-під влади Фараона. Тому сказано: «І вони заволали сини Ісраеля від цієї роботи», адже злякалися, що можуть залишитися в вигнанні назавжди. І тоді «Почутий був їхній голос Творцем», а тому удостоїлися вийти з вигнання. Але перш ніж побачили, що знаходяться у владі кліпот, нечистих бажань, і стало їм боляче та страшно, що можуть залишитися там назавжди, – не було у них потреби звертатися до Творця аби допоміг їм вийти з егоїзму. Адже не відчували шкоди, яку приносять їм ці егоїстичні бажання, які заважають їм злитися з Творцем. А інакше, – людині важливіша робота заради «знання й отримання», тоді як робота у вигляді «віри й віддачі» здається їй низькою і не шанованою. А тому воліють «знань та отримання», до яких зобов'язує людину її земний розум.

Тому Творець приготував синам Ісраеля вигнання, аби відчули, що немає у них ніякого просування до Творця, і вся їхня робота поглинається нечистими бажаннями *(кліпот)*, званими «Єгипет». І тоді побачили, що немає іншого шляху, як тільки прийняти на себе низьку й не шановану в їхніх очах роботу у «вірі вище знання» та прагнення до віддачі. А інакше вони залишаться у владі нечистих сил.

Виходить, що прийняли вони віру, оскільки бачили, що немає іншого шляху, і тільки тому погодилися на цю принизливу роботу. І називається це роботою, що залежить від результату. Тому що прийняли цю роботу лише для того, щоб не впасти у владу нечистих сил. Але якби зникла ця причина, то зникла б, звичайно, і потреба в роботі. Тобто якби зник егоїзм, який постійно постає нечисті думки, від яких вони падають до влади нечистих сил, порушуючи заборону поклонятися чужим богам, то не було б необхідності і в цій принизливій для них роботі.

Звідси зрозуміємо сказане мудрецями: «Егоїзм, зла основа людини, спочатку є подібною до тонкої павутини, а в кінці стає – ніби голоблі возові».

Відомо, що прогрішити можна:
- з примусу,
- помилково,
- зі злого наміру.

Егоїстичне бажання отримувати насолоди від самого початку знаходиться в людині і тому визначається як примус, тому що не в силах людина анулювати його. А тому вважається не злочинним гріхом (*«хет»*), а мимовільним прогріхом (*«авон»*), адже людина мимоволі змушена виконувати вказівки цього бажання в собі. Як написано: «Горе вам, що тягнуть мимовільний гріх мотузками брехні…». Неможливо відштовхнути від себе це бажання, або зненавидіти його, тому що людина не відчуває його як злочин. Але з цього невеликого гріха потім виростає злочинний гріх, вагою з возові голоблі. І з цього егоїстичного бажання народжуються потім кліпот – ціла система нечистих світів, яка є подібною та паралельною чистій системі (як сказано: «Одне навпроти іншого створив Творець»), звідки й походить зла основа людини. Тобто все це народжується з бажання, подібного до тонкої ниті.

А оскільки вже розкрилося, що це гріх, – то стає зрозумілим, як необхідно стерегти себе від найтоншої нитки егоїзму. І тоді вони розуміють, що якщо бажають увійти в духовне, – немає іншого шляху, як тільки прийняти на себе принизливу роботу у вірі та віддачі. А інакше бачать, що залишаться під владою Фараона, Царя Єгипетського.

Виходить, що у вигнанні є користь, адже в ньому відчули, що егоїстичне бажання є гріхом. І тому вирішили, що немає іншого шляху, як тільки докласти всіх зусиль аби досягти бажання віддачі. Тому відповів Творець Аврааму на питання, – як можна бути впевненим, що його нащадки успадкують святу землю: «Знай, що будуть твої нащадки у вигнанні … страждати і зазнавати принижень». Адже саме у вигнанні розкриється їм, що навіть тонка нитка егоїзму – це вже гріх, і тоді приймуть на себе справжню роботу, щоби віддалитися від гріха.

Про це сказав рабі Єгуда, що в майбутньому «зникне смерть навіки». Оскільки Творець заб'є злу основу і не залишиться від неї більш, ніж на товщину волоса, що не відчувається як гріх *(адже тонкий волос непомітний оку)*. Але все одно залишаються грішники й праведники, і всі тоді бажають злитися з Творцем. Але грішники ще не виправили нечисте бажання товщиною з волосину, котре залишилося в них з часу, коли відчувалося вся зла основа людини, а тому була можливість відчути її як гріх. І зараз, коли зла основа залишилася лише величиною з волос, немає у грішників причини виправити це егоїстичне бажання на альтруїстичне, бо нечисте бажання товщиною з волос не відчувається як нечисте. Однак все ж не можуть злитися з Творцем через відмінність їхніх властивостей, адже сказано: «Не можу Я перебувати разом з егоїстом». Виправлення грішників – в тому, щоби бути прахом під ногами праведників: оскільки зла основа анульована, то немає у праведників причини йти «вірою вище знання». А якщо немає причини, то хто може примусити їх?

І зараз праведники бачать, що грішники залишилися з егоїзмом товщиною з волос, і не виправили його, поки ще існувала зла основа людини і ще можна було її виправити, адже все зле бажання було розкрито і відчувалося гріхом. Тепер же гріх не відчувається, ставши непомітним, немов волосина. А оскільки немає відчуття гріха, – то немає й можливості його виправити. Але також і немає можливості злитися з Творцем, тому що відмінність властивостей залишилося. І все виправлення грішників полягає в тому, що підуть по ним праведники. Адже коли видно, що вже нема чого боятися системи нечистих сил і вбита зла основа людини, – то навіщо ж тепер їм працювати у «вірі вище знання»? Але бачать, що грішники не в змозі досягти злиття з Творцем, не маючи на це причини, адже зло стало невиразним, – проте воно заважає злиттю, вносячи відміну властивостей.

І бачачи це, праведники розуміють, – наскільки було добре, коли була у них причина працювати на віддачу, хоча здавалося їм, ніби працюють у віддачі лише тому, що існує зло. Зараз же бачать, що гріх, який заважав їм, – був їм на благо; і насправді, головний сенс – в самій цій роботі, а не в тому, що працювали через страх потрапити під владу нечистих бажань. І як доказ – бачать, що грішники, котрі не виправили зло товщиною з волос, залишаються зовні, адже немає в них тепер можливості досягти злиття з Творцем.

Виходить, що праведники отримують сили йти вперед від грішників, які стають прахом під їхніми ногами, та рухаються завдяки гріху, котрий залишився в них. І тоді розкривається, що сама ця робота є важливою, а не вимушеною, як здавалося їм раніше, коли була присутня в них зла основа. А зараз бачать, що і без злої основи варто працювати у вірі та віддачі.

І тому сказано: «І одні плачуть, й інші плачуть». Відомо, що плач – це малий стан, тобто ВАК, і є поділ між ҐАР та ВАК, адже світло малого стану *(ВАК)* світить з минулого. Тобто отримують вони життєві сили і світло з пережитого в минулому, тоді як світло ҐАР світить в сьогоденні, здійснюючи зівуґ (злиття).

І тому плакали мудреці, кажучи: «Як же зуміли ми подолати таку високу гору», – адже зараз бачать вони, що було до знищення злої основи, коли влада її була величезною, як сказано: «Одне навпроти іншого створив Творець *(святість проти нечистоти)*». І Творець проявив до них велике милосердя, давши їм силу перемогти у війні проти егоїстичної основи. А зараз веселяться вони і радіють чуду, що сталося з ними тоді, тобто в минулому, – що означає «світло малого стану» *(мохін де-катнут)*.

Грішники ж плачуть тому, що немає у них тепер можливості злитися з Творцем, хоча і бачать вони, що їхня зла основа – як тонкий волосок. Але оскільки немає зараз злої основи, то немає у них і способу обернути клі отримання на віддачу. Бачать тільки, що залишилися зовні, і тому – плачуть.

А виправлення їхнє в тому, щоби стати прахом під ногами праведників. Адже бачать праведники, що хоча і немає зараз злої основи, все одно не можуть удостоїтися грішники злиття. І тоді кажуть праведники: ми думали, що повинні йти шляхом віддачі лише через злу основу, але зараз бачимо, що це справжнє клі, і навіть якби не було злої основи, все одно такий шлях – це істина, і шлях віри – це чудовий шлях.

І з цього зрозумій, чому залишилися грішники після знищення злої основи. А все тому, що повинні були стати прахом під ногами праведників. І якби не залишилося грішників, то хто б розкрив ту велику істину, що шлях віри не означає любов, яка є залежною від винагороди! Тобто не зі страху перед злою основою потрібно йти шляхом віри, а через любов, яка не залежить від нагороди. І хоча вже немає більше злої основи, – все одно, лише однією вірою можна удостоїтися злиття з Творцем.

І ще чув я одного разу: чому потрібна нам саме віра? Тільки через те, що живе в нас гординя, яка не дає нам прийняти віру. І хоча віра – це висока й прекрасна властивість, значимість і вище призначення якої є недоступними для розуміння нижніх, але лише в силу вміщеної до нас гордині, – тобто егоїстичного бажання, – нам уявляється це дією, яка є ницою й тваринною. А іншим разом чув: коли ми бачимо, що не хочемо прийняти віру, – ми падаємо з нашого ступеню. І раз по разу ми піднімаємося й падаємо, поки не вирішимо в серці, що немає іншого засобу, як тільки прийняти віру. І весь цей шлях був лише заради того, щоб набути віри. Про що і написано: «І побудували убогі міста (для Ісраеля) Фараону».

87. Шабат Шкалім

Почуто двадцять шостого Адара (7 березня 1948 р.)

В «Шабат Шкалім», перед освяченням шабату, розповів Бааль Сулам, що в Польщі існував звичай, за яким всі багатії в суботу, звану «Шабат Шкалім», приїжджали до своїх духовних керівників аби отримати від них монету (*шкалім*). І це тому, що неможливо знищити та стерти Амалека без шкалім, адже перш ніж отримує людина шкалім, немає ще в ній нечистої сили «Амалека» («*кліпат Амалека*»). Але коли вона бере шкалім, з'являється до неї величезна кліпа, звана «Амалек», і лише тоді починається робота зі стирання Амалека. А до цього нема чого людині стирати.

І на додаток, він навів висловлювання Магіда з Козніц про слова заключної молитви в Йом Кіпур: «Ти відділив людину спочатку (*те ж може бути прочитане як «від голови»*) та пізнаєш її такою, що стоїть перед Тобою». Запитав про це Магід: «Як можна стояти без голови?». Тобто сенс в тому, що голова відділяється від людини, і як таке можливе? А пояснення в тому, що: «Будеш підраховувати поголовно синів Ісраелю» (Тора, Шмот, 30). А голову отримують за умови, що дають половину шекелю та, завдяки цьому, удостоюються голови.

А потім запитав: «Чому приготовлено більше вина до трапези, ніж їжі?». Це неправильно, адже заведено, щоби «їжа перевищувала питво». Оскільки питво тільки доповнює їжу, як сказано: «Поїв і наситився, і благословив». Але так не вийде, якщо питво перевищує їжу. А справа в тому, що їжа означає хасадім, а питво – Хохма.

А ще сказав, що шабат перед настанням місяця Адар включає до себе весь місяць Адар. Тому, «коли настає Адар, множиться радість». І сказав, що є різниця між шабатом та святковим днем. Шабат означає любов, а свято означає радість. І відмінність між радістю і любов'ю в тому, що любов існує сама по собі, а радість – це тільки наслідок, котрий народжується від якоїсь причини. І в цій причині й полягає суть, а наслідок є лише породженням цієї суті. Тому шабат зветься «любов'ю і бажанням», а свято – «радістю та веселощами».

Також він пояснив відповідь раби Йоханана Бен Закая своїй дружині, який сказав: «Я – немов міністр перед Царем, а він, – раби Ханіна Бен Доса, – немов раб перед Царем, а тому є в нього можливість молитися». І, здавалося б, що має бути навпаки, і в міністра є більше можливостей висловити свою думку Царю, ніж у раба?

Але справа в тому, що «міністром» зветься той, хто вже удостоївся особистого управління з висі. І тому він не бачить необхідності в молитві, – адже все добре. Тоді як «рабом» називається той, хто знаходиться на ступеню винагороди й покарання. І у нього є можливість молитися, оскільки бачить, що ще є в ньому таке, що потребує виправлення.

І додав до цього пояснення зі статті Талмуда (трактат Бава Меція), де розповідається, як одного теля вели на бойню. Пішов він, утнувся головою в поділ одягу ребе і заплакав. Сказав йому ребе: «Іди, адже для цього ти був створений». Сказали: «За те що не зглянувся – прийдуть до нього страждання».

«Для цього ти був створений» – означає особисте управління, в якому нема чого додати та відняти, і де страждання також приймаються як благословення. А тому притягнув до нього страждання. І каже Імара, що врятувався він від страждань тим, що сказав: «І милосердя Його – на всіх Його створіннях» (Псалом 145). Одного разу служниця ребе замітала будинок та вимела щурят, які були там. Сказав їй ребе: «Залиш їх! Написано: «І милосердя Його – на всіх Його створіннях». Адже збагнув тоді, що і молитва залишається навічно, і тому з'явилася вже у нього можливість молитися. А тому пішли від нього ці страждання.

А під кінець святого шабату пояснив (*Бааль Сулам*) сказане в Зогарі: «Адже на Якова впав вибір Творця». Хто обрав кого? І відповідає Зогар, що «Творець обрав Яакова» (глава Берешит, 161, стор. 2). Але запитує Зогар: «Якщо Творець обрав Яакова, виходить, що Яаков нічого не зробив, а це було особисте управління з висі?». А якщо Яаков вибрав, то виходить, що Яаков діяв, – тобто знаходився в умовах винагороди й покарання. І відповів, що спочатку людина повинна йти шляхом винагороди й покарання. А коли закінчує етап винагороди й покарання, тоді удостоюється побачити, що все було наслідком особистого управління нею згори і «Лише Він один робить і буде робити всі дії». Але перш ніж людина завершить свою роботу на етапі винагороди й покарання, неможливо зрозуміти особисте управління.

І в неділю вночі після уроку пояснив хитрість Яакова, про яку написано: «Прийшов брат твій з обманом» (Тора, Берешит 27). І, зрозуміло, що не було тут ніякого обману, інакше не було б написано про Яакова: «Обраний з праотців», якби він був обманщиком. А пояснюється його хитрість тим, що людина користується мудрістю (*Хохма*), але не заради самої мудрості (*Хохма*), а щоби отримати з цього якусь користь, яка їй необхідна. І бачить, що прямим шляхом неможливо цього досягти. Тому вона використовує якусь мудру хитрість (*Хохма*), заради досягнення необхідного. Це називається премудрістю (*Хохма*). У цьому сенс сказаного: «Хитрий розумом», – тобто володіє мудрістю (*Хохма*) завдяки розуму. Адже він бажає отримати мудрість (*Хохма*) не заради самої мудрості, а заради зовсім іншого, що змушує його притягнути світло Хохма. Тобто бажає притягнути Хохма аби заповнити хасадім.

Адже перш ніж хасадім набувають Хохми, вони залишаються в малому стані (*катнут*). Але потім, коли людина притягує світло Хохма, і, незважаючи на це, надає перевагу хасадім перед світлом Хохма, тоді хасадім стають більш важливими, ніж Хохма. І це називається ступенем ҐАР де-Біна, коли людина використовує хасадім за власним вибором. І це означає «мудрість завдяки розуму», оскільки в ІШСУТ Хохма розкривається на рівні ВАК, а в Аба ве-Імі розкривається Хохма через те, що вони надають перевагу хасадім і залишаються з хасадім. Але навіть хоча Біна і означає виправлення «хафец хесед» (*той, хто бажає лише віддачі*), не вважається, що вона сама вибирає хасадім, оскільки діє цимцум бет (*друге скорочення*), за якого немає світла Хохма. Тоді як, у великому стані (*гадлут*), коли приходить світло Хохма, вона вже використовує хасадім завдяки своєму власному вибору.

88. Вся робота – лише на роздоріжжі двох доріг
Почуто під кінець шабату (тижневої глави) Бешалах (25 січня 1948 р.)

Будь-яка робота має місце лише за наявності двох шляхів, – тобто двох можливостей, як сказано: «Живи в Моїх заповідях, а не вмирай в них». А заповідь померти, але не переступити, діє тільки в трьох випадках: авода зара (*поклоніння чомусь, окрім Творця, тобто – своєму егоїзму*), шфіхут дамім (*кровопролиття, вбивство*), ґілуй арайот (*заборонена близькість*). Але ж з історії нам відомі праведники, що віддавали життя за будь-яку заповідь?

Вся наша робота і зусилля мають місце лише у стані, коли людина повинна зберігати Тору, тому що тільки тоді вона відчуває закони Тори як важку ношу й нестерпні обмеження, – ніби все її тіло не погоджується з умовами Тори.

Але коли людина удостоюється, щоб Тора оберігала людину, то не відчуває в цьому ніякої важкості в роботі «заради Творця», бо сама Тора стереже людину, як сказано: «Душа людини вчить її».

89. Щоб зрозуміти те, що написане в Зогарі

Почуто п'ятого Адара (15 лютого 1948 р.)

Щоби зрозуміти те, що написане в Зогарі, необхідно перш за все зрозуміти, що ж саме Зогар бажає нам сказати. А це залежить від того, до якої міри людина є відданою ідеї цієї книги, – тобто від її самопожертви Торі та заповідям, які б привели людину до очищення, – аби очистилася від егоїстичної любові до себе. Адже заради цього вона займається Торою і виконує заповіді *(вчить, як осягнути Творця й робити альтруїстичні дії)*. І в цій мірі вона може істинно зрозуміти сказане в книзі Зогар. А інакше є кліпот, егоїстичні бажання самої людини, які приховують і замикають істину, що міститься у книзі Зогар.

90. В Зогарі, Берешит

Почуто сімнадцятого Адара II (28 березня 1948 р.)

В Зогарі, Берешит, стор. 165, про таємниці Тори: «Приставлені до правителів охоронці згори, і занесений палаючий, вогненний меч над кожним військом та військовим станом... і виходять звідти породження різних видів і з усіх рівнів».

Коли вирізняється в роботі ліва лінія і необхідно її пом'якшити правою лінією, це відбувається на трьох рівнях:

1) в їхньому корені – в Аба ве-Імі,
2) в Малхут,
3) в ангелах Творця.

В Аба ве-Імі це називається «охоронці правителів». В Малхут це називається «вогненний, верткий меч». А в ангелах це зветься: «І виходять звідти породження різних видів і з усіх рівнів».

91. Підмінний син

Почуто дев'ятого Нісана (18 квітня 1948 р.)

У книзі Зогар розповідається про Рувена, сина Леї. А коли був Яаков з Леєю, то уявляв Рахель. Правило ж говорить, що якщо він думав про іншу, то народжена в такій ситуації дитина називається «підмінною». Зогар же пояснює, що хоча думав Яаков про Рахель, але був упевненим, що знаходиться з Рахель; а «підмінним» син зветься, якби думав про Рахель, а насправді був в цей час з Леєю і знав про це. А якщо думав про Рахель і був упевнений, що він з Рахель, то народжений не вважається «підмінним».

Сенс в тому, що духовні ступені відносяться один до одного як причина і наслідок та як печать до відбитку: кожний нижчий ступінь – це відбиток від більш вищого. А печать й відбиток завжди мають протилежні властивості. Тому те, що в світі Брія називається нечистим бажанням (*кліпа, егоїзм*), в більш нижчому світі Єцира вважається чистим бажанням (*кдуша, альтруїзм, святість*). А те, що в світі Єцира вважається нечистою кліпою, вважається чистим в світі Асія.

Коли праведник виправленням своїх бажань досягає певного духовного ступеню, він зливається з його чистими властивостями. І якщо під час своєї духовної роботи, він думає про інший духовний ступінь, на якому вважається нечистим те, що тут вважається чистим, то наслідок, народжений від такої дії (*єднання*), називається «підмінним», тому що ці ступені є зворотними за своїми властивостями один одному.

Але Яаков, думка якого була про Рахель, думав про чисту властивість «Рахель» і про дію також думав, що це насправді «Рахель», тому і в думці, і в дії був на одному ступені «Рахель», а тому тут не присутня властивість «Лея», і означає, – немає «підміни».

92. Сенс удачі

Почуто сьомого Сівана (14 червня 1948 р.)

Удачею зветься те, що є вищим за розум. Тобто, хоча згідно здоровому глузду та логіці мав відбутися один розвиток подій, але знак удачі викликав інший, більш сприятливий результат. Розумом називається причинно-наслідкове логічне мислення, коли ясно, що певна причина викликає строго визначений наслідок. Але бути вище розуму й логіки – означає, що першопричина не пов'язана з наслідком. Така подія називається «вище розуму», і ми відносимо її до знаку удачі, оскільки вона спричинена не закономірною причиною, а удачею.

Всі впливи та віддача виходять від світла Хохма. Коли світить Хохма, це називається лівої лінією й пітьмою, і в цей час світло вкривається та застигає як «лід». І начебто треба отримувати від лівої лінії, що називається «в міру своїх заслуг». Тобто заслуги людини – це причина появи світла хохма, і заслуги та світло пов'язані як причина та наслідок. Але сказано, що «сини, життя й прожиток залежать не від заслуг людини, а від удачі», – тобто від середньої лінії, де світло хохма зменшується до такої міри, що його можна отримати з наміром «заради Творця». Зменшення і зівуґ на середню лінію називається «масах де-хірік».

Виходить, що світло Хохма світить не від своєї справжньої причини, не за рахунок лівої лінії, а навпаки, – внаслідок свого зменшення, що і відбувається «вище розуму» *(всупереч розуму)* і тому називається «удача».

93. Плавці та луска
Почуто в 1945 р.

Сказано мудрецями, що якщо є луска, то є й плавці, але якщо є плавці, – ще невідомо, чи є луска.

Луска (*«каскесет»*) – від слова «кушія» *(питання)*. А слово «кушія» від слова «коші», – тяжкість, яка виникає в роботі заради Творця. Тобто луска (*«каскесет»*) – це келім, в які отримують відповіді на питання, тому що відповіді відчуваються не зовнішнім розумом, а внутрішнім. Внутрішній розум – це вище світло, яке наповнює людину, і тільки тоді заспокоюються в ній всі її запитання. Тому, чим більше в людини питань, – в тій мірі і наповнює її потім вище світло. Тому каскесет є ознакою чистоти, справності. Адже лише маючи «каскесет», людина може прийти до того, щоб очистити себе *(від его-*

їстичних вимог*), бо бажає позбутися питань. І все, що в її силах, вона робить, щоб очистити себе та бути гідною вищого світла.

«Снапір» (*плавець*) також є ознакою чистоти (*альтруїстичності, «заради Творця»*). Тому що снапір – від слів «соне пе ор» (*той, що ненавидить вище світло*). Адже якщо у людини виникають питання, – це тому, що є в ній ненависть до вищого світла. Але якщо у неї є «снапір», – необов'язково, щоби в неї були питання. Адже, можливо, людина ненавидить вище світло не тому, що її знемагають важкі питання, а тому, що прагне до насолод і думає, що все одно у неї нічого не вийде з її виправленням й піднесенням.

Тому ознаки чистого клі: саме і снапір, і каскесет – разом, коли є в людини риба («*даг*» *– від слова* «*даага*»*, турбота, занепокоєння*). Адже риба – це м'ясо, яке вдягнене у плавці (*снапір*) й луску (*каскесет*), – тобто вище світло світить в цих двох ознаках чистоти. Але якщо людина начебто робить зусилля, вчиться, але не виникає в неї питань проти роботи «заради Творця», – значить немає в ній ознак чистоти, виправлення. Тому що ознаки очищення – це, в першу чергу, питання проти духовного. А якщо немає питань, – то нема де і поміститися в ній вищому світлу. Адже немає у людини причини, яка примушує її наповнитися вищим світлом, бо і без вищого світла вона також бачить себе у хорошому стані.

Тому Фараон, цар Єгипту, бажаючи залишити синів Ісраелю у своїй владі, наказав, щоб не давали їм соломи («*каш*»), з якої вони робили цеглини (як сказано: «І відправився народ збирати солому...»). Адже, в такому випадкові, ніколи б не виникло у людини потреби, щоби Творець вивів її з цього нечистого стану у виправлений.

94. Бережіть душі свої

Почуто в 1945 р.

Сказано: «Бережіть душі свої». Мається на увазі – стерегти свою духовну душу. Тоді як тваринну душу немає необхідності вказувати стерегти, адже людина сама береже її, без всяких вказівок Тори. Оскільки заповідь (*один з 620 законів світобудови*) в основному проявляється, коли людина виконує її саме тому, що їй вказали, а якби не було вказівки, – не робила б цього. І виконує цю дію лише заради заповіді.

Тому, коли людина виконує заповідь, вона повинна подивитися, – а не здійснювала б вона ту ж саму дію навіть і без заповіді? Тоді вона повинна ретельно перевірити і знайти там таке, на що могла би сказати, що виконує це лише тому, що є вказівка згори. У такому випадкові її дію висвітлює світло заповіді, – тобто за допомогою заповіді очищується клі, яке може наповнити вище світло.

Тому основна турбота – стерегти духовну душу.

95. Відсікання крайньої плоті

Почуто на святковій трапезі на честь бріт міла, в 1943 р. в Єрусалимі.

Малхут, сама по собі, називається «нижня мудрість». Малхут, що приєднана до Єсоду, зветься вірою. На Єсод є покриття, зване «орла», крайня плоть, роль якої у відокремленні Малхут від Єсоду, щоби не дозволити Малхут зв'язатися з ним.

Сила крайньої плоті в тому, що вона малює людині картину, в якій вірі не надається ніякої ваги, – подібно до праху. Це називається «Шхіна у прасі». Коли людина прибирає цю завадну силу, що створює в ній уявлення про віру як про непотріб, і навпаки, – каже собі, що саме ця сила сама є ницою та незначною в очах її, немов прах, – то таке виправлення називається «обрізання». Цим вона відсікає від себе крайню плоть та викидає її в прах. Тоді свята Шхіна виходить з праху та розкривається велич віри. Такий стан називається «геула» (*визволення*), тому що удостоюється людина підняти Шхіну з праху.

Тому необхідно сконцентрувати всі свої зусилля на те, щоб усунути силу, котра заважає, та набути віри. Тільки з віри виходить досконалість. (*І в цьому можливе постійне вдосконалення, в залежності від того, наскільки людина бажає перейнятися вірою в кожному своєму окремому бажанні, аналізі.*)

Таке вдосконалення називається: «обмежити себе до крихітної маслини і до яйця» (*тобто до чітко обумовленого розміру, нижче від якого людина вже не в змозі розрізнити)*. «Маслина» – подібно до того, як сказала голубка, котра була випущена Ноєм: «Вважаю за краще я гірку, немов маслини, їжу, але з неба». «Яйце» – подібно до того, як в самому яйці немає нічого живого, і зараз не видно в ньому ніякого життя, хоча потім з нього народжується живе. Тобто людина обмежує себе і надає перевагу духовній роботі, хоча вона і викликає в ній гіркоту, немов маслина, і не бачить вона у своєму стані та у своїй духовній роботі ніякого життя.

Але вся сила в роботі людини виходить з того, що бажає підняти Шхіну зі праху. І внаслідок такої роботи, людина удостоюється визволення, а їжа, яка раніше здавалася їй гіркою, подібно до маслини, та позбавленою життя, подібно до яйця, представляється в її очах повною вищого життя й солодкості.

Тому сказано: «Прозеліт *(гер)* подібний до новонародженого немовляти» в тому, що зобов'язаний зробити «бріт міла» *(обрізання)*, і тоді набуває веселощів. Тому в традиційній процедурі «бріт міла», коли відсікають немовляті крайню плоть, – хоча дитина страждає, – всі близькі є радісними. Бо вірять, що душа дитини радіє. Також і у виконанні духовної дії «бріт міла»: людина повинна радіти, незважаючи на відчуття страждань, тому що вірить, що її душа, проходячи ці виправлення, веселиться.

Вся духовна робота людини повинна бути в радості. Це виходить ще з найпершої заповіді, яка дана людині та виконується над людиною її батьками з радістю. Так само в радості повинна виконуватися кожна заповідь.

96. «Відходи току й винарні»
Почуто у вечері свята Сукот у суці (1943 р.)

«Тік» означає «дінім де-дхура» *(суди й обмеження з чоловічої сторони)*, про що сказано: «зникла та не стала нечистою» (Тора, Бемідбар, 5). Це відчуття людиною властивості «горен» *(тік)*, коли вона відчуває себе «гером» *(чужим прибульцем)* в духовній роботі.

«Винарня» означає «дінім де-нуква» *(суди і обмеження з жіночої сторони)*, про які сказано: «зникла і стала нечиста». Винарня («йекев») – це відчуття нестачі (некув).

Є два види суки:
1) хмари слави;
2) відходи току й винарні.

Хмара – вид укриття, коли людина відчуває, що духовне приховане від неї. І якщо людина зусиллям волі долає цю хмару, – тобто відчувається нею приховання, – то удостоюється хмари слави. Це називається «МАН де-Іма», який діє протягом 6000 років та є таємницею, бо ще не сходить у природу, звану «пшат» (*простий сенс*).

Відходи току й винарні називаються «простим сенсом» й природою, котра являє собою МАН де-Малхут, яка виправлена саме вірою, і називається «ітарута де-летата» (*збудження, прохання знизу*).

Однак МАН де-Іма – це «ітарута де-лейла» (*збудження згори*), яке не йде від природи. Тобто зі сторони природи, якщо людина не гідна отримати світло, вона не отримає ніякого світла. Тоді як завдяки збудженню згори, яке вище за природу, світло проходить до нижчих, як сказано: «Я, Творець, перебуваю з ними в усій їхній нечистоті» або, як сказано в книзі Зогар: «Хоча грішать, – ніби не грішать зовсім».

Але під впливом збудження знизу, ітарута де-летата, світло може сходити до нижніх лише якщо вони здатні отримати його за своєю природою, тобто згідно власним якостям. Це називається «МАН де-нуква», коли людина може виправити себе вірою. І це називається виправленням, що йде з боку самої людини та відноситься до рівня «сьомого тисячоліття», яке називається «і один зруйнований», тому що «немає в самій Малхут нічого від себе».

А коли ми виправляємо цей стан, удостоюємось десятого тисячоліття, – рівня ҐАР. І така душа знаходиться в одному з десяти поколінь. Однак є «сьоме тисячоліття», яке завершує період шести тисяч років і називається «часткове». А, як відомо, часткове і загальне в духовному завжди є рівними. Але воно відноситься до МАН де-Іма, званому «хмари слави».

Мета роботи – в перебуванні на рівні «простого сенсу» і природи. Адже при такій роботі у людини немає можливості впасти нижче, якщо вона вже спирається на землю. Це тому, що вона не потребує великого стану, – адже весь час починає ніби заново. І працює людина завжди так, ніби щойно почала працювати, приймаючи на себе владу небес вірою вище знання. Основа, на якій будується порядок роботи, повинна бути найпростішою, – щоб бути абсолютно вище знання. І лише сама наївна людина може настільки принизити себе, щоби просуватися без будь-яких підстав, спираючись лише на свою віру і не потребуючи іншої підтримки. А до того ж вона повинна приймати цю роботу з великою радістю, ніби володіє знанням і явним баченням, на яке спирається для підтвердження своєї віри, щоб покладатися на віру вище знання абсолютно в тій же мірі, ніби є в неї знання. І якщо людина тримається такого шляху, то ніколи не впаде, а завжди зможе бути в радості від того, що служить великому Цареві.

І про це сказано: «Одного жертовного ягня принеси вранці, а другого ягня – в сутінки, подібно до ранкового дару і його узливанню» (Тора, Бемідбар 28). Сенс в тому, щоби з тією ж радістю, яка була в людини під час приношення жертви, коли вона відчувала «ранок» (*ранком називається світло*), і так світило їй світло Тори, що все було зовсім ясним, – з тією ж радістю вона повинна приносити свою жертву, тобто виконувати свою роботу навіть тоді, коли настає «вечір». І навіть коли немає у неї ясності взагалі ні в Торі, ані в роботі, – не дивлячись на це, – вона все робить з радістю, тому що діє вище знання. Тому вона не може оцінити, – в якому стані приносить більшу насолоду Творцю.

Тому рабі Шимон Бен Менас називав це: «щось, подібне до матеріалу». Матеріалом називається те, що не володіє знанням і розумом. Вухо, яке чуло голос Творця на горі Синай, не вкраде, – тобто нічого не отримає для самого себе, – а прийме на себе владу небес, не вимагаючи великого стану і залишаючись у всьому вище розуму.

А він пішов і вкрав якесь осяяння для себе, тобто сказав: «Зараз я можу бути робітником Творця, адже вже є в мене знання і розум для цієї роботи, коли я розумію, що варто працювати на Творця. І тепер я не потребую віри вище знання». І за це був проданий у судовий дім. «Судовий дім» означає «людський розум» і «знання», які судять дії людини – чи варто здійснювати їх чи ні. А «продали його» – означає, що він відчуває себе далеким від роботи Творця. І тоді приходить розум і задає відоме питання: «Що дає тобі ця робота?». І приходить він лише заради крадіжки, адже вже отримав якусь підтримку для своєї віри, і тому приходить і хоче скасувати цю підтримку за допомогою таких питань. Але все це – лише «для шести», тобто продали його на шість років, що означає «дінім де-дхура» *(чоловічий суд)*.

А якщо скаже раб: «Я люблю свого господаря і не вийду на свободу!», – тобто не захоче звільнятися від Його заповідей, – то здійснюють над ним наступне виправлення. Підводить його господар, – тобто Господар усієї землі, – «до дверей або до мезузи», обмежуючи його на прийнятті влади небес, і «протикає», – робить отвір у нього в вусі. Робиться йому цей отвір аби ще раз зміг почути те, що чув на горі Синай: «не вкради» і «стань рабом Його навічно», адже відтепер він стає справжнім робітником Творця.

Сукот – означає тимчасове житло. Якщо людина вже заслужила постійне житло, і їй нема чого більше робити, залишається їй лише вийти в тимчасове житло, – як в той час, коли перебувала вона у шляху до палацу Творця, і ще не дійшла до постійного будинку. Тоді вона весь час відчувала необхідність досягти Царського палацу і зустрічала «ушпізін» *(гостей)*. Тобто в той час людина виконувала роботу як тимчасовий гість. А зараз вона може згадати ту радість, яку відчувала тоді в роботі, коли невпинно дякувала і прославляла Творця за те, що весь час наближав людину до Себе. І цю радість вона може продовжити тепер в Сукот. Саме на це натякає тимчасове житло. А тому сказано: «Вийди з постійного дому та поселися в тимчасовому житлі».

«Головне – не міркування, а справа». Справа подібна до матеріалу. Як пояснював рабі Шимон Бен Менас: «щось, подібне до матеріалу» означає, що головне – це дія, а розум – всього лише її дзеркальне відображення.

Але, разом з тим, дія відноситься до тваринного рівня, а розум – до людського. І суть у тому, що якщо досягнута досконалість на рівні дії, то ця дія стає настільки великою, що приносить людині розум Тори. А розум Тори – означає людський рівень.

97. «Відходи току й винарні» (2)

«Тік» («*горен*») в духовному означає зменшення добрих справ, коли людина відчуває нестачу в роботі з Творцем. Тому вона зменшує свої добрі вчинки. А потім вона приходить до стану «винарня» (*єкев*), що означає «проклинати ім'я Творця».

Сукот означає радість, гвурот, що приносять веселощі, повернення з любов'ю, коли навмисні гріхи минулого обертаються на заслуги. І тоді навіть «тік» і «винарня» включаються до святості. Тому основна властивість Сукоту – це Іцхак (*ліва лінія*), і всі зливаються в ньому. (А основна властивість Песаху – любов, права лінія). Тому написано, що Авраам народив Ісака. Адже батько і син – це причина й наслідок. І якби перед тим не було властивості правої лінії, яка називається «Авраам», неможливо було б прийти до властивості «Іцхак», котра належить лівій лінії, – але ліва лінія включається в праву.

Тому мовиться: «І ти батько наш», оскільки Авраам промовив: «Зітруть святість імені Твого» (*на звинувачення: «Прогрішили сини твої»*). І те ж саме сказав Яаков. Це означає, що злочини зітруть святість імені, і якщо залишаться невиправленими, то створять пролом посередині. Тобто злочини серед народу Ізраїля – це немов пролом у святості. Однак Іцхак так відповів на це звинувачення: «Половина – на мені, половина – на Тобі», тобто частина злочинів і частина добрих справ, – і ті, й інші, – увійдуть у святість. А це можливо лише завдяки поверненню з любові, коли його колишні злочини обертаються на заслуги. І тоді не залишається жодного вилому, як сказано: «І не буде проломів, і не буде репету» (Псалом 144), а все буде виправлене та внесене до святості.

І в цьому сенс сказаного мудрецями: «Покидьки й мули (*те ж означає: «розставання»*) Іцхака величніші за срібло та золото Авімелеха». Покидью називається незначна річ, яка не має жодної цінності. Тобто людина сприймає своє рабство Творцеві як негодящу річ, а потім відділяється від нього, що називається «покидьками й розставаннями Іцхака». І оскільки Іцхак все виправив поверненням з любові, обернувши всі свої минулі злочини на заслуги, то отримав від покидьків та розставань прибутку більше, ніж усі срібло та золото Авимелеха.

Срібло («кесеф») означає потяг («кісуфін») до Творця. А золото («загав») – від слів «дай це» («зе-гав»), що означає прагнення до Тори, тобто до розуміння Тори. А оскільки Іцхак виправив все, досягнувши повернення з любові, і злочини зарахувалися йому заслугами, то, само собою, він став дуже багатим, – багатшим за Авимелеха. Адже виконуючи заповіді, не виконаєш більш, ніж 613, тоді як гріхам й злочинам – немає меж. І тому розбагатів Іцхак, як сказано: «І отримав у сто разів *(дослівно: «знайшов сто воріт»)*», – тобто на всі сто відсотків належав до святості, без усіляких покидьків, адже й покидьки були ним теж виправлені.

Тому навіс для суки робиться з відходів току й винарні (або ж, як сказали мудреці: «з відходів, від яких збагатився Моше»). Ось чому основа свята Сукот пов'язана з ім'ям Іцхака, – бо він означає «гвурот, що приносять веселощі». А крім того, Сукот пов'язаний з ім'ям Моше.

98. Духовним називається вічне
Почуто в 1948 р.

Духовним називається те, що не зникне ніколи. Тому бажання насолодитися в його теперішньому вигляді – отримання заради себе – називається матеріальним, бо втратить цю форму і придбає новий вид – заради Творця.

Реальність місця в духовному визначається місцем реальності, бо кожен, хто приходить туди, в це місце, бачить одну й ту ж картину. На відміну від цього, уявна річ не називається реальним місцем, оскільки є фантазією, яку кожен уявляє собі по-своєму.

І мовиться, що у Тори є сімдесят ликів, що означає сімдесят ступенів. На кожному ступені Тора являє себе згідно з тим ступенем, на якому знаходиться людина. Однак світ – це реальність, так що кожен, хто піднявся на один з сімдесяти ступенів, з яких складається даний світ, осягає те ж саме, що й усі, хто осягнув цей ступінь.

В кабалістичних книгах іноді зустрічаються пояснення фраз з Тори, на зразок: «Так сказав Авраам Іцхаку...», і розказано, що саме тоді говорили, і пояснюється сказане. І виникає питання: звідки відомо, що саме вони говорили один одному?

А відомо це тому, що кабалістом був осягнутий ступінь, на якому знаходився Авраам або хтось інший, і тому той, хто осягнув його, бачить і знає те ж саме, що бачив і знав Авраам. Тому він знає, що сказав Авраам.

Ось чому кабалісти пояснюють фрази з Тори, – адже вони теж пізнали той же ступінь. А будь-яка сходинка в духовному – це реальність, яку бачать усі, – подібно до того як усі, хто приїжджає в місто Лондон в Англії, бачать те, що є в цьому місті, і чують про що там йдеться.

99. Грішник чи праведник – не сказано

Почуто двадцять першого іяра в Єрусалимі

Сказав рабі Хананія Бар Папа: «Ім'я ангела, який відповідає за вагітність – Ніч. Бере він краплю сімені, представляє її Творцеві та питає: «Володар світу, що вийде з цієї краплі: герой або слабкий, мудрець або дурень, багач чи бідняк? А грішником йому бути чи праведником – не каже». (Трактат Ніда, 16, стор.2)

Але, як правило, дурню неможливо стати праведником, адже сказали мудреці: «Не згрішить, доки не вселиться до нього дух глупоти». А тим більше, – той, хто все життя своє провів дурнем. Виходить, якщо народилася людина дурною, – то немає в неї ніякого вибору, бо засуджена вона до дурості. І чому тоді підкреслюється, що не сказано, – бути людині праведником чи грішником, – ніби залишений їй вибір? Адже що толку не вказувати – праведна вона або грішна, якщо судилося їй бути дурнем, що є рівнозначним вироку бути грішником.

І сказав рабі Йоханан: «Побачив Творець, що нечисленні праведники – взяв і розсадив їх у всіх поколіннях», «адже Творець вершить устої землі і заснував на них всесвіт». І пояснює Раші: «І заснував на них всесвіт», – значить розніс по всіх поколіннях аби служили основою для існування світу.

«Нечисленні вони» – це означає, все менше їх та зовсім йдуть. І що ж зробив Він, аби примножити праведників? Взяв та й розсадив їх по всіх поколіннях. І запитується: в чому користь від рознесення праведників по всіх поколіннях, – хіба стане їх від цього більше? Яка різниця, – в одному поколінні всі праведники чи в різних, і чому пояснює Раші, – нібито множаться праведники від того, що з'являються у кожному поколінні?

І щоб зрозуміти це, потрібно доповнити і пояснити сказане мудрецями про те, що Творець вершить над краплею сімені, – бути людині мудрою чи дурною, тобто такою, що народиться слабкою і не має вона сил для подолання своєї злої природи, народиться зі слабким бажанням та нездатною. Адже вже навіть на підготовчому етапі, на початку духовної роботи людині необхідна здатність сприйняти Тору і мудрість кабали, як написано: «Дає Він мудрість розумним». Хоча і виникає питання: якщо вони так вже й розумні, – навіщо їм ще мудрість? Чи не правильніше дати мудрість тим, хто дурний?

А справа в тому, що мудрим називається той, хто прагне до мудрості, хоча ще і не набув мудрості. Але оскільки є в ньому таке бажання, – а бажання називається «клі», – виходить, що людина, яка має бажання і прагнення до мудрості – це судина (*клі*), в якій може світити мудрість. А той, хто дурний, – тобто не прагне до мудрості, і всі його бажання спрямовані лише на свою вигоду, – нездатний на жодну віддачу.

Але як же тоді можливо людині, яка народилася з такими властивостями, досягти ступеню праведника? Виходить, що немає в неї вибору, і який толк не вказувати, грішником їй бути чи праведником, немов би залишаючи вибір за нею? Адже якщо народилася вона слабкою або дурною, то вже позбавлена будь-якого вибору, оскільки нездатна на жодне подолання і прагнення до мудрості Творця. Але для того, щоб навіть у дурня був вибір, зробив Творець виправлення, про яке сказано мудрецями: «Побачив Творець, що нечисленні праведники, – взяв і розсадив їх по всіх поколіннях». І зараз ми зрозуміємо, яка в цьому користь.

Відомо, що не можна об'єднуватися з грішниками, навіть якщо не чиниш подібно до них. Адже сказано: «Не сиди в компанії насмішників». Виходить, що людина грішить вже тим, що знаходиться у спільноті несерйозних людей, навіть якщо сидить і вчить Тору та виконує заповіді. А інакше б сказали, що заборонено їй не виконувати Тору й заповіді. Але заборонено їй саме таке суспільство, тому що людина переймає думки і бажання людей, які є для неї приємними.

І навпаки. Якщо сама людина не володіє силою бажання і прагнення до духовного, але знаходиться серед людей, котрі прагнуть до духовного, і ці люди є приємними для неї, то вона отримує від них силу подолання і переймається їхніми бажаннями, прагненнями та ідеалами. Незважаючи на те, що згідно зі своїми властивостями, вона не володіє такими бажаннями, прагненнями й силою духу. Але саме завдяки прихильності та повазі до цих людей, вона отримує нові прагнення й сили.

З цього зрозумій сказане: «Побачив Творець, що нечисленні праведники…», – тобто не кожна людина здатна бути праведником, бо відсутні в ній необхідні властивості, адже народилася вона дурною або слабкою. Але повинен бути в неї вибір, хоча і не може вирішити це власними силами. І для цього Творець «розсадив праведників по всіх поколіннях». А тому є в людини свобода вибору піти в те місце, де знаходяться праведники, та підкоритися їхньому керівництву. І тоді вона отримає від них сили, яких не вистачає їй з боку її власної природи. І в цьому користь від того, що розсаджені праведники по всіх поколіннях, – аби в кожному поколінні було до кого звернутися і пристати, та отримати від них сили, потрібні для сходження на ступінь праведника. І завдяки цьому і сама людина потім стає праведником.

Виходить, що не мовиться, чи бути людині праведником або грішником, бо є в неї вибір, адже може піти й приліпитися до праведників, які стануть їй наставниками. І від них вона отримає сили, щоби самій потім стати праведником. А якби всі праведники були в одному поколінні, то не було б ніякої можливості у дурних та слабких людей наблизитися до Творця, – тобто не мали б вони вибору. Але, завдяки тому, що розсаджені праведники по всіх поколіннях, у кожної людини є можливість піти й наблизитися до праведників, котрі присутні в кожному поколінні. А інакше стала б для людини Тора смертельною отрутою.

І зрозумій це на матеріальному прикладі. Коли двоє людей стоять один проти одного, то правий бік одного знаходиться проти лівого боку іншого, а ліва сторона його – проти правої сторони товариша. І є два шляхи: один – правий, це шлях праведників, які піклуються лише про віддачу. А лівий – це шлях тих, хто піклується лише про власне благо і цим відділяється від Творця, який весь у віддачі. А тому відокремлюються вони від істинного життя. Ось чому грішники за життя своє називаються мертвими.

Виходить, що поки людина ще не удостоїлася злиття з Творцем – їх двоє. І коли людина вчить Тору, яка називається правим шляхом – вона, тим не менш, стоїть проти лівої сторони Творця. Тобто вона вивчає Тору заради самої себе, що відокремлює її від Творця. А тому стає для неї Тора смертельною отрутою, залишаючи її в розлуці з Творцем. Адже вона бажає за рахунок Тори отримати наповнення для свого тіла, тобто збільшити з її допомогою свої егоїстичні придбання. А тому перевертається вона для людини на смертельну отруту.

Коли ж людина зливається з Творцем, то залишається лише одна влада, і людина об'єднується з Творцем в одне ціле. І тоді її права сторона стає правою стороною Творця, а тіло стає облаченням для душі. І перевірити, чи йде вона істинним шляхом, можна по тому, чи займається вона потребами свого тіла лише в тій мірі, наскільки це потрібно для її душі. А якщо здається їй, що отримує більше, ніж є необхідним для облачення її душі, то сприймає це як людина, яка вдягає на себе одяг, що їй не підходить. І тоді вона піклується, щоби одяг не був занадто довгим або широким, а в точності підходив би тілу. Так само й людина, дбаючи про своє тіло, повинна стежити, аби вимоги тіла не перевищували потреби її душі, – тобто щоби тіло облачалося б на душу.

Але не кожен бажаючий злитися з Творцем, зможе до Нього наблизитися. Адже це проти природи людини, народженої з егоїстичним бажанням та здатної любити лише саму себе. Тому нам так необхідні праведники покоління. Тоді людина може приліпитися до справжнього рава, все бажання якого – лише до віддачі. І людина відчуває, що нездатна на добрі справи, тобто немає в ній наміру до віддачі Творцеві. Але завдяки тому, що приліплюється до істинного рава і хоче заслужити його прихильність, тобто любить те, що любить рав, й ненавидить те, що рав ненавидить, вона може злитися зі своїм учителем та отримати від нього такі сили, якими сама не наділена від народження. І з цією метою розсаджені праведники в усіх поколіннях.

Але виникає питання, навіщо розсаджувати праведників в усіх поколіннях, щоби допомагали дурним і слабким, якщо можна не створювати дурних людей? Хто змушує Творця проголошувати над краплею сімені, що вийде з неї дурна або слабка людина? Хіба не міг би Він усіх створити мудрецями?

А справа в тому, що дурні так само є необхідними, адже вони – носії егоїстичного бажання. Але ми бачимо, що немає в них ніякої можливості наблизитися до Творця власними силами, як написано: «І вийдуть, і побачать трупи людей, що відпали від Мене, бо вогонь їхній не згасне, і черва не помре, і будуть вони мерзотою для усілякої плоті (Пророки, Ісая, 66)». І стануть вони «прахом під ногами праведників», завдяки чому зможуть праведники побачити, яке добро зробив для них Творець, створивши їх мудрецями та героями, і таким чином наблизивши їх до Себе. І тоді буде у праведників можливість віддати хвалу і подяку за це Творцеві, адже побачать, у якій низькості можна перебувати. І це називається прахом під ногами праведників, котрі зможуть йти вперед завдяки тому, що прославляють Творця.

Однак потрібно знати, що нижчі ступені також необхідні, і низький стан ступеню неможна назвати зайвим та сказати, що й маленьким ступеням краще б відразу народжуватися великими. Адже це є подібним до земного тіла, в якому, зрозуміло, є більш важливі органи, такі, як розум та очі, а є другорядні органи, як шлунок й кишечник, пальці рук і ніг. Але не можна сказати, що якийсь орган є зайвим, оскільки виконує другорядну роль, – навпаки, всі органи є важливими. І так само в духовному: нам необхідні і дурні, і слабкі.

І тому говорить Творець: «Поверніться до Мене, і тоді повернуся Я до вас». Творець говорить: «Поверніться!», Ісраель же каже навпаки: «Поверни нас до Себе, і тоді ми повернемося». Це означає, що коли людина випадає з духовної роботи, – спочатку Творець говорить: «Поверніться!», і завдяки цьому приходить до людини підйом в роботі Творця. І тоді людина починає кричати: «Поверни нас!». Тоді як під час падіння чоловік не кричить «поверни нас», а навпаки, біжить від цієї роботи. Тому повинна людина знати, що якщо вона кричить: «Поверни нас!», – так це завдяки збудженню згори, – від того, що першим Творець сказав їй: «Повернись!». І від цього піднялася людина і може тепер кричати: «Поверни нас!».

І про це сказано: «І коли піднімався ковчег на шлях, говорив Моше: «Повстань, Господи, та розсіються вороги Твої». «Коли піднімався на шлях» – це значить під час роботи Творця, що означає підйом, і тоді Моше говорив: «Повстань!». Коли ж зупинявся, – говорив: «Повернися Творець!». А під час зупинки в роботі Творця потрібно, щоби Творець сказав: «Поверніться! «, що означає: «Поверніться до Мене!», – тобто Творець дає пробудження. Тому нам потрібно знати, коли говорити: «Повстань!», а коли – «Повернись!».

І в цьому сенс сказаного (*в Торі*) у главі Екев: «І будеш пам'ятати весь той шлях, яким вів тебе Творець, щоби дізнатися, що є в серці твоєму, – будеш ти берегти заповіді Його, чи ні». «Берегти заповіді Його» – означає «повернутися» до Нього. А «чи ні» – означає «Повстань!». І необхідним є як одне, так і інше. А рав знає, коли «повстати», а коли «повернутися», тому що ці «42 переходи» – це підйоми й падіння, які належить пройти в духовній роботі.

100. Письмова та усна Тора
Почуто в тиждень (глави) Мішпатім (1943 р.)

Письмова Тора викликана збудженням згори, а усна Тора – збудженням бажання людини знизу, самою людиною. І обидві разом вони називаються: «Шість років працюй, а на сьомий рік вийди на свободу» (Тора, Шмот, 21).

Основна робота відбувається саме там, де є опір, і називається «світ» («*альма*») від слова «алама» («*вкриття*»). Адже там, де є приховання, – є опір, а значить, – є місце для роботи.

Тому сказано: «Шість тисячоліть існує світ, а в одне – буде зруйнований», – тобто зруйнується приховання, і тому зникне можливість роботи. Але Творець створює для людини особливе покриття, яке називається «крила», щоби була в неї можливість працювати.

101. Переможцю над трояндами
Почуто двадцять третього Адара I (28 лютого 1943 р.)

«Переможцю над трояндами. Пісня синів Кораха. Тому, хто розуміє пісню любові. Відчуває серце моє слово добре. Кажу я: діяння мої – Царю. Язик мій – перо скорописця. Найчудовіший ти з синів людських, влита чарівність в уста твої…» (Псалом 45).

Переможцю – тому, хто вже переміг трояндии (*«аль шошанім»*), тобто досяг розкриття святої Шхіни, явища Творця, що означає перехід від стану жалоби до стану свята й веселощів (*веселощі, «сасон» – також пишеться з літерою «шин», як і «шошанім»*). І оскільки цей стан включає в себе безліч духовних підйомів й падінь, падіння називаються «шошанім» (*«троянди»*) від слова «шейнаїм» (*«зуби»*), відповідно до виразу «бий його в зуби». Адже немає іншої відповіді на питання грішника в людині, як тільки бити його в зуби. А багаторазово даючи егоїзму по зубах (*«шейнаїм»*), людина приходить до стану «шошанім», в якому включено багато веселощів (*«сасон»*), і тому про нього мовиться у множині: «троянди» (*«шошанім»*).

Сини Кораха, – «корах» від слова «карха» (*облисіння*). «Сеарот» (*волосся*) – зовнішній парцуф, який приховує внутрішній. Волосся (*однина: «сеара»*) означають «астара» (*вкриття*), від слова «саара» (*буря, обурення*). І відомо, що «в міру страждання – винагорода». Тобто, коли людина відчуває обурення і хвилювання (*стан «сеарот»*), – є в неї можливість для внутрішньої духовної роботи. І коли вона виправляє цей стан, то буря (*«саара»*) змінюється на «сеара» (*«волосок», – у написанні немов «врата»*), як сказано: «Це врата (*«шаар»*) до Творця».

Якщо людина виправила всі стани обурення проти духовної роботи (*«саарот»*) і подолала всі приховання (*«астарот»*), то їй нема над чим більше працювати, а тому немає можливості отримати винагороду. Виходить, що коли людина приходить до стану «корах» (*відсутність: «волосся», обурення*), – вона вже нездатна підтримувати в собі віру, котра називається «врата до Творця».

Але якщо немає врат, – неможливо увійти до Храму Творця. Адже це основа основ, тому що на вірі побудована уся будівля. А «сини

Кораха» («*бней Корах*», «*банім*» – *сини*) – від слова «авана», Біна («*розуміння*»), тому що людина в стані «сини Кораха» розуміє, що «корах» – це стан в лівій лінії, від якої походить пекло. Тому бажає продовжити дружбу і любов, яка була у неї в колишньому стані, – тобто до того як переступила їх, – про що сказано: «Творця почув я і злякався» (*як відповідає Адам після progpiху*). А притягнувши сили з минулого стану, може встояти і підніматися від ступеню до ступеню. Тому сказано, що сини Кораха не померли. Адже вони зрозуміли («*авана*», Біна), що залишаючись в стані «корах», не зможуть продовжувати жити, – і тому не загинули.

«Тому, хто розуміє пісню любові», – розуміє, що міра любові до Творця повинна бути досконалою.

«Відчуває серце моє «, – це переживання в серці, які не розкриваються устами. Тобто уста не видають того, що відчувається у серці, а лише «нашіптують губи».

«Слово добре» (*хороша річ, добра властивість*), – хорошою річчю називається віра.

«Кажу я: діяння мої – Царю!», – коли людина отримує світло віри, вона говорить, що дії її – Творцю, а не собі, і заслуговує стану: «язик мій – як перо скорописця», тобто – удостоюється Письмової Тори, що означає мову Моше.

«Найчудовіший ти з синів людських («*яф'яфіта мі бней адам*» – *дослівно: «краса твоя від синів людських»*), – тут йдеться про святу Шхіну, про те, що краса її походить від людей, від того, що люди думають, ніби в ній нічого немає. Але саме з цього стану і народжується її краса.

«Влита чарівність в уста твої». Слово «чарівність» відноситься до речі, яка не має явних переваг, але, тим не менше, привертає, і тому говорять, що в ній є якась чарівність.

«В уста твої» («*сіфтотейха*»), – від слова «соф» (*кінець, край*), – тобто стан, коли людина бачить весь світ від краю до краю.

102. І візьміть собі плід цитрусового дерева
Почуто в Ушпізін Йосефа

Сказано: «І візьміть собі плід цитрусового дерева...» (Тора, Емор). Праведник називається «деревом, котре дає плоди». І в цьому вся відмінність між святістю та нечистою силою, про яку мовлено: «Чужий бог є безплідним і не родить плодів». Тоді як праведник зветься «цитрусом», тому що його дерево приносить плоди цілий рік.

І тому написано про Йосефа, що «він забезпечував продуктами усі народи». Тобто він годував усіх плодами, які у нього були, – а у них не було плодів. І від цього кожен відчував свій стан, – з якої сторони він: з хорошої чи нечистої. Тому сказано, що Йосеф «годував всіх хлібом за кількістю дітей».

«Дітьми» (*таф*) називається рівень ҐАР, в таємниці сказаного: «І нехай вони стануть написанням (*тотафот*) між очима твоїми», що означає головний тфілін. Тому зветься Йосеф сином старих батьків, розумним сином. І в цьому суть слів: «Бо для підтримки життя (*«мехія»*) посланий я», що означає «моах хая», тобто рівень ҐАР.

І про це написано (Тора, Берешит): «Я ж даю тобі понад того, що дав братам твоїм, одну ділянку (*«шехем»*), яку взяв Я з рук Еморея мечем Моїм і луком Моїм» (сини його отримали дві частки, а «ділянка» означає одну частину понад те, як пояснює Раші).

Тобто взяв за допомогою своїх синів (а синами називаються плоди) та віддав Йосефу. І тому сказано про Шауля: «На голову вище (*«мі-шехемо»*) був він усього народу», що означає: «В тебе є одяг, – тобі й бути нам главою».

Тому сказано: «Для чого приходять діти? Для того щоб винагородити тих, хто привів їх». І запитав: «А навіщо їм мудрість? Адже головне – не міркування, а дія». І відповів: «Для того щоб винагородити тих, хто привів їх», – тобто мудрість приходить за рахунок дії.

Що стосується спору між Шаулем і Давидом, то в Шаулі не було жодної вади; тому, як «минув рік після його воцаріння», не знадобилося далі продовжувати його царство, бо закінчив він все в короткий термін. Давид же повинен був царювати сорок років. Давид був з коліна Єгуди, сина Леї, – «вкритого світу». Тоді як Шауль був з коліна Біньяміна, сина Рахелі – «розкритого світу», а тому був протилежним Давидові. Ось чому сказав Давид: «Я хочу миру», – тобто мої завоювання призначені всім і я люблю всіх, – «а вони ведуть до війни».

А також Авешалом був протилежним Давиду. І в цьому суть гріха, який скоїв Єровоам син Навата, коли Творець схопив його за поли плаття і покликав: «Я і ти, і син Ішая *(тобто Давид)* гуляти будемо в Райському Саду». А він запитав: «Хто буде йти на чолі?». Відповів йому Творець: «Син Ішая буде на чолі». І тоді відповів він: «Не хочу!».

А справа в тому, що згідно з порядком ступенів спочатку йде «укритий світ», а потім «розкритий світ». І в цьому сенс сказаного: «Є у мене все» – *(як сказав Яаков)*, і «Є у мене багато» – *(як сказав Есав)*. Тому що «багато» – означає рівень ҐАР, а «все» – означає ВАК. І про це написано: «Як же підніметься Яаков? Адже малий він!». Тому Яаков відібрав у Есава первородство, і потім отримав «все», маючи також рівень ҐАР, що прийшло до нього через Йосефа, як написано «і годував усіх Йосеф».

І тому сказано про Лею, що була вона «ненависна», адже від неї виникає вся ненависть і розбрат, що існують серед «учнів мудреців», тобто кабалістів. І в цьому суть спору Шамая та Гилеля. А в підсумку, дві ці гілки об'єднаються, тобто – коліно Йосефа та коліно Єгуди. І тому сказав Єгуда Йосефу: «Дозволь, пан мій» *(те ж означає: «у мене пан мій»)*, після чого виникає союз Єгуди та Йосефа. Але Єгуда повинен бути на чолі.

Тому святий Арі, який був Машиахом сином Йосефа, міг розкрити так багато мудрості, адже мав дозвіл від «розкритого світу». А суперечка ця триває ще з тих часів, коли «штовхалися сини в утробі її» *(Есав та Яаков)*, адже отримав Есав красиве вбрання, що було у Рівки.

103. Прихильний серцем
Почуто ввечері шабату (тижня глави) Берешит (жовтень 1942 р.)

Сказано: «Від кожного, хто прихильний серцем, беріть приношення Мені» (Шмот, Трума), а «сам предмет приношення походить від святості». Звідси видно, що людина за допомогою святості, виправлення себе, приходить до «пожертви», – використанню свого егоїзму з наміром «заради Творця» *(до властивості Святої Шхіни, яка називається «Приношення Мені»)*. І якщо досягає того, що може привернути до цього все своє серце, пожертвувавши його повністю, то удостоюється зробити «пожертву» – повністю злитися з Творцем *(зі Святою Шхіною)*.

Сказано також: «У день весілля, в день веселощів його». «Хатуна» *(весілля)* – від слова «нахут» *(принижений)*. Якщо людина приймає на себе роботу Творця навіть в самому приниженому вигляді, і, разом з тим, виконує цю роботу з веселощами, тому що вона є важливою в її очах, то вона називається «хатан» *(наречений)* для Шхіни. Де слово «хатан» походить від слова «принижений», тобто – такий, що погоджується на роботу у будь-яких принижених обставинах тому, що важливою є робота, а не те, як вона виглядає в його ще невиправлених очах.

104. Шкідник переховувався в потопі
Почуто ввечері шабату (тижня глави) Берешит (жовтень 1942 р.)

Зогар *(в главі Ноах)* говорить, що «Був потоп, і всередині потопу переховувався шкідник». І запитує: «Але ж сам потоп – шкідник, що вбиває все живе. Так чому ж ще в ньому ховається шкідник? Яка відмінність потопу від шкідника?».

Сам потоп – це тілесні, матеріальні страждання, всередині яких ховається ще один шкідник, який бореться проти духовного і шкодить тим, що тілесні страждання призводять людину до сторонніх *(від духовного)* думок настільки, що вбивають також і її духовне життя.

105. Незаконнонароджений мудрець є кращим за первосвященика, обивателя
Почуто п'ятнадцятого Хешвана (1 листопада 1944 р.) в Тель-Авіві

Сказано, що незаконнонароджений мудрець є кращим за первосвященика, простого обивателя.

«Незаконнонароджений» («мамзер») походить від слова «ельзар» *(чужий бог)*. Якщо людина порушує заборону звертатися до інших сил *(до своїх же егоїстичних бажань панувати над тим, що відбувається)*, народжуються в ній незаконнонароджені («мамзерім»), які звертаються до інших богів, сил. *(Тобто зв'язується людина з нечистою силою, зі своїм егоїзмом, бажаючи наповнити свої егоїстичні бажання.)* Нечиста сила називається «ерва», непристойне місце. Тому в такому випадкові вважається, що чоловік з'явився до «ерва», і зачала вона від нього байстрюка.

А «думка обивателів є протилежною думці Тори». *(Обивателем називається людина, яка знаходиться ще в своїх обивательських, тобто егоїстичних бажаннях.)* Тому є протиріччя між простими людьми і мудрецями Тори, та існує величезна різниця, – чи народжує людина «незаконнонародженого». Адже мудрець вважає, що і це також від Творця, і стан, який уявляється людині зараз, званий «байстрюк», – також посланий їй Творцем *(тобто Творець зробив так, щоб з її зусиль народився «байстрюк»)*. Тоді як грішник каже, що це просто стороння від святої, – від Творця, – думка, яка прийшла до нього в результаті його колишнього гріха. І тому йому потрібно лише виправити свій гріх.

Мудрець же в силах вірити, що і цей стан він зобов'язаний побачити в усьому його справжньому вигляді, але, одночасно з цим, прийняти його та прийняти на себе владу Творця до самопожертви. Тобто навіть коли відбувається те, що здається йому зовсім неважливим настільки, що немає в світі нічого більш нікчемного, непотрібного і прихованого, все одно і такий стан необхідно віднести до Творця та зрозуміти, що Творець створює йому ці ситуації, малює перед ним цю картину дійсності, звану «сторонні думки про управління». А він повинен реагувати на таку малу важливість духовного вище розуму та працювати, ніби розкривається йому вся нескінченна важливість духовної роботи.

Первосвящеником *(Великим коеном)* називається той, хто працює на Творця і виконує так багато в Торі й заповідях, що немає жодної вади в його роботі. Тому, якщо людина бере на себе умови духовної роботи, то закон її такий, що незаконнонароджений мудрець – є переважнішим за Великого коена. Тобто вона приймає свій стан «незаконнонародженого» як «тальмід хахам» *(учень мудреця)*. Мудрецем («*хахам*») називається Творець, а той, хто вчиться («*тальмід*») у Творця бути подібними до Нього, називається учнем мудреця, – «тальмід хахам». І тільки учень мудреця може сказати, що все що отримується ним, що відчувається ним в світі під час його духовної роботи, приходить прямо від Творця.

Тоді як коен поки залишається простим обивателем, – навіть якщо працює на Творця і докладає багато зусиль в Торі й заповідях, але ще не удостоївся вчитися роботі у Творця, – не називається учнем мудреця. І тому в такому стані ніколи не зможе досягти справжньої досконалості, – адже поділяє думку обивателів. А думка Тори є лише в того, хто навчається у Творця. І тільки учень мудреця знає ту істину, що все, що приходить до нього, – сходить від Творця.

Тому сказано в Торі, що рабі Шимон Бен Менасія весь час віддавав Торі, і вдень і вночі, множачи свої зусилля більше за інших, доки не зупинився і не зміг далі збільшувати свої зусилля, – тобто дійшов до такої точки, коли не було чого йому додати, а ніби, – навпаки.

Великий коментатор Тори Раши пояснює, що саме ім'я «Бен Менасія» говорить про те, що він «розуміється у відступі» («*евін аменусе*»), – тобто відступає від шляху, але розуміє («*мевін*»), знає істину, та якими є його справжні якості. Але в такому разі він зупиняється і не може рушити з місця, доки не приходить рабі Аківа і не каже, що необхідно примножити учнів мудреців (*тальмідей хахам*).

І лише зближенням з мудрецями (*тальмідей хахамім*) людина може отримати підтримку. Цю допомогу може надати їй тільки мудрець і ніхто інший, адже яким би великим вона не була у Торі, – все одно зветься просто земним обивателем, якщо не удостоїлася вчитися від самого Творця. Тому зобов'язана людина принизити себе перед мудрецем аби прийняти на себе те, що мудрець дасть їй, – без усяких сперечань й сумнівів, вище свого розуму та розуміння.

Сказано: «Тора є довшою за землю». Тобто Тора починається за межами землі, і тому неможливо нічого почати з середини, адже початок знаходиться за межами землі, – тобто після матерії, егоїзму. Тому первосвященик, іменований земним обивателем, адже хоча і робить велику роботу, але якщо ще не удостоївся світла Тори, то знаходиться на рівні землі, у своєму егоїзмі.

Для того щоб прийти до стану лішма, – заради Творця, – необхідно багато вчитися та докладати зусилля зі стану ло лішма, заради себе. Тобто додаванням зусиль у стані «заради себе» людина досягає істини: вона бачить, що все бажає лише егоїстично. Але, не доклавши величезних сил, неможливо побачити істину.

А іншим разом сказав Бааль Сулам, що людина повинна багато вчитися Торі лішма, щоб удостоїтися побачити істину і зрозуміти, що вона вчиться ло лішма, заради себе. Робота лішма – у винагороді й покаранні, та відноситься до Малхут, а Тора ло лішма називається Зеір Анпін, особисте управління.

Тому царі Ісраелю, котрі всі досягли рівня пізнання особистого управління собою Творцем, зупинилися на тому, що нема чого їм було далі робити і нема чого додати до зробленого. Тому сказано, що не панує над царями Ісраеля ніякий суд і суддя, і немає у них частини в майбутньому світі, тому що не роблять нічого, – адже бачать, що все робиться Творцем.

Тому згадано в Торі ім'я дружини Ахава – Ізабель, від «і-зевель» *(де покидьки?)*, – яка питала: «де є в світі покидь?», адже бачила, що все добре. А чоловік її, Ахав (*«ах-ав»* – *«брат батька»*), тобто брат Творця. Тоді як царів дому Давида – тих судять, тому що царі Давида мають силу з'єднати Творця зі Шхіною, хоча це дві різні речі, – розкриття та вкриття, особисте управління та управління винагородою і покаранням.

І в цьому сила великих праведників, які в змозі об'єднати Творця та Шхіну, – тобто особисте управління з управлінням винагородою й покаранням. І саме вони розуміють, що тільки зі злиття обох народжується остаточна довершеність, яка бажана ними.

106. Дванадцять суботніх хлібів
Почуто в місяці Елуль (серпень 1942 р.)

В полуднєву суботню трапезу прийнято вчиняти благословення на дванадцять суботніх хлібів (*«халот»*), про що співається в суботній пісні: «скуштуємо смак дванадцяти суботніх хлібів, які означають букву в імені Твоєму, подвійну й слабку».

Арі пише, що внаслідок цимцум бет утворилися двоє «вавів»5, котрі позначають праву і ліву сторони парцуфу *(тому буква «подвійна»)*. Через це виправлення цимцум бет відбулося поєднання властивостей милосердя й суду *(Малхут, – келім, що отримують, – та Біни, – келім, які віддають)*, – тому обмеження *(суди)* стають менш жорсткими, ніж до «підсолодження» Біною та виправлення. І потім дві букви «вав» світять в Малхут, у букву заїн. *(Малхут позначається буквою заїн, числове значення якої сім, тому що Малхут – сьома сфіра, починаючи від сфіри Хесед)*.

Сьомий день відповідає стану Ґмар тікун *(кінцевому виправленню)*, яке приходить у майбутньому. Але він світить зі свого стану віддалік також і всі шість тисяч років, протягом яких світ виправляється. Ці шість тисяч років називаються «шістьма днями творіння», які створив Творець для роботи. А субота є днем відпочинку, як написано: «А в день сьомий закінчив Він роботу та відпочивав».

І так світить субота всі шість тисяч років, подібно до тимчасового відпочинку, – як подорожній, що несе весь тиждень важку ношу, зупиняється на відпочинок на один день аби отримати нові сили і продовжити свій шлях. Але після останньої суботи (в Ґмар тікун) вже не настануть будні, тому що нема чого більш виправляти і нема чого додати до роботи.

107. Два ангела

Почуто в тиждень (глави) Тецаве (лютий 1943 р.) в Єрусалимі

У суботній вечір, перед благословенням суботи над чашею вина, співають: «Приходьте з миром ангели світу від Царя всіх ангелів, благословенного Творця. ...Ідіть з миром ангели світу від Царя всіх ангелів, благословенного Творця».

Два ангела супроводжують людину до початку суботи: добрий і злий. Добрий називається «правим», і з його допомогою людина наближається до роботи Творця, що називається «права рука наближає». Злий називається «лівим», він відштовхує людину від роботи, тобто вселяє їй сторонні думки, як в розумі, так і в серці. А коли людина зусиллям волі долає перешкоди від злого ангела і, незважаючи на перешкоди, зближується з Творцем, то вона кожен раз йде вперед і, перемагаючи зло, приліплюється до Творця. Виходить, що завдяки обом ангелам вона зближується з Творцем, тобто обидва вони виконували одне завдання – призвели людину до злиття з Творцем. І тоді людина говорить: «Приходьте з миром».

Коли ж людина вже закінчує свою роботу і вносить всю ліву сторону в святість, про що сказано: «Нема мені де сховатися від Тебе», то не залишається більше роботи у злого ангела, тому що людина своїми зусиллями перемогла всі перешкоди і труднощі, які чинив злий ангел. І тоді злий ангел залишає людину, а людина каже: «Ідіть з миром».

108. Якщо залишиш Мене на день, на два дні залишу тебе
Почуто в 1943 р. в Єрусалимі

Кожна людина є віддаленою від Творця тим, що бажає отримувати.

Але якщо людина тягнеться лише до насолод цього світу, а не до духовного, вважається, що вона є віддаленою від Творця на один день. Тобто на відстань в один день, – тільки на одну якість, яка віддаляє її від Творця через те, що занурена у бажання отримати задоволення цього світу.

Однак, якщо людина наближає себе до Творця тим, що анулює свій егоїзм щодо насолод цього світу, вона називається близькою до Творця. Але якщо потім вона зірвалася і втратила свій духовний рівень, оскільки почала егоїстично бажати насолоди майбутнього світу, то вважається віддаленою від Творця тим, що бажає отримувати духовні насолоди заради себе, і також падає настільки, що бажає отримувати земні насолоди, насолоди цього світу. Тому вважається, що тепер віддалилася від Творця на два дні:

1) бажанням отримувати задоволення цього світу, куди знову впала у своїх бажаннях;

2) бажанням отримувати духовні насолоди – насолоди духовного, майбутнього світу; адже оскільки виконувала духовну роботу, вона зобов'язує Творця платити їй винагороду за її зусилля в Торі і заповідях.

Виходить, що спочатку людина йшла один день і наблизилася до роботи Творця. А потім, ніби два дні йшла назад, – тобто віддалилася від Творця двома видами отримання:

1) отриманням цього світу;
2) отриманням майбутнього світу.

І тому виходить, що вона йшла у зворотний бік.

І вихід тут один – завжди йти шляхом Тори, тобто шляхом віддачі. А порядок повинен бути таким, що спочатку необхідно застерігатися, дотримуючись двох основ:

1) виконувати саму дію заповіді;
2) відчувати насолоду в заповіді завдяки вірі в те, що є насолода Творцеві від того, що вона виконує заповіді.

Отже, людина зобов'язана виконувати заповіді в дії, а також вірити, що Творець насолоджується від того, що нижні виконують Його заповіді. При цьому немає відмінності великої заповіді від малої, – тобто Творець отримує насолоду навіть від самої незначної дії, яку виконують заради Нього.

А потім треба перевірити результат своєї дії, – і це головне, що потрібно побачити людині, – тобто відчувати насолоду від того, що вона завдає насолоди Творцеві. І тут – основний акцент в роботі людини, про який сказано: «Працюйте на Творця в радості». І це повинно бути її винагородою за роботу, коли відчуває насолоду в тому, що удостоїлася порадувати Творця.

Тому сказано в Торі: «А гер, який всередині тебе, підніметься над тобою все вище й вище». «Він буде позичати тобі, а ти не повертай йому». «Гером» *(тим, хто перейшов до іудейства)* називається егоїстичне бажання насолодитися в той час, коли людина входить в духовну роботу і починає працювати на Творця. А до цього він називається «гоєм». *(Гой – це те бажання насолодитися заради себе, з яким людина народжується в нашому світі і в якому існує до тих пір, поки не стає гером.)*

«Він позичає» – означає, що егоїзм дає людині сили духовно працювати, але дає їх у вигляді позики, в борг. Якщо *(егоїзм)* працює день в Торі і заповідях, то, навіть якщо і не отримує на місці винагороду, однак вірить, що йому заплатять пізніше за все, що він вклав у цю роботу. Тому після робочого дня, він з'являється до людини і вимагає повернути борг, – тобто обіцяну йому винагороду за те, що тіло доклало зусиль, виконуючи Тору і заповіді. Але людина відмовляється йому платити. Тоді гер починає кричати: «Що ж це за робота, за яку не виплачують винагороду?!». І потім він вже не бажає давати сили виконувати духовну роботу людині, яка бажає працювати як Ісраель.

«Але ти не повертай йому», – якщо ти даєш йому живлення і приходиш до нього просити, щоби дав тобі сили працювати, то він відповідає, що не зобов'язаний тобі нічого, бо немає за ним ніякого боргу за це живлення. Адже він вже раніше дав тобі сили працювати. І це було за умови, що ти повернеш йому дане тобі, але в тому вигляді, в якому він бажає, – тобто ти купиш за ці сили те, що він бажає. А тепер, замість того щоб розрахуватися, людина ще раз з'являється і ще раз просить у борг. Тому егоїстичне бажання в ній стає мудрішим і вже заздалегідь робить розрахунок, – наскільки вигідно йому брати участь в задумах людини. Іноді воно стає скромним і каже, що бажає обмежитися лише необхідним, – досить йому того, що є у нього. І тому воно не бажає давати людині сили для духовної роботи. Іноді воно говорить людині, що шлях, яким вона йде, – це небезпечний шлях, і може вона взагалі витрачає свої сили даремно. Або ж воно говорить, що зусилля у багато разів перевищують винагороду, тому воно не згодне давати сили, щоб працювати.

І якщо людина бажає отримати від свого тіла *(від свого бажання)* сили йти шляхом Творця, – тобто працювати у віддачі аби всі її дії вели до звеличення Творця, – то тіло говорить їй: «А що мені буде від цього?». Тобто задає відомі питання: «Хто?» і «Що?». Точно, як заперечення Фараона: «Хто такий Творець, що я зобов'язаний слухатися Його голосу?» та заперечення грішника: «Що дає вам ця робота заради Творця?». Ці питання цілком справедливі з боку тіла, егоїстичного бажання людини, адже насправді такими були його умови. Тому, якщо не слухати голос, тобто волю Творця, то завжди тіло з'явиться з претензіями: чому не виконуються його умови, чому воно нічого не отримує?

Але повинна людина слухати голос Творця. Як тільки в черговий раз відчуває деякий відступ від духовного шляху і повинна почати спочатку своє зближення з Творцем, – що називається: була в духовному падінні, виході з духовного, та починає духовний підйом, вхід в духовне (*котрі повторюються з нею безліч разів*), – вона повинна сказати своєму тілу: «Знай, що я бажаю увійти в духовну роботу і мої наміри – лише віддавати, а не отримувати нічого; і нема чого тобі сподіватися, що ти хоч щось отримаєш за свої зусилля, а знай, що все піде тільки на віддачу».

А якщо тіло запитує: «Що буде мені від цієї роботи?», тобто: «А хто взагалі отримує плоди цієї роботи, на яку я повинне віддати стільки сил?», або запитує ще простіше: «Заради кого я мушу так важко працювати?», то треба відповісти йому: «Я вірю мудрецям, які пізнали й передали мені, що я повинен вірити простою вірою, вірою вище знання, що Творець заповідав нам прийняти на себе віру в те, що Він велів нам виконувати Тору і заповіді». І повинна людина вірити в те, що є у Творця насолода від того, що ми виконуємо Тору і заповіді вірою вище знання, та радіти, що своєю роботою завдає насолоди Творцеві.

У підсумку, ми бачимо, що є тут чотири умови:

1) вірити в мудреців, – що вони передали нам істину;

2) вірити в те, що Творець заповідав виконувати Тору і заповіді тільки вірою вище знання;

3) є радість у Творця від того, що створіння виконують Тору й заповіді на основі віри;

4) людина повинна отримувати радість і насолоду від того, що вона удостоїлася радувати Творця, і величина та важливість роботи людини вимірюється мірою веселощів, які відчуваються людиною під час її роботи, що залежить від міри віри людини в ці чотири умови.

Звідси виходить, що якщо ти виконуєш умову: «Коли почуєш ти голос Творця...», – тобто будеш виконувати сказане Творцем, – то всі сили, які ти отримуєш від свого тіла, не вважатимуться одержуваними як позика, котру однак ти зобов'язаний повернути «...якщо не будеш слухати голос Творця». І якщо тіло запитує: чому воно зобов'язане давати сили для духовної роботи, коли ти йому нічого не обіцяєш навзаєм, – ти зобов'язаний відповісти йому, що для цього воно і створене, і що поробиш, якщо його ненавидить Творець, – як сказано, що Творець ненавидить тіла. І більш того, сказано в книзі Зогар, що Творець особливо ненавидить тіла саме тих, хто працює на Нього, тому що вони (*тіла*) хочуть отримати вічність, – винагороду не лише від цього світу, але, в основному, – винагороди духовні, вічні.

Тому саме тут і є умова: «...він позичає, але ти не повертай». Тобто ти не повинен нічого повертати своєму тілу за енергію та зусилля, які воно дало для виконання духовної роботи. Але якщо ти повернеш йому якесь задоволення, воно повинно бути тільки у вигляді позики, а не винагороди чи повернення. Тобто воно повинне дати тобі за це сили для роботи. Але в жодному разі не давати йому ніякої насолоди безкоштовно.

А тіло має постійно давати тобі енергію для роботи і абсолютно безкоштовно. Ти ж не давай йому жодної винагороди і постійно вимагай від нього забезпечувати тебе силою для роботи, як той, хто дає в борг, вимагає з боржника. І тоді тіло завжди буде рабом, а ти – його володарем.

109. Два види м'яса
Почуто двадцятого Хешвана

Зазвичай розрізняють два види м'яса: м'ясо тварин і м'ясо риб. В обох є ознаки нечистоти, і Тора дала нам ці ознаки для того, щоб ми знали від чого віддалятися та не впали в нечистоту.

В рибі ознаки чистоти – це наявність плавців та луски. І якщо людина бачить ці ознаки, – то вже знає, як остерігатися і не впасти в нечисті бажання.

Плавець («снапір») – від слів «соне пе ор» (*рот, який ненавидить світло*). Малхут називається «пе» (*рот*). Все світло (*ор*) приходить в парцуф від неї, – адже вона означає віру. А коли людина відчуває віру як нікчемне, подібне до праху землі, – це час, стан, коли вона явно знає, що повинна виправляти свої дії, піднятися зі стану «Шхіна у прасі».

А що означає луска («каскесет»)? Коли людина долає стан «снапір», тобто стан, коли вона взагалі не могла працювати, то починають проникати в неї думки-перешкоди («кушія») про вище управління, які називаються «каш» («*солома*», – *від слова «кушія» – «важкі питання»*). І тоді вона випадає з роботи Творця. Але потім вона починає докладати зусиль у вірі вище знання і приходить до неї чергова перешкода – думка про неправильне управління світом Творцем. Тобто виходить, що є в неї вже два «каш», від чого і утворюється слово «луска» («кас-кесет», – *літери «шин», «сін» – взаємозамінні*). І кожен раз, коли людина долає вірою вище знання чергові нехороші думки про управління Творця, вона підіймається, а потім опускається. І тоді людина бачить, що не в змозі подолати безліч перешкод, і немає в неї іншого виходу з її стану, як тільки закричати до Творця, про що сказано: «І заволали сини Ізраелю від цієї роботи, і почув їх Творець і вивів їх з Єгипту «, – тобто врятував від усіх страждань.

Сказано мудрецями, що говорить Творець: «Не можу Я бути разом з себелюбцем», – тому що вони є протилежними один одному своїми властивостями. Адже є два види тіла в людині: внутрішнє і зовнішнє. У внутрішнє тіло вдягається духовна насолода, тобто віра та віддача, звані «моха» (*розум*) і «ліба» (*серце*). У зовнішнє тіло вдягається матеріальне задоволення, зване «знання» й «отримання». Посередині, – між внутрішнім і зовнішнім тілами, – є середнє тіло, яке не має своєї назви, але якщо людина робить добрі діяння, тобто дії віддачі, то його середнє тіло приліплюється до внутрішнього. А якщо людина робить недобрі дії, тобто дії отримання, то його середнє тіло приліплюється до зовнішнього. Таким чином середнє тіло отримує життєву силу – чи духовну від віддачі, чи матеріальну від отримання.

І оскільки внутрішнє та зовнішнє тіла є протилежними за властивостями, то, якщо середнє тіло прикріплене до внутрішнього, то це стає причиною смерті для зовнішнього тіла. І навпаки, – якщо середнє тіло прикріплене до зовнішнього, це стає причиною смерті внутрішнього тіла. Адже вся свобода вибору людини – лише в тому, куди віднести середнє тіло: продовжити його злиття зі святістю, або навпаки.

110. Поле, яке благословив Творець
Почуто в 1943 р.

Сказано (*в Торі*) в (*главі*) Берешит: «Поле, яке благословив Творець». Шхіна називається полем. Іноді поле, – «саде שדה», – стає брехнею, – «шекер שקר».

Буква гей (ה) складається з двох букв, – букви вав (ו) і букви далет (ד). Буква вав всередині букви гей позначає душу, а буква далет позначає Шхіну. А коли душа людини вдягається у Шхіну, – утворюється буква гей. Але якщо людина бажає додати до віри знання й отримання, цим вона продовжує букву вав донизу, тобто до нечистих сил, і з букви гей (ה) утворюється буква куф (ק), а буква далет (ד) стає буквою рейш (ר). Через те, що буква далет, яка означає властивість «даль» (*бідний, скудний*), не задовольняється вірою, а бажає додати, ця властивість обертається з далет на рейш, як то кажуть: «А цей, навіть царюючи, народжений убогим» (Писання, Коелет). І стає слово «даль» (*скудний*) словом «раш ש״ר» (*жебрак, убогий*), тому що вносить в себе лихе око, – як в розум, так і в серце, про що сказано: «І обгризає її вепр лісовий» (Псалом 80).

І око це є «залежним», тому що повертається до розділення, коли нечиста сила стане ангелом святості. В цьому сенс сказаного: «Благословен Творець навічно!», тому що людина приходить до стану, коли йде з неї вся життєва сила, але вона кожного разу зміцнюється, і тоді удостоюється стати як «Поле, яке благословив Творець». А лихе око обертається на добре. І тому називається око залежним, адже перебуває у сумніві, – бути йому добрим чи поганим. І тому повертається до розділення, про яке сказано: «Один гідний іншого», як сказано: «Не було більшої радості, ніж в той день, коли створив Творець небо і землю».

І тому в результаті здійсниться сказане: «Буде Творець – єдиний та ім'я Його – єдине», в чому полягав задум творіння. І все стає як одне ціле в своєму виправленому кінцевому стані, тому що у Творця минуле, теперішнє й майбутнє поєднані одне з одним та є рівними. Тому Творець дивиться на остаточний вигляд створіння, яким воно постане в кінці свого виправлення, коли включені до нього всі душі в світі Нескінченності у своїй довершеності, та немає там ніякого недоліку.

Але створіння поки відчувають відсутність досконалості, і їм здається, що необхідно ще додати і виправити в собі те, що на них покладене, що називається: «Те, що створив Творець для виконання». Тобто всі нестачі і гнів (як сказано: «У злісній людині немає нічого, крім гніву») – це справжня форма прояву егоїзму, і всі виправлення спрямовані лише на те, щоб перевернути його на віддачу. І в цьому вся робота людини.

Адже до створення світу все було в Єдиному Творці, як сказано: «Він та ім'я Його – єдине». Тобто, хоча ім'я Його виходить з Нього і розкривається ззовні, вже називаючись Його ім'ям, – але, все ж, вони єдині. І в цьому сенс слів: «Один гідний іншого».

111. Видих, голос, мовлення

Почуто двадцять дев'ятого Сівана (2 липня 1943 р.) в Єрусалимі

Є в духовному такі поняття, як «видих», «голос», «мовлення», а також, «лід» і «жахливий».

«Видих» – це відбите від екрану світло, обмежуюча сила, яка не дозволяє отримати більш, ніж в змозі отримати з наміром заради Творця, – «аби не повернутися знову до дурості своєї». А коли досягає «видих» своєї повної міри, то це обмеження, – тобто екран з відбитим світлом, – називається «голос».

«Голос» – це попередження, – тобто говорить людині, щоби не переступала Закони Тори. Якщо ж порушить, – негайно втратить смак Тори. Тому, якщо знає точно, що, порушивши духовні закони, втратить смак духовного і зв'язок з ним, то стережеться від порушення обмеження.

І тоді людина приходить до стану «мовлення», – що означає Малхут, – та здатна зробити зівуґ де-акаа, з'єднання, злиття Творця зі Шхіною, внаслідок чого світло Хохма сходить вниз.

Є два ступені:
1) віддача заради віддачі (без отримання);
2) отримання заради віддачі.

Коли людина бачить, що може отримати заради віддачі, то, природно, не бажає залишатися у рабстві «віддачі заради віддачі». Адже від отримання людиною задоволення заради Творця у Творця виникає більша насолода, тому що світло Хохма наповнює бажання отримати це світло та насолодитися ним, в чому і полягала мета творіння. Тому бачить людина, що немає сенсу залишатися в роботі «віддача заради віддачі», в світлі хасадім, адже це – світло виправлення, а не мети творіння. Але тут вона негайно приходить до переривання смаку Тори і залишається без нічого, тому що світло хасадім є вбранням на світло Хохма, і якщо бракує цього вбрання, то, навіть якщо є у неї світло Хохма, – все одно нема куди їй отримати його.

І тоді людина приходить до стану, який називається «жахливий крижаний холод». Тому що в єсоді парцуфа Аба, парцуфа Хохми, є світло Хохма, але немає світла хасадім, яке би вдягнуло в себе світло Хохма. Тому єсод парцуфа Аба називається вузьким від нестачі світла хасадім, але довгим від наявності світла Хохма. Світло Хохма може світити лише будучи вдягненим у світло хасадім, а поза облаченням у світло хасадім, світло Хохма застигає та обертається на лід. Немов застигла вода, – хоча і є вода *(світло хасадім називається «вода»)*, але якщо вона не поширюється вниз, то стає льодом.

Єсод парцуфа Іма, парцуфа Біна, називається «жахливим», тому що він короткий від нестачі світла Хохма *(внаслідок цимцум бет)* та широкий від присутності світла хасадім.

Тому лише при дії обох, – єсоду де-Аба та єсоду де-Іма, – можна прийти до розповсюдження світла Хохма в світлі хасадім.

112. Три ангели

Почуто в тиждень (глави) Ваєра (жовтень 1942 р.)

Необхідно зрозуміти:

1. Навіщо троє ангелів відвідали Авраама після бріт мила (обрізання)?
2. Чому Творець відвідав його і що сказав йому під час візиту?
3. Чому відвідувач забирає шістдесяту частину хвороби?
4. Чому Авраам віддалився від Лота?
5. Сенс перевороту землі в містах Сдом і Амора?
6. Сенс прохання Авраама не знищувати Сдом?
7. Чому дружина Лота подивилася назад та обернулася на соляний стовп?
8. Що було у відповіді Шимона і Леві жителям Шхема з приводу обрізання, коли сказали: «...а інакше це ганьба для нас»?
9. Що за два «розставання» залишилися від Лота та були виправлені в дні царів Давида і Шломо?

КЛАСИЧНА КАБАЛА

У кожному духовному стані ми розрізняємо три його компоненти: світ-рік-душа. Також і в дії бріт мила – союзі обрізання, союзі людини з Творцем, є ці три компоненти: світ-рік-душа. (Взагалі, є чотири союзу з Творцем: союз очей, союз язика, союз серця, союз крайньої плоті, – тобто союз обрізання. І союз обрізання містить в собі всі інші.)

Шкіра, крайня плоть, – це бхіна далет, яку необхідно відторгнути з її місця, щоби впала до рівня праху, в малхут, коли малхут знаходиться на своєму місці, – тобто на рівні праху. Це відбувається завдяки тому, що парцуф Аба дає «ловен», біле світло, яке опускає вниз всі окремі малхут з усіх 32 частин на місце самої малхут, – в самий низ створіння. Внаслідок цього, всі сфірот відбілюються від авіюту малхут, від її обмеження, «властивості суду», адже через це обмеження відбулося розбиття екрану (*шві-рат келім*). А потім парцуф Іма дає «одем», червоне світло, від чого малхут отримує властивості Біни, званої «земля» (*адама*), а не прах.

В Малхут розрізняють два стани: земля і прах. Землею називається малхут, в якій є властивості Біни. Такий стан називається підйомом Малхут в Біну, або «підсолодження» Малхут. Прахом називається малхут на своєму місці, без підняття у Біну. Такий її стан називається також мірою суду (*суворості, обмеження*).

Коли Авраам мав народити Іцхака, який є сукупною властивістю Ісраеля, йому необхідно було очистити себе за допомогою дії бріт мила (*обрізання*), щоб Ісраель народився чистим (*від бажання самонасолодитися, кліпот*).

Як і в кожній дії, так і в бріт мила є три визначення «світ-рік-душа». На рівні «душа» («*нефеш*») бріт мила називається союзом обрізання тому, що відторгає крайню плоть і зводить її до рівня праху. «Світ» в союзі обрізання – це перевертання Сдома та Амори. Поєднання всіх душ у світі називається «Лот». А дія обрізання в світі називається «перевертанням Сдома». Зцілення болю після обрізання називається порятунком Лота. Сам Лот – означає «проклята земля», бхіна далет.

Коли людина удостоюється злиття з Творцем, коли зрівнюється з Ним за властивостями, і всі її бажання, – лише віддавати, та нічого – заради себе, вона приходить до стану, коли їй нема чого робити, – немає місця для роботи. Адже заради себе не має потреби ні в чому. А заради

Творця, – вона бачить, що Творець є досконалим та не відчуває ні в чому нестачі. У такому випадкові людина ніби застигає на місці і страждає від обрізання, бріт мила, тому, що обрізання вплинуло на її можливість працювати. Адже обрізання – це відокремлення бажання отримати, над яким вона вже не панує. Тому їй нема чого додати до своєї роботи. На це є виправлення: навіть після того як людина удостоїлася відсікти від себе егоїстичне бажання, не дивлячись на це залишаються в ній іскри від бхіни далет, які чекають на своє виправлення. А вони виправляються притяганням світла великого стану. Тому є у людини і далі можливість для роботи.

Тому праотець Авраам після вчинення обрізання відчував біль, і Творець з'явився до нього з візитом у вигляді ангела Рафаеля (*«Рафу»* – *означає лікування*) та вилікував його.

(Є всього чотири основних ангела: Міхаель – з правої сторони, Гавріель – з лівої сторони, Уріель – спереду, Рафаель – позаду. Позаду – означає, що він знаходиться зі сторони Малхут, із заходу. І він виліковує Малхут після відсікання крайньої плоті, тобто останньої частини Малхут, далет де-далет, щоби створити нове місце для роботи.)

А другий ангел з'явився, щоби перевернути Сдом. Оскільки відсікання крайньої плоті «в душі» (*зі світ-рік-душа*) називається обрізанням, а «в світі» (*зі світ-рік-душа*) називається перекиданням Сдома. І як після відсікання крайньої плоті залишається біль, який необхідно вилікувати, так і після перекидання Сдома виникає біль, який зветься «розставання». Їхнє лікування називається «порятунок Лота», і вилікувавшись вони в майбутньому дають «Два хороших розставання».

Але як взагалі можна уявити собі хороші розставання? Як і після відсікання крайньої плоті виникає біль внаслідок відсутності духовної роботи, так і від розставань, іскор (*«нецуцим»*), що залишилися від бхіни далет, виникне місце роботи, бо їх необхідно виправити. А виправити їх неможливо до відсікання крайньої плоті. Адже спочатку необхідно піднятися і виправити 288 іскор, а потім виправляють 32 іскри, звані «лев а-евен» (*кам'яне серце*). Тому спочатку всюди відсікають крайню плоть, і це повинно бути в таємниці (*«сод»*), – тобто невідомо заздалегідь, що ці іскри залишаються у вигляді решимот. А потім слідує виправлення до «єсод». І в цьому сенс таємниці (*«сод»*) лікування обрізання, тобто доповнення «єсоду», коли додаванням до «сод סוד» букви йуд (י) з «таємниці» (*«сод»*) виходить «єсод יסוד».

І тому той же ангел Рафаель йде потім рятувати Лота і призводить до «хороших розставань», які стосуються Рут і Наомі, – тобто «моха» й «ліба» *(розуму і серця)*. «Рут» означає «гідна», якщо не вимовляти букву алеф. «Наомі» означає «приємна», те, що тішить серце, а потім отримує підсолодження завдяки Давиду і Шломо.

Але перед цим сказав ангел: «Не озирайся назад!», оскільки «Лот» означає бхіну далет, яка, тим не менш, пов'язана з Авраамом. Але «позаду неї», тобто за бхіною далет, де залишається лише сама бхіна далет без підсолодження Біною, – там величезні морські чудовиська: Левіатан та його дружина. Тому вбивають нукву і «засолюють», щоби зберегти для праведників, які прийдуть в майбутньому, – в кінці всіх виправлень. Ось чому обернулася дружина Лота подивитися назад, як написано: «І озирнулася дружина Лота та обернулася на соляний стовп». Необхідно спочатку вбити її, і тому були зруйновані Сдом і Амора. Але потрібно врятувати Лота, який називається «Левіатан» *(тобто – поєднання бхіни далет з Авраамом)*.

І це розв'яже вічне питання: як міг ангел, що вилікував Авраама, врятувати також Лота? Адже існує правило, котре не дозволяє одному ангелу виконувати дві місії. Але справа в тому, що це – одна місія. Адже має залишитися решимо від бхіни далет, але щоб це було таємницею. Тобто поки людина не зробила собі обрізання, вона не повинна нічого знати про це, та вбиває бхіну далет. А Творець збереже її, «засолить» для прийдешніх праведників, і тоді «таємниця» (*«сод»*) обернеться на «єсод».

Звідси стає зрозумілим суперечність між пастухами, купленими Авраамом і Лотом («*купівля*» *– означає духовне придбання*). Придбання Авраама були заради того, щоби збільшити його властивість, тобто віру вище знання, за допомогою якої людина дійсно удостоюється всього. Виходить, що він бажав надбань заради того, щоби вони засвідчили, що шлях вірою вище знання – це істинний шлях. А свідченням того є те, що надсилаються йому згори духовні досягнення. І за допомогою них він намагається йти лише шляхом віри вище знання. Але він бажає цих духовних винагород не тому, що це важливі духовні ступені. Тобто він вірить у Творця не заради того, щоб досягти за допомогою віри великих духовних осягань, а потребує духовних осягнень, аби знати, чи йде він правильним шляхом. Виходить, що після всіх великих станів він бажає йти саме шляхом віри, тому що тоді він бачить, що робить щось.

Тоді як пастухи Лота жадають лише духовних надбань і великих осягань, – тобто бажають збільшити властивість Лота, який називається «проклята земля», – бажання насолодитися заради себе і серцем і розумом, бхіна далет. Тому сказав Авраам до Лота: «Віддалися ти від мене!», тобто бхіна далет повинна відокремитися від нього у всіх трьох зв'язках «світ-рік-душа».

Відокремлення бхіни далет називається відсіканням крайньої плоті:
- відділення крайньої плоті «в душі» називається обрізанням,
- відділення крайньої плоті «в світі» називається перекиданням Сдома,
- відділення крайньої плоті «в році» – це взаємне включення всіх душ, яке означає властивість Лота, від слова «прокляття», яке зветься «проклята земля», і тому Авраам хотів відокремитися від нього.

Але Лот все ж був сином Арана, що означає цимцум бет, який називається «струмок, що витікає з Раю, щоб окропити сад». А є таке поняття, як «по той бік струмка», – тобто за струмком, що означає цимцум алеф. І є відмінність між цимцумом алеф і цимцумом бет, тому що в цимцум алеф всі обмеження розміщуються під сфірот святості, як вони спочатку вийшли згідно з порядком поширення світів. Тоді як в цимцум бет обмеження піднялися на місце святості і вже можуть за неї вчепитися. У цьому сенсі вони є гіршими за цимцум алеф і не поширюються далі.

Земля Кнаан відноситься до цимцум бет, і це означає дуже погані властивості, тому що вони чіпляються до святості. Тому написано про них: «Не залишиться там в живих жодна душа». Однак властивість Лот відноситься до бхіни далет і його необхідно врятувати. Тому троє ангелів приходять як один. Перший – щоби благословити потомство, з якого вийде народ Ісраеля. І тут також міститься натяк на заповідь Тори «плодіться та розмножуйтеся», що приводить до розкриття таємниць Тори, які називаються синами (*«банім»*) від слова «розуміння» (*«авана»*).

І всього цього можливо досягти лише після виправлення, яке називається «обрізання». У цьому таємний сенс слів, сказаних Творцем Аврааму: «Чи утаю Я від Авраама, що Я зроблю?» (Тора, Берешит). Адже Авраам боявся знищення Сдома, побоюючись втратити всі свої келім отримання. І тому він сказав: «А якщо є в цьому місті 50 праведників?», — оскільки повний парцуф містить п'ятдесят ступенів. А потім запитав: «А якщо набереться там сорок п'ять праведників?», — Тобто — авіют бхінат гімел, який означає «сорок», і плюс «далет де-ітлабшут», тобто ВАК — половина ступеню або п'ять сфірот. І так він питав, поки не сказав: «А якщо є десять праведників?», — тобто рівень Малхут, в якій лише десять. Але коли він побачив, що навіть рівень Малхут не може вийти звідти, тоді погодився Авраам з руйнуванням Сдома.

Виходить, що коли Творець прийшов провідати Авраама, той благав про Сдом. І про це сказано: «Зійду ж і подивлюся: чи в міру крику його, що дійшов до Мене, чинили вони», — тобто повністю загрузли в егоїстичних бажаннях, — «тоді все, — кінець! А якщо ні, — то буду знати». Значить, якщо є в них властивість віддачі, то Він дізнається це і приєднає їх до святості. Але, оскільки побачив Авраам, що не вийде з них нічого хорошого, то погодився на руйнування Сдома.

І в цьому сенс написаного: «А Лот оселився в околицях та розставив намети до Сдома», — тобто до того місця, де мешкає саме бажання насолодитися, але ще на землі Ізраеля.

Однак «по той бік струмка», — тобто на стороні цимцум алеф, де панує сама бхіна далет, — неможливо працювати, адже на своєму місці бхіна далет перемагає і панує. І тільки на землі Ізраеля, яка знаходиться під цимцум бет, і можлива вся робота.

І в цьому таємниця імені «Авраам»: «Створений буквою гей» *(бе-гей-браам)*, — тобто буква йуд розділилася на дві літери гей: на нижню гей *(малхут)* і верхню гей *(біна)*, і Авраам взяв собі включення нижньої гей у вищу гей.

А з цього стає зрозумілим історія Шимона та Леві, які обдурили жителів Шхема, після того, як Шхем забажав Діну. І оскільки всі його наміри виходили лише з бажання насолодитися, то вони сказали йому, що всі жителі Шхема повинні зробити обрізання, — тобто скасувати свої келім отримання. Але оскільки намір насолодитися — це єдине, що у них було, то вийшло, що цим обрізанням вони вбили себе, адже після обрізання втратили своє бажання насолодитися, що для них є рівнозначним загибелі.

Виходить, що жителі Шхема, власне, обдурили самі себе, – адже їхнім єдиним наміром було дістати Діну, сестру Шимона і Леві. І думали вони, що зможуть отримати Діну в егоїстичні келім. Але коли вже зробили обрізання і хотіли отримати Діну, то з'ясувалося, що можуть використовувати лише келім віддачі, а келім отримання втрачені ними після обрізання. І оскільки були відсутні в них іскри віддачі, – адже Шхем був сином Хамора, який розумів лише егоїстичне отримання, – тому не змогли вони отримати Діну у келім віддачі, що є протилежним їхньому кореню. Адже їхнє коріння – тільки в Хаморі, в бажанні насолодитися, і в підсумку не отримали вони ні там, ані там. І тому сказано, що Шимон і Леві привели їх до смерті, проте самі ж вони і винні в своїй смерті, – а не Шимон і Леві.

І з цього приводу сказали мудреці: «Якщо образив тебе цей негідник – тягни його в Бейт мідраш *(тобто вчитися)*». Але що ж означає «образив»? Нібито не завжди є цей підлий кривдник – бажання насолодитися? Але справа в тому, що не всі вважають своє егоїстичне бажання підлим. Якщо ж людина відчуває підлість свого егоїзму, то бажає позбутися від нього, як сказано: «Нехай завжди рушать людиною її добрі помисли, а не зле начало. Досягне успіху в цьому, – добре, а не досягне успіху, – нехай займається Торою, а якщо це не допоможе, – нехай прочитає молитву «Слухай Ісраель», а якщо і це не допоможе, – нагадай йому про день смерті».

Виходить, що є у нього відразу три поради, і однієї недостатньо без інших. І це відповідає на одвічне питання: чому Ґмара робить висновок, що якщо не допомогла перша порада, – тобто притягти його в Бейт Мідраш, – то треба прочитати молитву «Слухай Ісраель», а якщо і це не допоможе, – нагадати йому про день смерті? Навіщо ж тоді йому перші дві поради, які навряд чи допоможуть? Чому б відразу не скористатися останньою порадою, тобто нагадати йому про день смерті? З цього приводу пояснюється, що одна порада не може допомогти, а необхідні всі три разом.

1) Тягти в Бейт Мідраш – це значить до Тори.
2) Читання молитви «Слухай Ісраель» - означає Творця і злиття з Ним.

3) Нагадати про день смерті, – значить віддано передати свою душу, як вчинює Ісраель, – подібно до голубки, яка сама витягує шию *(під жертовним ножем)*.

Тобто всі три поради об'єднуються в єдине правило, яке називається: «Тора, Ісраель і Творець – це одне ціле «.

Щодо Тори і читання молитви «Слухай Ісраель» можна отримати допомогу вчителя. Але стати Ісраель, пройшовши таїнство обрізання, – тобто передати свою душу Творцеві, – можна лише завдяки власній роботі людини. Однак і в цьому їй допомагають з висі, – як сказано: «Укладу Я союз з ним». Тобто Творець допомагає людині, але все ж почати цю роботу покладене на неї саму. І в цьому сенс сказаного: «Нагадай йому про день смерті», – тобто потрібно весь час нагадувати собі про це і не забувати, тому що це – основне в роботі людини.

А решимот, які потрібно залишити після порятунку Лота, відносяться до «двох хороших розставань», що стосуються Амана і Мордехая. Адже Мордехаю, який бажає тільки віддавати, зовсім не потрібно притягувати світла великого стану. Але саме завдяки Аману, який хоче отримати собі всі світла, пробуджується людина і бажає притягнути світло великого стану. Але коли вона вже притягнула це світло, – не можна отримувати його в бажання Амана, які називаються келім отримання, – а тільки в келім віддачі. І в цьому сенс того, що говорить Цар Аманові: «І зроби так єврею Мордехаю», що означає – світла Амана, які світять в келім Мордехая.

113. Молитва «Шмоне Есре» (Вісімнадцять благословень)

Почуто п'ятнадцятого Кіслева, в шабат

В молитві «Шмоне Есре» сказано, що Творець чує кожного з народу Ісраеля з милосердям. І незрозуміло, – адже спочатку сказано, що Творець чує молитву кожного, тобто навіть молитву того, кого небажано чути. А потім сказано, що Творець чує народ Ісраеля з милосердям.

Тобто Він чує тільки молитву про милосердя, а інакше молитва не є чутною.

ШАМАТІ • ПОЧУТЕ

І необхідно знати, що вся тяжкість, яка відчувається людиною в її духовній роботі, викликана протиріччями, що виникають на кожному її кроці. Наприклад, існує правило, що людина повинна принижувати себе. Але якщо вона буде слідувати цій крайності, то хоча і сказали мудреці: «Будь гранично скромним», проте, ця крайність не видається правилом, бо відомо, що людина повинна йти проти усього світу і не піддаватися безлічі думок та ідей, поширених в ньому. Як то кажуть: «Та загордиться серце його на шляху Творця». І якщо так, – то це правило не можна називати досконалим?

Та з іншого боку, якщо людина, навпаки, загордиться, – це теж недобре. Оскільки про кожного гордівника сказав Творець, що не можуть Він і гордій жити разом.

І також ми бачимо протиріччя щодо страждань. Адже якщо Творець посилає страждання якійсь людини, та ми повинні вірити, що Творець хороший і творить добро, то, безумовно, ці страждання на користь людині. Так чому ж ми молимося Творцеві аби відвів від нас страждання?

І потрібно знати, що страждання даються виключно для виправлення людини, щоби вона була готовою отримати світло Творця. Призначення страждань в тому, щоб очистити тіло, про що сказали мудреці: «Як сіль підсолоджує м'ясо, так страждання очищають тіло». І додали, що молитва замінює страждання, – адже вона теж очищає тіло. Молитва називається шляхом Тори, і тому вона більш ефективно очищає тіло, ніж страждання. Тому заповідано людині молитися про страждання, – адже це приносить добро і самій людині особисто, і всім загалом.

Протиріччя викликають труднощі в духовній роботі та перерви в ній, коли людина не може продовжувати роботу, відчуваючи поганий настрій. І здається їй, що вона нездатна прийняти на себе тягар роботи Творця та нести його, як «бик під ярмом і осел під поклажею». І в такий час людина називається «не бажаною». Але потім, коли всі свої наміри вона направляє на підтримку рівня віри, яка називається властивістю Малхут, бажаючи підняти Шхіну з праху так, щоби звеличилося Ім'я Його в світі, зросла велич Творця, і свята Шхіна не перебувала б у злиднях та бідності, тоді Творець чує кожного і навіть того, хто не дуже бажаний, – тобто відчуває себе ще далеким від духовної роботи.

Так пояснюється, що Творець чує кожного. Коли Він чує кожного? У той час, коли народ Ісраелю молиться про милосердя, – тобто про підйом Шхіни з праху, за набуття віри. Це нагадує людину, яка не їла три дні, і коли вона просить, щоби дали їй щось поїсти, – природно, не вимагає ніяких надмірностей, а тільки підтримати життя.

І так само в роботі Творця: коли людина відчуває себе такою, що знаходиться між небом і землею, то не вимагає у Творця нічого зайвого, а тільки світло віри, щоби Творець висвітлив очі людини та допоміг їй отримати віру. І це називається підняттям Шхіни з праху. І така молитва приймається у кожного, в якому б стані людина не перебувала. Якщо вона просить дати їй віру для порятунку її душі, то приймається її молитва.

Це означає «просити милосердя», адже вона молиться лише про те, щоби згори зглянулися та дали їй підтримати своє життя. Тому написано в Зогарі, що молитва про бідняка, тобто про святу Шхіну, відразу ж приймається.

114. Суть молитви
Почуто в 1942 р.

Як можливе милосердя по відношенню до молитви? Адже є умова: «Якщо говорить тобі людина, що досягла духовного, не доклавши всіх зусиль, – не вір їй». Порада ж в тому, що людина повинна обіцяти Творцю, що видасть всі необхідні зусилля після отримання духовних сил, – поверне все сповна.

115. Неживе, рослинне, тварина, людина
Почуто в 1940 р. в Єрусалимі

Неживе: немає у нього волі та влади над собою, а знаходиться під владою Господаря та зобов'язаний повністю виконати бажання Господаря. А оскільки Творець створив всі створіння Собі на славу, як сказано:

«Кожен, названий ім'ям Моїм, створений на славу Мені», – тобто створив створіння для Себе, – то природа Творця, як Господаря, відбита у створіннях. Тому жодне створіння нездатне працювати для ближнього, а робить все лише заради себе.

Рослинна: в ньому вже проявляється початок самостійного бажання, – в тому, що може вчинювати в чомусь проти бажання Господаря, тобто може робити щось не заради себе, а віддавати. І це вже суперечить бажанню Господаря, що придав своїм створінням бажання отримувати для себе. Але все ж, ми бачимо в земних рослинах, що хоча вони і роблять якісь рухи, розповсюджуючись в ширину та висоту, є в них у всіх одна особливість, – жодна з них не може бути проти природи всіх рослин, а зобов'язана дотримуватися законів всіх рослин, і немає у неї сил зробити щось проти інших. Тобто немає в ній самостійного життя, її життя – це частина життя всіх рослин. Всі рослини ведуть один спосіб життя, всі вони – ніби одна рослина, частинами якої вони є.

Так само і в духовному: той, хто вже має невеликі сили подолати своє бажання насолодитися, проте знаходиться в рабстві навколишнього суспільства, ще не в стані йти проти нього. Але все ж, він може йти проти свого бажання насолодитися, – тобто вже діє з бажанням віддавати.

Тварина: у кожної тварини є своя особливість, і вона не перебуває в рабстві у навколишнього суспільства, – у кожної своє відчуття, у кожної свої властивості. І, звичайно, вона може в чомусь діяти всупереч бажанню Господаря, тобто працювати на віддачу, а також – непідвладна оточенню, – адже в неї є своє особисте життя, яке не залежить від життя інших.

Але тварина не в змозі відчути більш ніж себе, – тобто не в змозі відчувати сторонніх, а тому не може піклуватися про інших.

Людина. Володіє такими перевагами:
1) вчинює всупереч бажанню Господаря,
2) не залежить від собі подібних, від суспільства, як рослинне,
3) відчуває сторонніх, а тому може дбати про них і наповнювати їх.

Оскільки може страждати стражданнями суспільства, то може й радіти радощам суспільства. Може отримувати відчуття від минулого та майбутнього, тоді як тваринний рівень відчуває лише сьогодення і тільки себе.

116. Заповіді не потребують наміру

«Заповіді не потребують наміру» і «немає винагороди за їх виконання в цьому світі». Намір – це думка і смак в заповіді. І це, насправді, – винагорода. Тому, що якщо людина куштує смак заповіді, а також розуміє думку її, вона не потребує вже більшої винагороди. Тому, якщо заповіді не потребують наміру, то, звичайно ж, немає за них винагороди в цьому світі, бо немає у людини сенсу і смаку в заповіді.

Виходить, що якщо людина знаходиться в такому положенні, коли немає у неї жодного наміру, то не отримує при цьому жодної винагороди за заповіді, адже винагорода за заповідь – її розум і смак. А якщо немає у людини цього, то, звичайно ж, немає у неї винагороди за заповідь в цьому світі.

117. Доклав зусиль та не знайшов – не вір

Необхідна міра зусиль – це наш обов'язок. Підносячи людині подарунок, Творець хоче, щоб та відчула цінність подарунка, інакше уподібниться дурню, про якого сказали мудреці: «Який дурень, – втрачає те, що дають йому!». А оскільки не цінує подарунок, то й не береже його.

І як правило людина не відчуває ніякої цінності в речі, яка не була їй необхідною. А чим сильніше відчуває її необхідність та страждає від її відсутності, тим більше скуштує насолоду й радість, досягнувши бажаного. За прикладом людини, якій пропонують різні смачні напої, але якщо вона не відчуває спраги, то не відчує в них ніякого смаку, який «немов бальзам для змученої душі». І тому, коли влаштовують частування аби втішити та порадувати друзів, то разом з рибою, м'ясом та всілякими смачними речами подають на стіл гострі й гіркі приправи, такі, як гірчиця, гострий перець, маринади і соління. І все це для того, щоби збудити страждання голоду. Адже коли серце покуштує гіркий і гострий смак, то прокинеться в ньому голод і бажання, які можна буде потім з насолодою вгамувати на трапезі всякими частуваннями. І нікому не прийде в голову сказати: «А для чого мені ці спеції, що збуджують страждання голоду? Хіба мало для господаря приготувати лише те, що вгамує бажання гостей, тобто саму їжу, і не розпалювати в них ще більший апетит?». І відповідь ясна всім: адже господар хоче, щоби гості насолодилися частуванням, а чим більший голод вони будуть відчувати, тим більшу насолоду отримають від трапези.

Тому, аби удостоїтися світла Творця, необхідно страждати від його відсутності. А відчуття, якого бракує, прямо пов'язане з вкладеними зусиллями: чим більше зусиль докладає людина і прагне до Творця під час самого сильного вкриття, тим більше починає потребувати Творця, щоб Творець розкрив їй очі та дав можливість йти дорогою Творця. І коли вже є у неї це клі, – страждання від відсутності Творця, – тоді Творець допомагає людині згори, і природно, такий подарунок людина вже зможе зберегти. Таким чином, зусилля – це зворотна сторона (*ахораїм*). А коли людина набуває зворотної сторони, то отримує можливість удостоїтися лицьової сторони (*панім*) – розкриття лику Творця.

І про це сказано: «Дурень не прагне до розуміння», – тобто не відчуває бажання докладати зусилля, щоби досягти розуміння. Виходить, що немає в нього «зворотного боку», а значить, – неможливо йому розкрити «лицьову сторону», лик Творця. І про це сказано: «У міру страждання – винагорода». Тобто саме страждання, котрі означають докладені зусилля, і створюють в людині бажання, клі, яке дозволить їй отримати винагороду. І чим більшим буде її страждання, тим більшої радості й насолоди вона зможе удостоїтися згодом.

118. Коліна, що схиляються перед господарем

Є такі поняття, як «дружина» (*або жінка*) і «чоловік» (*або господар*). Жінкою називається та, хто «має лише те, що дає їй чоловік». А чоловіком (*або господарем*) називається той, хто сам забезпечує собі все благо. «Коліна» – означають властивість схиляння, як сказано: «схили свої коліна».

Схиляння може бути двох видів.

1) Коли людина схиляється перед тим, хто більше за неї. І хоча не знає його справжньої висоти, але вірить у його велич, а тому схиляється перед ним;

2) Коли людина абсолютно точно знає велич та висоту іншого.

І розрізняють також дві віри у велич вищого.

1) Коли людина вірить у велич вищого тому, що не має іншого вибору. Тобто немає в неї ніякої можливості дізнатися його справжню висоту;

2) Коли є у людини можливість точно і беззаперечно дізнатися справжню висоту вищого, але, незважаючи ні на що, вона вибирає шлях віри, як сказано: «Велич Творця – вкрита». І хоча є в її тілі іскри, які бажають точно з'ясувати висоту вищого, – щоб не йти без розуму, немов тварина, – вона, тим не менш, обирає шлях віри.

Виходить, якщо людина не має іншої можливості і тому слідує шляхом віри, – вона називається жінкою, яка може лише отримувати від чоловіка, як сказано: «Безсилий немов жінка». Той же, хто володіє вибором, і при цьому бореться за те, щоби йти шляхом віри, – називається чоловіком та воїном. Тому той, хто обрав слідувати шляхом віри, маючи можливість обрати знання, називається чоловіком або господарем, тобто тим, «хто не схилився перед господарем», – адже не схиляється до роботи господаря, котра вимагає знання, а йде шляхом віри.

119. Учень, який навчався потай
Почуто п'ятого Тішрея (16 вересня 1942 р.)

Розповідає Ґмара: «Був один учень, який навчався потай. Вдарила його Брурія і сказала: «В усьому повинен бути впорядкований союз Його з тобою!». Якщо впорядкований в РАМАХ *(248 духовних органів),* – то здійсниться».

Вчитися «потай «(хашай), – означає перебувати в малому стані *(катнут),* від слів «хаш-маль». «Хаш» називаються келім, бажання лицьової сторони *(такі, що віддають),* а «маль» – келім зворотної сторони, нижче від хазе *(такі, що отримують)* і призводять до великого стану *(ґадлут).*

Той учень думав, що якщо заслужив виправлення в келім «хаш», – тобто бажання віддавати, – і всі його наміри лише заради віддачі, то вже досягнув повної досконалості. Але метою творіння та створення всіх світів було втішити створених, – аби отримали всі вищі насолоди, і людина змогла осягнути всю висоту свого рівня, всі свої келім, навіть нижче від хазе, – тобто всі двісті сорок вісім (*РАМАХ*) частин душі.

Тому нагадала йому Брурія *(ім'я від слова «бірур» – «з'ясування»)* висловлювання з пророків: «У всьому впорядкований союз», – тобто у всіх двохсот сорока восьми бажаннях отримання. Іншими словами, повинен він продовжити світло також нижче від хазе і досягти великого стану.

І це називається «маль», тобто «мовлення», яке означає розкриття, що відкриває всю висоту його рівня. Але щоби не нашкодити собі цим, потрібно перш за все досягти малого стану *(катнут)*, який називається «хаш» та осягається потай, тобто ще не розкритий. А потім він також повинен з'ясувати частину «маль», що відноситься до великого стану *(гадлут)*, і тоді розкриється на всю свою висоту.

І про це сказано: «впорядкований та охоронюваний», – тобто якщо вже досяг малого стану, який забезпечує йому охорону, може продовжити світло в келім отримання і досягти великого стану та не боятися нічого!

120. Чому не їдять горіхи у Новий рік

Почуто під кінець свята Рош га-Шана (1942 р.) в Єрусалимі

Сенс звичаю не їсти горіхи у Новий Рік в тому, що гематрія *(числове значення)* слова «горіх» відповідає слову «гріх». І виникає питання: адже «горіх», згідно зі своїм числовим значенням, також відповідає слову «добро»?

І пояснює Бааль Сулам, що «горіх» символізує Древо пізнання добра і зла, і поки людина не досягла повернення до Творця з любові, для нього горіх означає «гріх». А вже удостоїлася повернення до Творця з любов'ю, – обертає свої гріхи на заслуги, і те, що було гріхом, перетворюється для неї на добро. І тоді їй вже можна їсти горіхи.

Тому потрібно бути обережним та їсти лише таку їжу, яка ніяк не натякає на гріх, – тобто тільки плоди з Древа життя. А такі плоди, гематрія яких пов'язана з гріхом, натякають на Древо пізнання добра і зла.

121. Подібна до суден торгових

Сказано: «Подібною є вона до суден торгових, які привозять свій хліб здалеку» (Мішлей).

В той час, коли людина відстоює: «Все моє!», вимагаючи, щоб усі її бажання були присвячені Творцеві, тоді прокидається, повстає проти неї нечиста сила *(сітра ахра)* і теж вимагає: «Все моє!». І починають вони торгуватися... Торгівля означає, що людина хоче купити якусь річ, і покупець сперечається з продавцем про її вартість. Тобто кожен наполягає, що справедливість на його стороні. І тут тіло дивиться, – кого йому вигідніше слухатися: того, хто одержує, або силу віддачі, коли обидва вони заявляють: «Все моє!». І бачить людина свою ницість, адже пробуджуються в ній проблиски незгоди з тим, щоби виконувати духовну роботу навіть на саму малість, що називається «на самий кінчик букви йуд», і все її тіло вимагає: «Все моє!».

І тоді вона «привозить свій хліб здалеку», – як результат віддалення від Творця. Адже якщо бачить людина, наскільки є далекою від Творця, – шкодує про це і просить Творця наблизити її, – завдяки цьому «привозить свій хліб». «Хліб» означає віру, і так людина удостоюється міцної віри, – адже «Зробив Творець, щоби тремтіли перед Ним». Тобто всі ці стани, в яких вона відчувала віддалення від Творця, приносить їй сам Творець для того, аби відчула потребу в трепоті перед небесами.

І в цьому сенс сказаного: «Адже не хлібом єдиним живе людина, а всім, що виходить з уст Творця». Це означає, що життєва сила святості приходить до людини не тільки від наближення до Творця і входження в духовне, тобто вступу до святості, але також внаслідок виходів звідти, – тобто завдяки віддаленню від Творця. Коли нечиста сила проникає в тіло людини і справедливо вимагає: «Все моє!», то, долаючи такі стани, людина досягає міцної віри.

Вона повинна все те, що відбувається, віднести до Творця і зрозуміти, що навіть виходи з духовного походять від Нього. А коли удостоюється міцної віри, тоді бачить, що абсолютно все, починаючи від виходу з духовного і до входу в нього, – приходить лише від Творця.

А тому зобов'язана людина бути скромною, адже бачить, що все робиться лише Творцем, – як падіння з духовного, так і входження до нього. І з цієї причини сказано про Моше, що був він скромним і терплячим, адже людині потрібно прийняти свою ницість. Тобто на кожному ступені вона повинна зміцнюватися в усвідомленні своєї нікчемності, а в ту мить, коли втрачає його, – тут же пропадає для неї весь ступень «Моше», якого вже досягнула, – і досить тому, хто розуміє... Це вимагає терпіння, адже всі розуміють свою нікчемність, але не кожен відчуває, що бути нікчемою – це добре, а тому не хоче з нею змиритися. Тоді як праотець Моше був смиренним у скромності і тому звався скромним, тобто радів своєму низькому станові.

І існує закон: «Там, де немає радості, не може запанувати Шхіна (*Божественна присутність*)». Тому в період виправлення неможлива присутність Божественної Шхіни, – хоча виправлення і необхідне. (За прикладом відхожого місця, куди змушена людина зайти, хоча й усвідомлює, що, зрозуміло, це не царський палац).

І в цьому сенс слів «благословення» та «первородство», які складаються з одних і тих же букв (*«браха» та «бхора»*). «Первородство» означає ҐАР. І нечиста сила бажає світло ҐАР, та лише без благословень. Адже благословення – це облачення на світло мохін. І Есав бажав свого первородства без облачення, а світло мохін без облачення заборонене для отримання. А тому сказав Есав батькові: «Невже не залишив ти для мене жодного благословення?». «Жодного благословення» – означає протилежність благословенню, тобто прокляття. Про що сказано: «Він любив прокляття, – і вони прийшли. Не любив він благословень».

122. Пояснення до Шульхан арух

Почуто ввечері шабату (тижневої глави) Ніцавім, двадцять другого Елуля (4 вересня 1942 р.)

Потрібно зрозуміти, про що йде мова в «Шульхан арух», де йдеться про те, що людина повинна повернутися до читання молитов цих страшних днів, щоби коли прийде час молитви, вона вже була досвідчена та звична до молитви.

◆ КЛАСИЧНА КАБАЛА ◆

Справа в тому, що молитва – це відчуття, яке народилося в серці як результат попередньої роботи в ньому, тобто серце має погодитися зі словами, що промовляються (а інакше це називається обманом, і молитва є нещирою, – адже не відчуває серцем те, що говорить). Тому в місяці Елуль людина повинна привчити себе до величезної роботи. Головне, щоби вона змогла просити Творця: «Запиши нас до життя», і серце при цьому було згідним, – щоб не лицемірила, а були її серце та слова єдиними. Адже людина бачить те, що бачать її очі, а Творець бачить те, що відбувається в серцях.

І людина просить Творця присудити її до життя, а життя для неї – злиття з Творцем, і вона хоче досягти його за допомогою того, щоби вся її робота була лише заради віддачі і не було би в неї жодних думок про власну насолоду.

Але в той час, коли відчуває вона те, про що говорить, серце її може злякатися, що молитва її може бути прийнята, і не залишиться в неї ніякого бажання заради самого себе. І видається людині, що вона залишає всі насолоди цього світу, а разом з цим – і всіх друзів, і родичів, і все своє майно, та йде в пустелю, де немає нічого, крім диких звірів, і ніхто нічого не дізнається про неї та її існування. Людині здається, що разом пропадає весь її світ, і вона відчуває, що втрачає світ, повний радості життя, ніби вмираючи по відношенню до нього. І в той час, коли представляється їй така картина, відчуває вона, ніби втратила розум. А іноді нечиста сила (сітра ахра) допомагає людині намалювати її стан такими чорними фарбами, що її тіло відштовхує цю молитву. І виходить, що молитва її не може бути прийнята, адже вона сама не хоче, щоб її прийняли.

Тому потрібна підготовка до молитви. Людина повинна привчити себе до такої молитви, щоб серце і слова її були єдині, а серце може погодитися, якщо звикне до розуміння, що отримання – це віддалення від Творця, а головне, – життя, – це злиття з Ним, віддача. І завжди повинна докладати зусиль в роботі Малхут, що зветься «письмом», чорнилом і досвітніми сутінками, не прагнучи до того, щоби її робота була «ясною та зрозумілою» (як співзвучні імена «Лівні» та «Шимі» з глави Тори «Шмот»). Тобто людина повинна слухати Тору і заповіді не лише коли світло, а й повинна займатися ними без будь-яких умов, не роблячи різниці між чорним та білим, – щоб у будь-якому випадку виконувала вимоги Тори і заповідей.

123. Відштовхує та пропонує Свою руку одночасно

Почуте (спогади про мого батька і Вчителя)

Сенс вислову «Малхут знаходиться в очах» у тому, що створюється екран та вкриття, котре застилає очі. Тоді як очі дають людині зір, – тобто дозволяють бачити приховане управління Творця.

Суть проб і досвіду в тому, що немає у людини можливості вирішити та обрати ні те, ані це. Тобто не може усвідомити бажання Творця і наміри вчителя. І хоча вона в змозі виконати роботу, жертвуючи собою, але нездатна вирішити, – чи буде її робота, якій вона віддає всю душу, саме такою, яка потрібна, чи вона розходиться з бажанням Творця і думкою вчителя.

І для того, щоб зробити правильний вибір, необхідно вибрати те, що зобов'язує людину збільшувати зусилля, тому що тільки зусилля покладені на людину і нічого більше. А якщо так, то взагалі нема чого людині сумніватися, чи правильно вона вчинює, думає або говорить, – а просто завжди повинна збільшувати зусилля.

124. Субота створення світу, та – шести тисячоліть

Є два види суботи: одна – Субота створення світу, Берешит, а інша – Субота шести тисячоліть. І в чому ж різниця між ними?

Відомо, що буває спочивання після завершення роботи і буває тимчасовий відпочинок, перепочинок. Спочивання настає, коли нема чого вже додати до роботи. Тоді як «відпочинок» походить від слів «встав перепочити», щоб отримати енергію і відновити сили, з якими продовжить потім свою роботу.

Субота створення світу означає завершення роботи, до якої нема чого більше додати, і називається спочиванням. А субота шести тисячоліть – це відпочинок, за рахунок якого людина отримує силу і життєву енергію, щоб продовжити свою роботу в будні дні. І з цього зрозумій сказане мудрецями: «Поскаржилася субота Творцеві, що всім Він дав пару, а їй не дав. І відповів їй Творець: Ісраель буде тобі парою».

Її парою називається Зеір Анпін, і якщо є Нуква, то можливе поєднання цієї пари, завдяки якому народжуються нащадки, тобто оновлення та додавання. Нуквою називається нестача наповнення, і якщо в якомусь місці відчувається недолік, значить, є можливість його виправити. І всі виправлення приходять для заповнення недоліків, притягаючи вище світло в те місце, де ці недоліки відчуваються. Виходить, що спочатку немає ніяких недоліків, а все, що раніше здавалося недоліком, насправді з самого початку приходить як виправлення, що дозволяє пролитися вищому достатку згори.

І схоже це на людину, яка захоплена якимось питанням та докладає зусиль, аби його зрозуміти. Коли ж пізнає відповідь, то вже не відчуває, які муки відчувала раніше від свого нерозуміння, а навпаки, – радіє своїй здогадці. І радість ця вимірюється мірою зусиль, вкладених нею для того, щоби досягти розуміння. Виходить, що час пошуку називається Нуквою – відчуттям нестачі. А коли людина об'єднується з цим недоліком, то народжує наслідок, – тобто новий стан.

І на це скаржилася субота, – адже в суботу немає роботи, а тому не може бути жодних результатів і оновлень.

125. Той, хто насолоджується суботою

Почуто восьмого Сівана (15 червня 1949 р.) в Єрусалимі

Кожен, хто насолоджується суботою, отримує у своє володіння безмежний уділ, як сказано: «Насолоджуватися будеш у Творці, і Я зведу тебе на висоти землі, і живити тебе буду спадщиною Яакова, отця твого» (Пророки, Ісая). І не так, як Авраам, про якого написано: «Встань, пройди уздовж всієї цієї землі». І не як Іцхак, про якого написано: «Бо тобі і твоєму потомству віддам всі ці землі». А як Яаков, про якого написано: «...І поширишся на захід і на схід, на північ та на південь».

І незрозумілим є сказане, якщо сприймати його буквально, – адже хіба не кожній людині з Ісраеля буде відданий весь світ, тобто безмежний уділ?

ШАМАТІ • ПОЧУТЕ

І почнемо з висловлювання мудреців: «В майбутньому Творець виведе сонце з його обителі та затьмариться його сяйво. І вчинить воно суд над грішниками, а праведники завдяки йому зціляться, відповідно до сказаного: «І ось прийде той день, що палає як піч, і стануть всі пихаті та всі, хто творить злочин, ніби солома, і спалить їх день той прийдешній, як сказав Творець Всесильний, що не залишить їм ні кореня, ані гілки» (Пророк Малахі), – ні кореня в цьому світі, ні гілки в світі майбутньому.

Праведники зціляються Ним, як сказано: «І засяє вам, ті, хто боїться імені Мого, сонце порятунку, і зцілення – в крилах його», а крім того, ще й «стоншуються» завдяки йому (трактат Авода Зара, 3,2).

І треба розібратися в цій загадці, яка задана мудрецями: що таке сонце та його обитель, і звідки виникає ця протилежність? Що таке «корінь в цьому світі і гілка в світі майбутньому»? І чому сказано: «...а крім того, ще й стоншуються завдяки йому». Чому не сказано просто: «зцілюються і стоншуються завдяки йому»? Навіщо сказано: «і крім того»?

І прояснюється це зі слів мудреців: «Ісраель веде відлік по місяцю, а інші народи – по сонцю». Справа в тому, що світло сонця символізує саме ясне знання, як то кажуть: «ясно як день», тобто – як світло сонця. А народи світу не отримали Тори і заповідей, як написано, що повернувся Творець, обійшовши всі народи, бо не захотіли вони насолодитися світлом Тори, що означає світло місяця, який відбиває світло Творця – світло сонця, тобто всеосяжне світло. І, разом з тим, є у них прагнення та бажання досліджувати Творця та пізнати Його самого.

Тоді як Ісраель веде відлік по місяцю, що означає Тору і заповіді, в які вдягається світло Творця. І тому Тора – це обитель Творця. І сказано в книзі Зогар: «Тора і Творець – одне ціле». Тобто світло Творця одягається в Тору і заповіді, і Він та його обитель складають єдине ціле. А тому Ісраель ведуть відлік по місяцю, заповнюючи себе Торою та заповідями, і завдяки цьому удостоюються також Творця. Тоді як інші народи не дотримуються Тори й заповідей, тобто не зберігають обитель Творця, а тому немає у них навіть світла сонця.

І в цьому сенс слів: «В майбутньому Творець виведе сонце з його обителі». І сказано, що є висока потреба у розкритті Творця серед людей, адже Творець жадає цього і прагне. І в цьому криється суть шести днів творіння, тобто роботи в Торі і заповідях, адже «Все, що створив Творець – Він створив для шанувальника Свого». І навіть буденна робота – це теж робота Творця, як написано: «Не для порожнечі створив Він землю, а щоби населити її», і тому називається вона обителлю.

А субота – це світло сонця, день відпочинку для вічного життя. Як сказано, що Творець приготував світ у два ступеня:

1) коли відкриється Його Божественна присутність *(Шхіна)* завдяки Торі й заповідям протягом шести днів роботи;

2) коли відкриється Його присутність в цьому світі без Тори й заповідей.

І це таємниця «бейто – ахішена» (*«свого часу»* – *«випереджаючи час»*). Удостояться – «випередять час», тобто прийдуть до цього розкриття шляхом Тори і заповідей. Не удостояться – прийдуть «свого часу», тому що розвиток створіння під гнітом непомірних страждань в результаті досягне свого кінця і призведе людство до визволення. Поки не зацарює Творець та Його Божественна присутність в людях. І це називається «свого часу», – тобто в результаті природного ходу розвитку.

126. Мудрець прийшов у місто

Почуто на трапезі в честь свята Шавуот (травень 1947 р.) в Тель-Авіві

«Мудрець прийшов у місто» (Мішлей). Мудрецем називається Творець. А «прийти в місто» означає, що в Шавуот Творець розкриває Себе світові.

Сказав лінивий: «Лев чекає на дорозі, а мудрець можливо не вдома, а двері напевно замкнені». Але недарма сказано: «Якщо докладав зусиль і не знайшов – не вір!». І якщо бачить людина, що ще не удостоїлася близькості з Творцем, то звичайно ж тому, що не вклала достатньо зусиль, і називається ледарем.

Але чому вона не працювала? Якщо шукає близькості з Творцем, так чому не хоче докласти до цього зусилля, адже навіть жодної матеріальної мети не досягнеш без праці? І насправді вона готова докладати зусилля, якби тільки не лев на дорозі, тобто нечиста сила, як написано: «підстерігає лев у засідці». Людина, котра почала шлях до Творця, зустрічає лева, який перегороджує дорогу, і якщо програє цю битву, то вже не підніметься. І тому боїться вона починати цей шлях, – адже хто може здолати його? Тому кажуть їй: «Немає ніякого лева на твоєму шляху!». Тобто «Немає нікого, крім Нього», адже не існує іншої сили в світі, як написано: «І все, що утворене, створене Ним для того, аби тріпотіли перед Ним».

І тоді знаходить людина іншу відмовку: «А мудрець можливо не вдома!». Дім мудреця – це нуква, свята Шхіна. Та оскільки не може людина з'ясувати, – йде шляхом святості, чи ні, – то каже, що мудрець напевно не вдома. Тобто це не Його дім, не дім святості, і звідки людині знати, – чи йде вона істинним шляхом. І тоді кажуть їй: «Мудрець вдома!», – тобто «душа людини навчить її», і врешті-решт вона дізнається, що рухається шляхом святості.

І тоді заперечує людина: «А двері напевно замкнені!». Тобто неможливо зайти всередину палацу, тому що «не кожен бажаючий наблизитися до Творця прийде до Нього та наблизиться». Але кажуть їй: «Не замкнені двері!», адже бачимо ми, що багато хто удостоївся увійти всередину.

І тоді вона відповідає: «Що б не було, – все одно не піду!». Адже якщо людина ледача та не бажає докладати зусилля, то стає розумною й непоступливою, побоюючись звалити на себе марну роботу. А насправді той, хто хоче працювати, – навпаки, бачить, що багато хто досяг успіху. Якщо ж не хоче працювати, то помічає, що є такі, хто не досяг успіху, – хоча це тільки тому, що не доклали зусиль. Але він ледачий і бажає лише виправдати себе та свої вчинки, а тому пускається в розумні міркування. Істина ж у тому, що потрібно прийняти на себе духовну роботу без всяких суперечок й міркувань, і тоді досягнеш успіху!

127. Різниця між основним наповненням та додаванням світла

Почуто в четвертий напівсвятковий день Сукота (30 вересня 1942 р.) в Єрусалимі

Відомо, що зникнення світла мохін і припинення зівуґу (злиття) відбувається лише при додаванні світла, а основа ступені ЗОН – це шість сфірот *(вав)* і точка. Тобто Малхут, за своєю суттю, – це не більше ніж точка, чорна точка, в якій немає нічого білого. І якщо людина приймає цю точку за свою основу і більше не каже, що бажає позбутися такого стану, а навпаки, приймає його як найкраще, то це називається «прекрасним домом у серці». Адже вона не засуджує це рабство, а вважає його найголовнішою для себе цінністю. І цим вона «піднімає Шхіну з праху». А якщо вона дотримується цієї основи, як самої для неї важливої, то вже неможливо їй впасти зі свого ступеню, тому що основне наповнення ніколи не зникає.

І коли людина приймає на себе умову працювати в якості чорної точки, навіть при найглибшій пітьмі, яка тільки буває в світі... тоді каже свята Шхіна: «Нема де мені сховатися від тебе». А тому: «Одним вузлом ми зв'язані» та «не розірвати його ніколи». Тому ніколи не припиняється для людини злиття.

Якщо ж приходить у неї якесь додаткове світіння згори, то вона приймає його згідно з умовою: «Неможливо *(відмовитися від насолоди)* та не має наміру *(насолодитися)*», адже це приходить від Творця без усякого прохання з боку людини. І про це сказано: «Чорна я і прекрасна. І якщо зможеш прийняти цю чорну пітьму – то побачиш мою красу».

Про те сказано: «Хто дурний, нехай зайде сюди...» (Мішлей). І коли він залишає всі свої заняття та бажає працювати лише на благо Творця, немов «нетямуща тварина, я перед Тобою» (Псалом 73), тоді удостоюється побачити кінцеву довершеність. І в цьому сенс слів: «Безсердечному вона сказала...». Оскільки не було у нього серця, – то зобов'язаний був стати дурним і довірливим, інакше неможливо йому було наблизитися.

Але іноді людина потрапляє в стан, який називається «Шхіна у прасі», коли її точка опускається в нечисті світи БЄА. І тоді вона називається «трояндою між шипів», у якій є шипи й колючки, і в цей час неможливо отримати жодного наповнення, адже вона потрапляє під владу кліпот. І такий стан приходить завдяки діям самої людини, – адже як людина діє внизу, – так вона і впливає на корінь своєї душі нагорі в святій Шхіні. Тому, якщо людина внизу знаходиться в рабстві у свого егоїзму, то вона викликає той же самий стан нагорі, дозволяючи кліпі панувати над святістю.

В цьому значення «опівнічного виправлення», коли ми молимося про відновлення Шхіни з праху, – тобто про її піднесення наверх, де б вона набула важливості. Адже верх і низ визначаються за ступенем важливості. І тоді називається вона чорною точкою. А під час опівнічного виправлення людина набирається сил і каже, що хоче виконати сказане про «Лівні та Шимі». Лівні – це властивість білого кольору (*лаван*), в якому немає нічого чорного. А Шимі означає «чув я» («*шмія лі*»), – тобто таке, що приймається розумом, коли стає для людини прийнятним й допустимим взяти на себе владу Творця.

А «опівнічне виправлення» (*тікун хацот*) – це виправлення розділенням (*мехіца*), – тобто відділення святості від кліпот, коли виправляється зле начало, яке вміщене всередину егоїстичного бажання, та приєднується до бажання віддачі.

«Вигнання» («*гула*») складається з тих же букв, що і «визволення» («*геула*»), яке відрізняється лише буквою «алеф». Тобто потрібно притягнути Творця (*найбільшого в світі* – «*алуфо*») у стан вигнання, і тоді ми відразу ж відчуємо визволення. І в цьому таємний сенс слів: «Той, хто через недбалість завдасть шкоди, нехай кращим з надбання свого заплатить». І тому сказано: «Якщо сама людина судить себе внизу, то немає суду над нею з висі».

128. З голови тієї сочиться роса на Зеір Анпін

Почуто в третій день тижня (глави) Мішпатім (27 лютого 1943 р.)

«З голови тієї сочиться роса на Зеір Анпін» (Книга Зогар). У кожного волоса під його білим коренем є лунка, про що сказано (Писання, Йов, 9): «Бурею уб'є Він мене» («*саара*» – «буря», а також «волосся»), і тому мовиться, що «Відповідав творець Йову з бурі». І в цьому сенс слів: «Кожен, кого переписують, нехай вкладе половину шекелю у священний шекель» – «одна «бека» (*вибоїна*) з голови – дати на покуту душ їхніх» (Тора, Шмот).

Суть волосся розкривається з таких понять, як чорнота й чорнило. Коли людина відчуває віддалення від Творця через те, що долають її чужі духовному думки – це називається «волоссям» («*сеарот*»). А «білий корінь», – тобто білизна, виникає в той час, коли впливає на неї світло Творця, наближаючи її до Себе. І обидва разом називаються вони «світло й клі».

Вся робота починається з пробудження людини до роботи Творця, коли вона удостоюється «білого кореня» та відчуває в роботі Творця життя і світло. А потім приходить до неї якась думка, що є чужою духовному, завдяки якій вона падає зі свого ступеню та віддаляється від роботи. Чужа думка називається бурею («*саара*») та волосом («*сеара*»). А під волосом є лунка, що означає недолік й отвір в голові.

Адже, перш ніж відвідали людину сторонні думки, її голова була цілою й досконалою, і була вона близькою до Творця. Але завдяки чужим думкам, вона віддаляється від Творця, а це означає, що вже з'являється в її голові недолік. І своїми жалями про те, що це сталося, вона відкриває з цього отвору «водне джерело». Так стає волосся каналом для передачі світла, завдяки чому людина знову удостоюється білого кореня для волосся. А потім знову долають її сторонні думки та знову віддаляють її від Творця. І знову утворюється лунка під волосом, тобто отвір в її голові та недолік. А вона шкодує про це і ще раз породжує «водне джерело», і тоді волосся перетворюється на канал, який проводить світло.

Так це триває й триває, і ті ж стани повторюються знову і знову, – підйоми й падіння, – доки не примножаться ці «волоси» до повної міри. Адже кожного разу, коли людина повертається та виправляє стан, вона притягує світло. А це світло називається росою, як сказано: «Голова моя повна росою» (Пісня Пісень). Бо світло приходить до людини поперемінними порціями, кожного разу крапля за краплею. Коли ж вона повністю закінчує свою роботу «і ніколи більше не повернеться до дурості своєї», то «оживляє ця роса мертвих» (Зогар).

І в цьому сенс «бека» (*виboїни*), що означає, що сторонні думки свердлять їй голову. І в цьому ж суть половини шекеля, тому що людина – є наполовину грішником та наполовину праведником. І слід розуміти, що ці «половина на половину» не відбуваються одночасно, а в будь-який момент повинен бути закінчений стан. Адже якщо людина порушила одну заповідь та не виконала її, то вже не вважається наполовину праведником, а вважається повним грішником.

Але є два часи. У певний час вона – праведник, – тобто зливається з Творцем і повністю виправдовується. А потім приходить до людина падіння, і вона стає грішником. Як сказано: «Створений світ тільки для абсолютних праведників або для закінчених грішників». І тому називається людина «половиною», оскільки чергує два часи.

Тому сказано: «Для спокутування душ їхніх» – за рахунок «бека» *(вибоїни),* коли людина відчуває, що її голова є недосконалою, адже якщо проникає в неї якась стороння думка, то її розум перестає бути досконалим та у згоді з Творцем. А своїм жалем про це вона спокутує свою душу. І так кожен раз, – каючись і повертаючись до Творця, вона притягує світло, доки не сповниться світлом у повній мірі, як сказано: «Голова моя сповнена росою».

129. Шхіна у прасі

Запитали його: «Чи дорогими є тобі твої страждання?». І відповів: «Ані вони, ані нагорода за них. Плачу я про красу, що кинута гнити у прасі» (Вавилонський Талмуд).

Головні страждання відчуваються в тому, що вище знання. І чим більш страждання розходяться з розумом, – тим вони сильніші. Це називається вірою вище знання, і від такої роботи Творець отримує насолоду. Виходить, що винагорода полягає в тому, що робота ця приносить задоволення Творцю.

Але тимчасово, доки не зможе людина перемогти себе і виправдати управління Творця, до тих пір залишається Шхіна у прасі. Тобто робота згідно з вірою, котра зветься Святою Шхіною, проходить у вигнанні, – зведена до праху. І про це сказав він: «Ані вони, ані нагорода за них», тобто не може витерпіти це тимчасове положення. І на це відповів: «І про те, і про це я плачу» (Вавилонський Талмуд, трактат Брахот).

130. Тверія мудреців наших, як хороше побачити тебе

Почуто першого Адара (21 лютого 1947 р.) у Тверії

Тверія мудреців наших, як хороше побачити тебе! «Зір» – означає мудрість, Хохма. «Хороше» – означає, що там людина здатна досягти мудрості рівня Хохма.

І рабі Шимон Бар Йохай очистив ринки Тверії від нечистоти мертвечини, – тобто бажання насолодитися, про яке сказано: «Грішники за життя своє звуться мерцями». А вся нечистота належить тільки рівню Хохма, тому саме в Тверії, де зосереджена мудрість *(Хохма)*, потрібно було очистити ринки.

131. Той, хто приходить очиститися

Почуто в 1947 р.

«Тому, хто приходить очиститися – допомагають». Це означає, що людина завжди повинна бути в стані «приходу». Але якщо вона відчуває себе чистою й виправленою, то вже не потребує допомоги, тому що отримала виправлення та пішла. Якщо ж вона відчуває, що йде аби прийти, то звичайно їй допомагають, адже бажання людини долає всі перепони, бо вона просить істини.

«Бо пестощі твої кращі за вино!» (Пісня Пісень), – тобто від вина можна сп'яніти, а «п'яному здається, що йому належить весь світ», і немає у нього ніяких незадоволених бажань, навіть в шість тисяч років, поки триває виправлення.

132. В поті лиця свого ти їстимеш хліб

Почуто чотирнадцятого Адара (6 березня 1947 р.) в Тель-Авіві

«В поті лиця свого ти їстимеш хліб» (Тора, Берешит). «Хліб» означає Тору, про яку сказано: «Ідіть, їжте хліб мій» *(так само, – «боріть-*

ся») (Мішлей). Тобто зобов'язана людина вчити Тору в страсі, в тремтінні, у поті чола і цим виправить прогріх, скоєний на Дереві пізнання.

133. Світло шабату
Почуто в 1947 р.

Світло суботи досягає гуф, тіла, а тому в шабат кажуть: «Псалом Давидів. Благослови, душе моя... і все нутро моє», – тобто тіло. Тоді як Рош ходеш (*початок нового місяця*) відноситься до рівня нешама, досягає лише душі і не світить тілу, а тому говорять тільки: «Благослови, душе моя...», та не додають «і все нутро моє» тому, що не доходять до гуф, тіла (див. Зогар стор. 97).

134. П'янке вино
Почуто в 1947 р.

Неможливо удостоїтися усього світла Тори в довершеності, але людина, що сп'яніла від вина Тори, відчує, що весь світ належить їй, і не дивлячись на те, що ще не досягла досконалої мудрості (*Хохма*), – буде думати і відчувати, що є у неї все та в повній досконалості.

135. Чистого й праведного не вбивай
Почуто другого Нісана (23 березня 1947 р.) в Тель-Авіві

«Чистого й праведного не вбивай» (Тора, Шмот, 23).

«Праведний» – це той, хто виправдовує Творця, і все, що відчуває, – погане воно чи хороше, – приймає вірою вище знання. І це – права лінія.

«Чистий» – означає чистий, чесний погляд на свій стан, адже «у судді є лише те, що бачать його очі». І якщо він не розуміє якогось стану, або не може осягнути, то не повинен затушовувати якості, котрі відкриваються зараз його погляду. Це називається лівої лінією, і він зобов'язаний забезпечувати існування їх обох.

136. Відмінність між першими та останніми посланнями
Почуто в Пурім 1947 р.

У чому вся відмінність між першими та останніми царськими посланнями? *(Про події, розказані в Мегілат Естер)*.

Письмовий указ містить розпорядження Царя, видане з царського палацу. А царські радники докладно розпишуть указ з поясненнями, щоб стало зрозуміло кожному. В оригіналі було зазначено просто: «Щоб були вони готові до цього дня» (*«Передати указ цей в кожну область як закон, оголошений всім народам, щоб були вони готові до цього дня». Мегілат Естер*). А радники вирішили, що сказане стосується всіх інших народів, які повинні готуватися помститися іудеям. І сталося це для того, щоб Аман подумав: «Кому, крім мене, захоче надати шану Цар?». Тому в останніх посланнях написав слідом за словами Царя: щоби були «іудеї» готові. Тоді як в перших посланнях не було написано як пояснення слово «іудеї», і тому була у них сила звинувачувати.

І дається ця сила тому, що інакше неможливо виправдати ніяке бажання отримати світло, – тобто розповсюдити вище світло униз. Адже вся робота була заради віддачі, – отже не було можливості притягнути світло знизу. І вихід в тому, щоби дати силу Аману, який бажає саме найбільшого світла, про що і говорить його ім'я: «Аман, аґаґітянин», від слова «ґаґ» *(дах)*, – тобто ступінь ҐАР.

137. Целафхад збирав хмиз
Почуто в 1947 р.

«Целафхад збирав хмиз *(гілки дерев)*» (Тора, Бемідбар). І пояснює Зоґар, що вимірював він, яке дерево більше – Древо життя або Древо пізнання. Праведник називається Древом життя, в якому все на віддачу, і тут нема за що зачепитися нечистим бажанням. Але досконалість вміщена у Древі пізнання, яке означає розповсюдження світла мудрості, – Хохма, – вниз, в чому полягає мета насолодити створіння. І заборонено вимірювати їх, а потрібно, щоби «перетворилися вони на один посох у руці твоїй».

Виходить, що одне без іншого – недосконале. Мордехай же відносився до Древа життя і не бажав притягувати ніякого світла вниз, адже ні в чому не відчував нестачі. І тому необхідно було підняти Амана аби притягнув він світло вниз. А коли виявиться бажання Амана, тоді Мордехай прийме цей світ у свої властивості, отримуючи його заради віддачі.

І звідси зрозуміло, чому після того, як Мордехай надав послугу Царю та врятував його від смерті, підняв Цар Амана, його ненависника, – як сказали мудреці, що «вчинювали за бажанням кожного», – це значить по волі Мордехая і Амана, які були ненависні один одному.

138. Боязнь і страх, котрі опановують іноді людиною
Почуто в 1942 р.

Коли до людини приходить страх, вона повинна знати, що єдиною причиною того є сам Творець, навіть якщо справа стосується чаклунства. Але якщо страх оволодіває нею у все більшій мірі, то і тут вона не повинна приймати це як випадковість, а розглядати як можливість, надану їй небом, і вивчити, з якою метою вона надана людині згори, – найімовірніше для того, щоб сказати, що немає нікого, крім Творця. І якщо після всього цього боязнь і страх не залишають її, то повинні вони бути для людини прикладом подібного відчуття в роботі Творця, щоб трепіт перед Творцем, якого вона хоче удостоїтися, був би в ній таким саме великим, як і той зовнішній страх тіла, який оволодів нею зараз.

«Немає нікого крім Нього», – сказав рабі Хананія, – «Навіть якщо справа стосується чаклунства». Йдеться про ту саму жінку-чаклунку, яка намагалася взяти трохи землі з-під ніг раби Хананія, аби начаклувати йому погибель. Сказав він їй: «Бери! Але нічим це тобі не допоможе, адже «Немає нікого, крім Нього». (Вавилонський Талмуд)

139. Відмінність шести днів творіння від суботи

Шість днів творіння відносяться до Зеір Анпіну, а субота відноситься до Малхут.

І запитується, але ж Зеір Анпін за своїм рівнем вищий від Малхут, так чому ж субота вважається важливішою, ніж буденні дні? І більше того, – чому названі ці дні «буденними» *(від слова «холь» -»пісок»)*?

А справа в тому, що весь світ живиться від Малхут. І тому вона називається «Зібрання Ісраелю», адже звідти випромінюється добрий вплив на весь Ісраель. Тому, хоча шість буденних днів і натякають на Зеір Анпін, але немає поєднання Зеір Анпіна з Малхут, і тому вони вважаються буденними *(як пісок)* через те, що не проходить світло від Зеір Анпіна до Малхут. І оскільки від Малхут не сходить святість, називаються ці дні буднями. Тоді як у суботу Зеір Анпін поєднується з Малхут, і від Малхут поширюється святість, і тому вона називається Суботою.

140. Як люблю я Тору Твою
Почуто на кінець сьомого дня Песаха (1943 р.)

«Як люблю я Тору Твою! Весь день я розмірковую про неї «(Псалом 119). Сказане свідчить про те, що цар Давид, хоча вже і досягнув досконалості, все одно прагнув до Тори, тому що Тора є більшою й важливішою, ніж будь-яка досконалість, що існує в світі.

141. Свято Песах

Свято Песах означає світло мохін де-хая. А дні Сфірат омер *(відлік Омеру, – 49 днів між Песахом і Шавуотом)* відносяться до світла мохін де-єхіда. Тому під час відліку Омеру відбувається вихід світла мохін, адже це час підйому МАН, а відомо, що під час підйому МАН виходить світло. Але після закінчення днів Омеру світло мохін повертається на своє місце.

Все тому, що малий стан *(катнут)*, котрий існує під час відліку Омеру, – це катнут на рівні єхіда. Але, разом з цим, в буденні дні є світло мохін де-Ішсут, і в суботу – світло мохін де-Аба ве-Іма.

142. Основна боротьба

Основна боротьба повинна йти там, де є право вибору. Тоді як у дотриманні заповідей чи порушенні, людина є близькою до програшу та далекою від виграшу, а тому зобов'язана виконувати їх, як встановлено, – без будь-яких міркувань.

Але там, де дозволено людині вибирати, вона повинна вести війну та виконувати заповідь свободи вибору. І оскільки це всього лише вільна дія *(а не заповідь)*, то навіть якщо зазнає в ній невдачі, – не зробить такого вже великого прогріху. А тому тут вона є близькою до нагороди, адже якщо переможе в цій війні, то внесе нові володіння під владу святості.

143. Лише на благо Ісраелю

Почуте від мого батька і Вчителя

«Лише на благо Ісраелю Творець, – для чистих серцем!» (Псалом 73). Відомо, що слова «тільки» і «лише» означають зменшення, – тобто в кожному місці, де в Торі написано «тільки» й «лише» – відбувається зменшення.

З точки ж зору духовної роботи це означає час, коли людина зменшує себе і принижує. А принизити себе можна саме тоді, коли людина прагне загордіти, тобто хоче бути великою, бажаючи все зрозуміти, і душа її жадає набути здатності все бачити й чути, але, незважаючи на це, вона принижує себе і погоджується йти із закритими очима, виконуючи Тору й заповіді з абсолютною простотою та наївністю. І це «на благо Ісраелю», де слово «ісра-ель» *(прямо до Творця)* складається з тих же букв, що «лі рош» (*«мені голова», розум*).

Тобто людина вірить, що має святий розум, незважаючи на те, що перебуває в стані «лише», вважаючи себе маленькою та низькою, і каже, що це «лише» їй на благо. І тоді втілюється в ній «Творець – для чистих серцем!», – тобто удостоюється чистого серця, про яке сказано: «І вирвав Я з вас кам'яне серце і дав вам серце з живої плоті». Жива плоть означає світло мохін де-ВАК, яке зветься світлом облачення та приходить зі сторони Вищого. Тоді як світло мохін де-ҐАР повинне прийти зі сторони самої людини знизу, за рахунок її власних з'ясувань.

І потрібно пояснити, що означає ҐАР мохін і ВАК мохін. Адже на кожному ступені є безліч властивостей ҐАР та ВАК. І, можливо, мається на увазі, що малий стан *(катнут)*, званий «ґальґальта ве ейнаїм» нижчого, піднімається з МАН *(молитвою)* за допомогою клі, що піднімає МАН, котре називається АХАП вищого. Виходить, що вищий піднімає нижчого, а потім, для того щоб отримати ҐАР світел і АХАП келім, нижчий повинен піднятися сам.

144. Є один народ

Почуто в ніч Пуриму після прочитання Мегілат Естер (1950 р.)

«Є один народ, розсіяний та розділений серед інших народів» (Мегілат Естер). Аман сказав, що на його думку, вдасться знищити іудеїв, адже вони роз'єднані і кожен відокремлений від ближнього свого, а тому, звичайно ж, здолає їх наша сила. Адже таке роз'єднання веде до віддалення людини від Творця, і тому Творець не допоможе їм, якщо вони відірвані від Нього.

Тому пішов Мордехай виправляти цей порок, як розповідає Мегіла: «Зібралися іудеї... Зібралися, щоби відстояти свої душі», – то тобто завдяки об'єднанню врятували душі свої.

147. Робота з отримання та віддачі
Почуто двадцять першого Адара (8 березня 1953 р.)

Робота в отриманні та віддачі залежить від серця, і це рівень ВАК. Тоді як робота у вірі та знанні відноситься до рівня ҐАР. І хоча вони становлять одне ціле, оскільки згідно з важливістю, котра надається роботі в отриманні та віддачі, людина приймає віру, але все ж – це дві особливі категорії. Адже навіть коли може людина працювати у віддачі, вона все ж хоче бачити – кому вона віддає і хто приймає її роботу. А тому вона зобов'язана включати в свою роботу розум, – тобто вірити, що є Той, хто управляє всім та приймає роботу нижчих.

148. Вибір між гірким і солодким, правдою та брехнею

Є вибір між гірким і солодким, а є вибір між правдою та брехнею. Правду і брехню вибирають розумом, а гірке або солодке – серцем. І тому потрібно приділити увагу роботі в серці, щоби воно прагнуло до віддачі, а не до отримання. Але з боку природи тільки отримання для людини є солодким, а віддача – гіркою. І треба працювати, щоб замінити отримання віддачею – це і називається роботою в серце.

Розум же працює з правдою і брехнею, і тут треба йти вірою вище розуму, – тобто вірити мудрецям, бо сама людина нездатна відрізнити, – де правда, а де брехня.

149. Чому потрібно притягувати світло мудрості
Почуто двадцять другого Адара (9 березня 1953 р.) в Тель-Авіві

Питається, – чому потрібно притягувати світло мудрості, що означає знання, якщо вся наша робота відбувається у вірі вище знання?

І пояснює Бааль Сулам: якби праведник покоління не володів знанням, то народ Ізраїля не міг би працювати вірою вище знання. Але саме в той час, коли праведник покоління притягує світло мудрості *(Хохма)*, тоді його знання *(Даат)* світить в народі Ісраеля.

Немов у людському тілі, – якщо мозок розуміє і знає, чого хоче людина, то всі органи діють, виконуючи свої функції, і не потребують ніякого розуму – і рука, і нога, і всі інші органи діють та виконують те, що на них покладене. І нікому не прийде в голову засумніватися та сказати, що якби у руки чи ноги був свій розум, то вони б краще працювали.

Але для органів тіла не важливий власний розум, тому що вони оцінюються по силі мозку. І якщо мозок має великий розум, то всі органи завдяки йому називаються великими. Так і тут, – якщо народ приліплюється до праведника, то вже удостоюється знання і може діяти з повною вірою, маючи все необхідне та не потребуючи жодного додаткового знання.

150. Оспівуйте Творця, бо велике створив Він
Почуто чотирнадцятого Шевата

Про рядки: «Оспівуйте Творця, бо велике створив Він» (Пророки, Ісая, 12) *(ті ж слова означають «Підрізуйте погані пагони для Творця, бо гординю створив Він»)* слід було б сказати, що «підрізуйте» *(оспівуйте)* має те ж значення, що і «Сила моя та підрізання» *(те ж «твоє оспівування»)* (Псалом 18). Тобто потрібно завжди підрізати і прибирати колючки з виноградника Творця. І навіть про той час, коли відчуває себе людина досконалою та їй здається, ніби вона вже видалила колючки, підсумовує вислів: «бо гординю створив». Це означає, що Творець ніби створив в цьому світі породження гордині, коли людині приємно вважати себе відданою та чесною, і тому їй здається, ніби вона вже видалила з себе колючки та стала досконалою людиною, – а це гординя.

Але повинна людина завжди ретельно аналізувати свої вчинки, перевіряти десятьма різними перевірками і не покладатися на своє тимчасове відчуття, адже це – всього лише прояв гордості. Як сказано від імені праведників: «Ледарі ви, ледарі! Саме тому ви й кажете: ходімо, принесемо жертви Творцю нашому!» (Тора, Шмот).

І обвинувачуються сини Ісраеля в тому, що говорять: «підемо, принесемо жертви», відчуваючи таким чином, що вже запрошені наблизитися до жертовника, який стоїть перед Творцем, – лише через лінь і безсилля. Адже не хочуть більше працювати і завжди перевіряти себе, – чи запрошені вони до цієї великої роботи? А тому здається їм, ніби вже закінчили цю роботу, як пояснюється в кінці вірша: «бо гординю створив».

151. І побачив Ісраель єгиптян

Почуто в тиждень (глави) Бешалах

Сказано: «І побачив Ісраель єгиптян мертвими на березі моря, і побачив народ Творця і повірив в Нього та в служителя Його, Моше» (Тора, Шмот, 14).

Потрібно зрозуміти, до чому тут сказано «і повірили», адже очевидно, що диво виходу з Єгипту та переходу через море привело Ісраель до віри більшої, ніж та, що була в них раніше. І пояснюючи слова: «Він Бог мій, і прославлю Його», сказали мудреці, що бачила проста служниця на березі моря більше, ніж бачив пророк Єхезкель. Тоді виходить, що вихід з Єгипту ґрунтувався на явних чудесах, які призводять до знання Творця, що є зворотним поняттю «віра», – адже не відбувається це «вище знання». А коли людина бачить відкриті чудеса, то дуже важко їй залишатися у вірі, оскільки отримує знання. Чому ж тоді написано: «І повірили в Творця»?

І пояснити це можна тільки словами: «І всі вірять в те, що Він – Бог віри». Розповідається, що до честі Ісраеля, навіть вид чудес, що відкрилися, не пошкодив їхній роботі заради Творця, яка йде у вірі вище знання. А це величезна робота, щоби вже удостоївшись та отримавши можливість працювати для Творця в знанні, проте триматися за шлях віри, не зневажаючи ним ні в чому.

152. Підкуп сліпить мудреців

Почуто двадцять четвертого Тевета (6 січня 1948 р.)

«Підкуп сліпить очі мудреців» (Тора, Дварім).

Коли людина починає перевіряти умови духовної роботи, то переконується, що неможливо її прийняти з двох причин.

По-перше, немає ніяких гарантій, що вона буде винагороджена за цю роботу, – адже не бачить нікого, хто б уже отримав плату. А при погляді на людей, які вже підставили свої спини страждати під тяжкістю цієї роботи, – не видно, щоб отримали вони плату за свою працю. І якщо задається питанням: «Чому ж не отримали вони нагороди?», то знаходить пояснення, що мабуть не виконали до кінця умов цієї роботи. Тоді як той, хто виконав весь порядок роботи винагороджується сповна.

І тоді народжується в людині друге питання: а звідки відомо, що вона виявиться більш здатною до цієї роботи, ніж товариш, та зможе виконати всі її умови так, щоби бути абсолютно впевненою, що ніхто не зможе знайти в її роботі жодної вади, і вона все зробила правильно на сто відсотків?

А якщо так, то питається: той, хто почав духовну роботу, звичайно ж зважив всі ці доводи, і якщо все ж прийняв її на себе, – значить зміг знайти собі якесь пояснення? Але справа в тому, що лише зіркі очі здатні побачити істину, а інакше нам тільки здається, що ми бачимо, на чиєму боці правда, – на боці праведника або решти світу. Насправді ж нам не видно правди, і щоб очі стали зіркими, потрібно побоюватися підкупу, який «сліпить очі мудреців та перекручує слова праведників».

І, в основному, підкуп йде через наш егоїзм, а тому немає іншого виходу, як тільки прийняти цю роботу на будь-яких умовах без будь-яких міркувань, – однієї лише вірою вище розуму. А вже потім, коли людина очищається від егоїзму і в силах аналізувати стан, тоді є надія, що зможе побачити його в правдивому світлі. А той, кому потрібні гарантії, – звичайно ж не зможе впоратися з цим питанням, оскільки здається йому, що справжня правда – в його доводах; і завжди він вийде переможцем з цієї суперечки, – адже нездатний побачити істину.

153. Думка – це наслідок бажання
Почуто сьомого Шевата (18 січня 1948 р.) в Тель-Авіві

Думка є наслідком, породженням бажання. Тому людина думає про те, до чого в неї є бажання, і не думає про те, чого не бажає. Наприклад, вона ніколи не думає про день смерті, а навпаки, завжди думає, що вона вічна, – тому що бажає бути такою. Тобто вона завжди думає про бажане.

Але в розумі є особлива роль, і вона полягає в його можливості збільшувати бажання. Якщо в людині є маленьке бажання, яке не має сили проявити себе і змусити досягти бажаного, то думаючи про це бажання, людина може збільшити і розширити його так, що воно почне вимагати свого наповнення.

З цього випливає, що думка лише обслуговує бажання, а бажання є основою, суттю людини. Якщо бажання велике, воно панує над невеликими бажаннями. І якщо людина хоче збільшити якесь невеличке бажання, то може це зробити, постійно утримуючи думки на цьому бажанні. І в тій мірі, в якій буде думати про це бажання, – в тій мірі це бажання і збільшиться.

Тому сказано, що людина повинна постійно займатися кабалою (як то кажуть: «Докладати зусиль в Торі день і ніч»), оскільки від такого постійного зусилля думки, вона збільшить духовне бажання настільки, що воно стане переважати над іншими.

154. У світі не повинно бути порожнечі
Почуто сьомого Шевата (18 січня 1948 р.) в Тель-Авіві

У світі не повинно бути порожнечі. І оскільки головним для людини є бажання, яке складає основу створіння, та ним вимірюється, – мале воно чи велике (*катнут і ґадлут*), – має бути у людини якесь бажання, – чи то до нашого світу, то чи до світу духовного. А той, хто позбавлений цих бажань, вважається мертвим, тому що все створіння – це лише бажання, «яке виникло з нічого». І оскільки відсутній в нього цей матеріал, який являє собою весь матеріал створіння, то природно, – вважається мертвонародженим та ніби не існує.

Тому потрібно намагатися, щоб було у людини бажання, – адже це весь матеріал створіння, – але необхідно це бажання перевіряти. Як кожна жива істота в силу своєї природи відчуває, що їй на шкоду, так само і ми повинні подбати, щоб наше бажання було до правильної мети.

155. Чистота тіла
Почуто на суботньої трапезі тринадцятого Шевата

Чистота тіла *(тобто бажання)* вказує на чистоту розуму. Чистота розуму називається істиною, до якої не домішано жодної брехні. І в цьому не всі є рівними, тому що є такі, хто дуже прискіпливо вимагає з себе до найменшої міри, – але не варто занадто суворо чіплятися до чистоти свого тіла. Адже ми так гидуємо брудом тому, що він завдає нам шкоди, а ми повинні берегтися всього шкідливого. Але немає сенсу приділяти так багато уваги тілу, яке в підсумку все одно зникне, які б суворі вимоги ми на нього не поклали.

Тоді як душу, яка вічна, слід перевіряти з усією строгістю, щоб не було в ній ніякого бруду, адже будь-який бруд завдає шкоди.

156. Аби не взяв від Древа життя
Почуто п'ятнадцятого Шевата (29 січня 1945 р.)

«Щоб не взяв він від Дерева життя, і не поїв, і не став жити вічно» (Тора, Берешит).

Пояснює Бааль Сулам, що може людина взяти хасадім мехусім (*«укриті хасадім»*, за яких не існує потреби у світлі Хохма), котрі поширюються від рівня хазе і вище, та повністю цим задовольнитися. І через це вона не виправить прогріху на Древі пізнання, яке відноситься до рівня від хазе й нижче. Древо життя відноситься до рівня від хазе й вище, де поширюються укриті хасадім.

І здається мені, що цим пояснюються слова, що промовляються нами в молитві: «Дай нам життя, в якому є страх перед Небесами, та життя, в якому є страх прогріху».

І різниця між ними, як пояснює Бааль Сулам, в тому, що в одному випадку людина вибирає своє життя зі страху прогріху, – тобто не маючи іншої можливості. А страх перед Небесами означає, що в неї є вибір, і якщо навіть не прийме таку умову, все одно не прогрішить, і, все ж, вона вибирає цю умову через трепіт перед Творцем.

І тоді вже не можна сказати, що укриті хасадім означають малий стан (*катнут*), як в той час, коли немає у людини інших можливостей. Але коли вона досягає розкритого світла хасадім (*хасадім мегулім*) на рівні «Рахель», тоді і рівень «Лея», що відноситься до укритих хасадім, означає рівень ҐАР та великий стан (*ґадлут*). І це називається трепотом перед Небесами, коли досягаючи відкритих хасадім, людина, незважаючи ні на що, вибирає укриті хасадім.

Виходить, що є два види укритих хасадім:

1) в той час, коли людина не досягла ступеню «Рахель» та знаходиться на рівні ВАК;

2) в той час, коли вона досягає ступеню «Рахель» і тоді називається іменем «Лея», що призводить до рівня ҐАР.

157. Я сплю, але не спить серце моє

Почуто дев'ятого Нісана (18 квітня 1948 р.)

Книга Зогар (глава Емор): «Сказала Шхіна, зібрання душ Ісраеля: «Я сплю в єгипетському вигнанні, поки сини мої знемагають в тяжкому рабстві». Мається на увазі, що світло мохін знаходиться в стані «сон», як пояснюється, що вираз «є» (*з Мегілат Естер: «є один народ»*) означає: «їхній Бог спить» (*інше прочитання слова «є»*).

«Але не спить серце моє, зберігаючи їх, щоби не згинули у вигнанні» (Зогар). Тобто в той час, коли отримують мохін де-ахораїм (*зворотна сторона*), будуть охоронювані ними, хоча поки що залишаються у вигнанні, адже це світло не висвітлює Шхіну. Але все ж, це називається неспання, як сказано: «Серце не виливається устами». Серце відноситься до рівня ВАК, бо є там ВАК світла Хохма. І навіть під час досягнення великого стану *(ґадлут)* немає там іншого світла Хохма, крім цього рівня.

«Голос улюбленого, що стукає до мене» (Пісня Пісень) – це удар в екрані де-хірік Зеір Анпіну.

«І згадав Я союз Мій» (Тора, Шмот) – це таємниця союзу обрізання, що означає дінім де-нуква *(обмеження Нукви)*, котрі скасовують дінім де-дхура *(обмеження з чоловічої сторони)*. Ці обмеження скасовують рівень ҐАР, що означає обрізання.

А є також додаткові виправлення, які називаються «прія» *(підгортання)*. «Відкрий Мені отвір з вушко голки, і Я розкрию перед тобою вищі врата». Вузьке розкриття означає «вузькі шляхи» світла, коли за відсутності хасадім є лише тонке світіння Хохми. І лише потім, коли притягують світло хасадім, вливається світло Хохма в хасадім як ВАК *(шість кінців)* широких потоків.

А «вищі врата» – це таємниця хасадім Аба ве-Іма, які називаються «чисте повітря». Лише після того, як людина володіє Хохмою, але притягує хасадім, ці хасадім називаються «чисте повітря», тому що вона вибирає хасадім, віддаючи їм перевагу перед світлом Хохма.

Коли ж у людини є тільки світло хасадім, без Хохми, то це називається катнут, малий стан.

«Відкрий мені» – йдеться про Зеір Анпін та сестру його, Малхут, яка відноситься до Хохми та притягує світло Хохма, – «Адже в тобі знаходиться той вхід, куди я можу увійти». Тільки якщо буде в тебе Хохма, тоді буде для мене отвір, в який я можу увійти з хасадім, отриманими мною від Аба ве-Іма, котрі називаються «чисте повітря».

«Прийди і дивись, – в той час, коли Творець умертвляв первістків у Єгипті та звів ступені згори вниз» (Зогар). Єгиптяни – це ліва лінія, але з боку кліпи, нечистої сили, – без всякого включення з правої сторони. І коли Ісраель були в Єгипті, то перебували під владою єгиптян, тобто теж повинні були прийняти ліву лінію. А страта первістків означає, що Творець скасував владу ҐАР *(трьох перших сфірот)* лівої лінії, що зводить ступені згори вниз.

«Прийди в той час, коли укладає Ізраель знак священного союзу». Сенс союзу обрізання полягає в обмеженнях Нукви і пов'язаний з екраном де-хірік, що скасовує дінім де-дхура (*обмеження з чоловічої сторони*). За рахунок чого скасовується ҐАР лівої лінії і світить лише ВАК. Виходить, завдяки тому, що Творець стратив їхніх первістків, отримали вони силу виконати цей союз, і «тоді побачили ту кров на вході, на одвірках».

«І було дві крові: кров Песаху і кров обрізання». Кров Песаху означає виправлення включення лівої лінії. А кров обрізання – це виправлення обмеженнями Нукви, що означає стан хірік. І кров Песаху...

158. Чому в Песах не прийнято їсти в гостях
Почуто на ранковій трапезі свята Песаху (1948 р.)

Кажуть, що звичай не їсти в гостях на Песах викликаний вимогами кашруту. Тоді чому ж так не вчиняють протягом усього року? І навіть якщо відомо, що людина дотримується абсолютного кашруту ще більш ретельно, ніж у нас вдома, все одно не прийнято їсти в неї. А справа в тому, що заборона квасного (*хамец*) проявляється в будь-який малості, в чому завгодно, і сама людина не в силах виконати її досконало, – тільки Творець може вберегти людину від найменшого порушення.

І в цьому сенс вказівки берегтися всього квасного, і наказано людині бути обережною та дотримуватися всіх порад, щоб не наблизитися до чогось недозволеного. Але людині неможливо вберегти себе самостійно, адже тільки Творець може зберегти її. І звичайно, охорона не однакова для всіх – є люди, яких Творець охороняє більше, і такі, яких Творець не так сильно охороняє. Це залежить від потреби людини в Творці, адже є такі, які знають, що потребують підвищеної охорони і тому закликають Творця більше про них піклуватися. А є люди, які не відчувають особливої потреби в охороні з висі. Але зовні неможливо це відрізнити, оскільки все залежить від внутрішнього відчуття, – коли людина відчуває в собі таку нужду і потребує підвищеної охорони.

159. І було через багато часу

«І було, через багато часу *(в ці великі дні)*: помер цар Єгипту, і застогнали сини Ісраеля від роботи, і заволали, – і вознісся цей крик до Всевишнього, і почув Всевишній їхній крик та стогін». (Тора, Шмот 2:23)

Страждання і нещастя дійшли такої міри, що їх неможливо було витримати. Тоді народ так сильно благав Творця, що Творець почув їхній крик і стогін. Але, з іншого боку, ми бачимо, що вони говорили: «Хто дасть нам?», згадуючи повні горщики з м'ясом, і хліб у достатку, а також рибу, яку їли в Єгипті задаром, кабачки, кавуни, зелень, цибулю і часник.

А справа в тому, що робота в Єгипті була їм дуже приємною. Як сказано: «І змішалися вони з іншими народами і перейняли їхній спосіб життя». Тобто, якщо Ісраель знаходиться під володарюванням інших народів, – вони панують над Ісраель, і він не може звільнитися від чужого впливу, знаходячи смак в цій роботі і не бажаючи звільнятися від цього рабства.

І тоді Творець зробив так, щоби «помер цар Єгипту», і зникла його влада над ними, а тому не змогли вони більше працювати. Зрозуміли вони, що якщо немає світіння світла Мохін, яке дає досконалість, – то і рабство недосконале. І «застогнали сини Ісраеля від цієї роботи», що не приносила їм ні задоволення, ані життєвої сили. Адже «помер цар Єгипту», – тобто пропала вся влада фараона, який давав їм їжу та прожиток. І тому виникла в них можливість для молитви, і тут же прийшов порятунок.

А потім, коли йшли по пустелі та потрапили до стану «катнут», то пристрасно бажали знову повернутися в рабство, в якому знаходилися, доки не помер цар Єгипту.

160. Скромність в заповідях

Чому мацу *(пасхальний прісний хліб)* прийнято завжди тримати прикритою, тобто на спеціальному підносі для маци, або в іншому закритому посуді?

Сказано: «І поніс той народ тісто своє, перш ніж воно сквасилося, – діжі свої, закутані в одежу свою, на плечах своїх» (Тора, Шмот). І розгадка саме в цьому: «закутані в одежу свою». Справа в тому, що в Песах судини (*келім*) ще не були виправлені як личить. Тому необхідна «сфіра» («*відлік*» *днів між Песахом і Шавуотом*) для виправлення келім. Про що сказано: «Бачила я, ніби краплю, подібну до троянди». Тобто в ніч Песаха сталося чудо, і хоча була можливість якось причепитися (*нечистим бажанням*), цього все ж не сталося, оскільки була вона прикрита і не була помітна зовні, на що натякають слова: «закутані в одежу свою».

161. Дарування Тори
Почуто на трапезі в Шавуот

У чому сенс Дарування Тори на горі Синай? Це не означає, що колись Творець дарував Тору, а зараз – ні. Дарування Тори – воно навічно. Творець дарує її завжди, та тільки ми нездатні отримати. А тоді у гори Синай отримали Тору тому, що об'єдналися як одна людина з єдиним серцем, і у всіх була лише одна думка – про отримання Тори.

Однак Творець зі свого боку завжди дарує Тору. Сказано, що людина повинна щодня чути десять заповідей, отриманих у гори Синай. Тора називається «еліксиром життя» і «смертельною отрутою». І запитується: «Як можуть поєднуватися дві такі протилежності в одному?». Але вся видима нами картина існує лише в наших відчуттях, і нас не цікавить якою є дійсна реальність. Тому, коли при вивченні Тори вона віддаляє людину від любові до Творця, то, зрозуміло, є «смертельною отрутою». А якщо Тора наближає людину до Творця, то називається «еліксиром життя».

Однак тут не враховується сама Тора, – тобто реальність як вона є. Вся справа в наших відчуттях, – вони визначають для нас всю реальність. Сама ж Тора, за відсутності тих, хто отримує, вважається світлом без клі, який неможливо осягнути, оскільки це абстрактна суть, що не одягнена в матерію. А суть ми осягнути нездатні, – навіть матеріальну суть, а тим більше, – духовну.

Доки людина працює заради себе, вважається, що вона працює «ло лішма», але від ло лішма приходять до «лішма», заради Творця. Тому, якщо людина ще не удостоїлася отримання Тори, то сподівається, що на наступний рік отримає. А коли повністю отримує властивість «лішма», – тоді вже більше нема чого їй робити в цьому світі.

Тому щороку настає час отримання Тори, адже час є пов'язаним з пробудженням знизу. І оскільки пробуджується час, коли світло дарування Тори розкрилося людям, то завжди є збудження згори, яке допомагає їм зробити таку ж дію, як колись, в той час.

Тому, якщо людина йде шляхом, який з ло лішма призводить її до лішма, значить, дотримується порядку і сподівається, що в кінці кінців заслужить отримання Тори лішма. Якщо ж вона не тримає постійно мету перед очима, то виходить, що йде у зворотний бік від мети. Прямий шлях називається «Древом життя», тому зворотний шлях є рівносильним смертельній отруті, адже людина весь час віддаляється від лінії життя.

«Не вір тому, хто стверджує, що докладав зусиль, але не знайшов бажаного». І що значить «знайшов»? Що потрібно знайти? Знайти потрібно благовоління Творця.

«Не вір тому, хто стверджує, що знайшов без усяких зусиль». Але той, хто каже – не бреше. Адже йдеться не про конкретну людину, а про загальне правило для всіх. І якщо він бачить, що знайшов милість в очах Творця, то чому тут не вірити?

Справа в тому, що іноді людина удостоюється благовоління в очах Творця молитвою, тому що є в ній особлива сила, яка може діяти подібно до зусиль. (Так само, як ми бачимо в нашому світі, що є ті, хто заробляють своїми зусиллями, а є ті, хто молиться про заробіток та отримують його.)

Але в духовному, хоча і удостоївся благовоління в очах Творця, потім все одно зобов'язаний заплатити повну ціну, – тобто вкласти ту ж міру зусиль, яку прикладає кожен. А якщо не видає ту ж міру зусиль, – втрачає клі. І тому мовить: «Не вір тому, хто каже, що знайшов без усяких зусиль», тому що все втрачає. Тому зобов'язаний потім відплатити повною мірою своїх зусиль.

ШАМАТІ • ПОЧУТЕ

162. Чому говорять «Зміцнися!» після закінчення навчального розділу

Почуто на суботній ранковій трапезі другого Ава, в Тель-Авіві

Кажуть: «Зміцнися!» («*хазак*») після закінчення кожного навчального розділу тому, що від цього завершення потрібно отримати силу, котра дозволяє закінчити всі ступені сходження. Подібно до того, як у тіла є 248 (*РАМАХ*) органів і 365 (*ШАСА*) жил, так і в душі є 613 (*ТАРЬЯГ*) частин, котрі являють собою канали душі, через які протікає світло. І за рахунок вивчення Тори (*тобто кабали*) розкриваються ці канали. А весь той час, поки не всі канали відкрилися, навіть на своєму окремому ступені людина пізнає недолік, – адже і окремий ступінь містить включення від загального.

Виходить, що якщо в загальному відсутня якась частина, то ця якість відсутня також і в окремому. Так поступово вони втілюються, ступінь за ступенем, по порядку ступенів. І коли всі вони закінчаться, настане Кінець виправлення (*Ґмар тікун*). А до того вони змінюються і проходять виправлення один за одним. З цього зрозумій, про що сказали мудреці: «Тора передує світові». Тобто ще до того, як було зроблене обмеження світу, вже була Тора.

І як же можливо, щоб потім вона світила всередині світу, суть якого – обмеження? Але світить Тора таким чином, що одне слідує за іншим. А коли закінчуються всі ступені, повинна людина вийти з цього світу, оскільки зібрала в собі всю Тору, з усіх ступенів.

Тому від кожного завершення потрібно отримати силу, з якою можна йти далі. А п'ять частин Тори відповідають семи сфірот (*Хесед, Ґвура, Тіферет, Нецах, Год, Єсод, Малхут*), з яких п'ять є основними, тому що Єсод і Малхут – не основні, а складаються з інших.

163. Про що говорили автори Зогару

Почуто під кінець суботи, тижнева глава Масей (7 серпня 1948 р.), в Тель-Авіві

Зогар написаний в стилі настанов «Мусар» не тому, що це було обов'язковим для викладу його таємниць. Можна було викласти таємниці і в іншому облаченні. Але зробили так, щоби було ясно тому, хто читає, що головне – не мудрість і знання Тори, а Той, хто дає Тору. І основне, для чого дані Тора і заповіді – це злиття з Тим, хто дає Тору.

І оскільки облачення «Мусар» нагадує про це більше, то вдягнули матеріал Зогару в цей стиль. А те, що іноді зустрічається в ньому і облачення розуму, так це для того, щоб не помилилися і не стверджували, що немає там більше, ніж наставляння *(мусар)*, і не прихований в Зогарі інший зміст, мудрість, розум. Тому написаний Зогар в двох стилях, вбраннях, і одне вказує на інше.

164. Відмінність матеріального від духовного

Почуто третього Ава (8 серпня 1948 р.)

Відмінність матеріального від духовного в тому, що в матеріальному сила передує дії, як сказано: «Спочатку покличете, і Я відповім». Адже там такий же порядок, як в Кінці виправлення *(Гмар тікун)*, коли не робиться нічого, перш ніж буде сила зробити потрібне.

Тоді як в духовному, яке ще не досягло Остаточного виправлення, а діє згідно з порядком послідовного виявлення бажань, придатних до виправлення, там зобов'язані почати роботу ще до того, як набувають сили, як сказано: «Виконувати вказане, щоби почути голос Того, хто вказує».

165. Прохання Еліші до Еліягу

Запитав Еліягу в Еліші: «Що можу я зробити для тебе?». Відповів Еліша: «Зроби дух мій в два рази більшим за твій». І сказав він: «Важкого ти попросив...» (Книга Мелахім).

Справа в тому, що є аналіз РАПАХ *(288 частин душі)* і є аналіз «лев а-евен» *(32 частини «кам'яного серця»)*, котре неможливо виправити. Коли виправляється РАПАХ, виявляється лев а-евен, але самим лев а-евен не можна користуватися. Той, хто виявляє і виправляє РАПАХ, таким чином виявляє також і лев а-евен.

166. Два рівня в осягненні

Є два рівня:
1) поширення світів згори униз;
2) підйом знизу нагору.

Перший рівень – «який здійснив Творець, щоби робити» (Тора, Берешит), – тобто готуючи нам місце для роботи.

Другий рівень – коли ми самі починаємо займатися духовною роботою та вдягатися на підготовлені ступені знизу нагору. Але до того, як закінчують ступінь повністю, неможливе ніяке ясне знання про нього, і тому сказано: «Спочатку закінчи навчання, а потім зрозумієш».

Немов маленька дитина, яка починає їсти хліб і поки не знає нічого, крім самого хліба. А коли дорослішає, то починає розуміти, що є причина, з якої хліб можна назвати хлібом, – тобто він повинен мати звичний нам вид – бути білим, м'яким і смачним. І тоді вона пізнає форму хліба, в якій той виходить з печі, коли хліб занадто м'який і дуже гарячий, і поки ще непридатний до їжі. Адже тут не вистачає якоїсь дії, завдяки якій він через деякий час підсохне і охолоне, доки повітря не зробить хліб придатним до їжі, і хліб набуде тієї знайомої нам форми, у якій він потрапляє на стіл.

Але потім людина продовжує дослідження і дізнається про ще одну форму, яка була у хліба до того, як його поставили в піч. І хоча мав він схожу форму, проте відбулися з ним великі зміни. Тому що через пічну спеку хліб став більшим та твердішим, і підрум'янився, адже раніше він був білим, а зараз змінив колір. І коли досліджує, то розуміє, що свою форму і вагу хліб отримав раніше, ще до того, як його поставили в піч.

І так далі, доки не доходить до стану, коли беруть зерна та сіють їх у землю. До цього людина знала тільки, як отримувати від хліба, – тобто зменшувати хліб, існуючий в світі. Але після цього вона вже знає, як його додавати.

І точно так само в духовному: спочатку людина повинна отримати осягнення знизу нагору. І в цьому стані вона може тільки отримувати і не може додати. Однак потім, у другому стані, вона може також додавати.

167. Чому так називається «Субота розкаяння»

Почуто в суботу Каяття (9 жовтня 1948 р.) в Тель-Авіві

Чому субота перед Йом Кіпуром називається «Субота розкаяння»? Тому, що *(в кінці десяти днів каяття в Судний день – Йом Кіпур)* вимовляють молитву покаяння «За гріх», і кожен, хто вдивляється в слова молитви «За гріх», природно, не знаходить своєї провини в шістдесяти відсотках з перерахованого. Може, в сорока відсотках ще можна якось пояснити та примиритися з тим, що, можливо, він і згрішив, але не відчуває. Однак шістдесят відсотків написаного не відносить до себе ні в якому разі.

Тому й існує чудова сила суботи, коли світло суботи дає людині можливість побачити і знайти себе таким, що перебуває у ста відсотках гріхів, перерахованих в молитві «За гріх», та зрозуміти, що написана ця молитва лише для нього, і ні для кого іншого. А без світла не відчувають цього. І тому називається вона Суботою розкаяння, бо субота допомагає каяттю, даючи відчути гріх. І треба зізнатися в гріху, а тоді можна просити прощення.

Але якщо вимовляє молитву «За гріх», і не відчуває, що згрішив, – яке ж це зізнання? Адже в серці своєму каже, що не згрішив. І якщо вимовляє устами, а серцем не погоджується, – звичайно ж, таке зізнання нічого не варте.

168. Звичаї Ізраїлю

Звичаї Ізраїлю важливі настільки, що можна сказати, що вони дають людині більше духовного, ніж самі заповіді. Хоча за порушення звичаїв немає покарання, а коли порушують закон, – отримують покарання. Але все ж, якщо дивитися з точки зору користі, – тобто досягнення трепоту перед Небесами, то звичаї приносять більше користі. Це тому, що мудреці, які ввели ці звичаї, влаштували так, щоби духовне світило через них. Тому той, хто, наприклад, відмовляється від звичаю їсти в суботу м'ясо і рибу, – відмовляється від духовного.

Але це стосується лише людини, яка не досягла поки досконалості, – тобто нездатної бачити, що саме вона робить, бо ще не удостоїлася пізнати смак заповідей. І в такому випадкові вона повинна дотримуватися звичаїв.

Подібно до яблука, яке перед тим, як згнити – псується. А якщо зіпсувалося, то, безумовно, згниє. І так само, перед тим, як людині стати вільною, вона починає нехтувати звичаями. І після того, як відмовляється від них, – або сама стає вільною, або діти її стають вільними.

169. Довершений праведник

«Довершеним праведником» називається той, хто ніколи не прогрішив. Але ж сказано, що «Немає праведника на світі, який би зробив добро та не згрішив»?

Справа в тому, що на кожному ступені є стан «довершений праведник», в якому не може бути гріха, і на цьому ступені він ніколи не грішив. Такими є бажання вище від хазе на кожному ступені, звані «Древо життя» – вкриті *(від світла Хохма)* хасадім.

Але в бажаннях нижче від хазе можливий гріх та його виправлення *(тшува)*. І коли виправляє людина цей ступінь, досягає вищого ступеня, де повторюється той же порядок, – тобто вона також починається зі стану «довершений праведник», а потім переходить до стану «Немає праведника на світі, який би зробив добро та не згрішив».

170. Нехай не буде в кишені твоїй каменю великого...

«Нехай не буде в кишені твоїй каменю великого чи маленького» (Тора, Дварім, 25). Каменем («*евен*») називається віра (*як камінь для зважування*), яка малої ваги та властивістю вище знання, розуму. Але, разом з цим, скажи, що є у тебе великий камінь, – тобто розум, – адже все, що ти бажаєш, вже не подібно до того, чого бажає весь світ, і є у тебе тверда, розумна основа (*ґадлут*), а не малий стан (*катнут*), який не потребує жодної основи та цільного каменю.

І повинен бути камінь маленьким, але цілим, щоб зумів ти виконати всю Тору і заповіді на основі маленького каменю. І тільки тоді він називається цілим, досконалим каменем. Але якщо камінь маленький та дозволяє тобі робити лише маленькі дії (*катнут*), то не називається цілісним (досконалим) каменем.

А «двояка міра: велика чи маленька» означає, що якщо є у нього мала основа, то відчуває себе маленьким, а в той час, коли є в нього великий камінь, велика основа, то відчуває себе великим. Тоді як ціла (*досконала*) міра буває тоді, коли людина досягає особистого управління Творця.

171. Зогар, Емор

Почуто в четвертий напівсвятковий день Песаха (18 квітня 1949 р.)
Написано в Зогарі, в главі «Емор»: «Сказала Шхіна, Зібрання душ Ісраеля: Я сплю в єгипетському вигнанні» (Зогар, стор.43).
Результат світла мохін – називається «сон».
«Але не спить серце моє» (Пісня Пісень). Серце (*лев – чисельне значення 32*) означає 32 потоки мудрості (*хохма*), в яких світить Хохма, але без облачення в хасадім, що вважається єгипетським вигнанням, а тому називається сном. Однак, разом з тим, були вони готові отримати світло мохін де-Хохма, але тільки «зі зворотної сторони».

«Голос улюбленого, котрий до мене стукає», – тобто голос Зеір Анпіну, який несе хасадім (*світло любові і милосердя*).

ШАМАТІ • ПОЧУТЕ

І про це мовить Творець: «Відкрий Мені отвір з вушко голки», – тобто під час визволення Він просить її заново притягнути світіння Хохми. А доки немає там світла хасадім, це називається отвором з вушко голки, тому що Хохма не світить без хасадім.

«І Я розкрию перед тобою вищі врата», – тобто дасть їй хасадім, які розширять її, щоби засвітила в ній Хохма разом з хасадім.

«Відкрий Мені, лише в тобі знаходиться той вхід, куди Я можу увійти. Адже не зможуть сини мої увійти в Мене, а тільки в тебе». Синам потрібне світло Хохма, яке він не може дати їм, тому що його властивість – «хасадім». Якщо ж Малхут притягне Хохму, то і сини також зможуть отримати світло Хохма. Тому тільки вона здатна відкрити цей вхід.

«А інакше, закритий Я і не зможуть Мене знайти». Тобто не знайдуть в Ньому сини досконалості, адже коли в Зеір Анпіні є тільки хасадім, це лише рівень ВАК, який називається «просте повітря». Якщо ж є в ньому також Хохма, а він все ж вибирає хасадім, то називаються його хасадім «чисте повітря». І хоча його хасадім краще Хохми, але без Хохми неможливо знайти в ньому досконалість.

І в цьому сенс написаного: «Відкрий, щоб злитися з тобою і разом перебувати навіки».

«Прийди і дивись в той час, коли Творець вбивав первістків в Єгипті, всіх тих, кого вбив опівночі, і звів ступені згори униз» (Зогар). Це означає виправлення екраном «масах де-хірік», який призвів до двох подій: зникнення ступеню ҐАР, а також протягуванню світла хасадім. І завдяки цьому стало можливим розповсюдження світла зверху вниз.

«Прийди в той час, коли укладає Ісраель знак священного союзу, роблячи обрізання». Страта первістків і кров Песаха, а також кров обрізання мають єдиний сенс. Єгиптяни поклонялися вівці як божеству, і пасхальна жертва відносилася до їхніх божеств. Нечисті сили (кліпот) Єгипту хотіли притягнути собі світло Кінця виправлення подібно до гріху на Древі пізнання, – тобто бажали протягнути світло ҐАР згори униз. Але завдяки страті у Песах був знищений ҐАР де-Хохма, що означає страту первістків. Адже первісток належить до ступеню ҐАР, а ступінь ҐАР була скасована за рахунок дії масаху де-хірік, тобто підйому «манули» (замка, що замикає світло), який призводить до скасування ступеню ҐАР.

І це означає «кров» («*дам*») від слова «мовчання» («дмама»), яке подібне до умертвіння («*дмеміт*») ҐАР, в чому полягає сенс крові обрізання. Де різець – це дінім де-нуква (*обмеження Нукви*), які скасовують дінім де-дхура (*обмеження з чоловічої сторони*). Про що написано: «Було дві крові: кров Песаха і кров обрізання». І від внесення крові Песаха скасовується ҐАР та відбувається включення у виправлення трьох ліній, на що натякає «одвірок» і «дві мезузи».

А «На чотирнадцятий день» і т.п., бігли Ісраель з-під чужої влади та об'єдналися через мацу святим союзом.

«Хамец» означає світло мохін, що вдягається нижче від хазе та світить згори униз. А «маца» – це світло мохін, котре світить від хазе й вище, де не можуть причепитися нечисті сили. І це тому, що «манула» (*замок*), яка розкривається у ніч Песаха та завдяки якій відбувається жертва Песаха і страта первістків, діє лише вниз від себе, тобто від того місця в хазе, де вона відкривається.

Виходить, що вона не діє своїми правами та обмеженнями на все, що знаходиться нагорі від неї. Тоді як все, що вдягається від хазе й нижче знаходиться під її впливом, і тому там відчувається її суд і обмеження. Тому отримали Ісраель застереження в ніч Песаха їсти тільки мацу, а не хамец.

І є в маци достойність, якої немає в хамці, і є в хамці достойність, якої немає в маци. Достойність маци у повному світлі мохін ҐАР де-Хохма, що також називається «два великих світила», – проте у формі ахораїм (*зворотної сторони*), тому що воно не може світити через відсутність хасадім. А перевага хамця в тому, що хоча його світло і відноситься лише до рівня ВАК, але вже вдягнене в хасадім.

І в Храмі було світло мохін де-Хохма, але поширювалося від хазе й вище, що означає властивість «маци». І тому сказано: «Бо ніяку закваску і ніякий мед не повинні ви кадити в пожертву».

172. Перешкоди та завади
Почуто в сьомий день Песаха (20 квітня 1949 р.) в Тель-Авіві

Всі перешкоди та завади, котрі відкриваються перед нашими очима – не що інше, як знаки наближення до Творця, які говорять про те, що Творець бажає наблизити нас до Себе. І всі ці перешкоди ведуть нас лише до зближення, а інакше не існувало б жодного способу до Нього наблизитися. Адже з боку природи ніщо не може віддалити нас від величної висоти Творця більше, ніж той матеріал, який закладений в нас при створенні. І тільки почавши наближатися до Творця, людина може оцінити ту прірву, яка їх розділяє. А кожна перешкода, що долається людиною – скорочує їй цей шлях.

Адже якщо людина звикає йти на віддалі, то навіть коли знову і знову відчуває, як вона є далекою від Творця, це жодним чином не може перешкодити її руху, оскільки їй заздалегідь відомо, що вона йде здалеку. І дійсно, відстань між нею і Творцем – величезна. Але, не дивлячись на те, що кожен раз відчуває, що віддалення ще більше, ніж вона думала, – це не зупиняє її.

173. Чому говорять «Лехаїм!»
Почуто на суботній трапезі на двадцять третій день Омера,
тижнева глава Ахарей Мот – Кідушин (7 травня 1949 р.)

Чому говорять «Лехаїм!» в той час, коли п'ють вино? Бо сказали мудреці: «Вино і життя – згідно з мудрецями та учнями їхніми» (Вавилонський Талмуд). І запитується: чому ж лише згідно з мудрецями, а простому народу – ні?

Але справа в тому, що коли говорять: «Лехаїм» (*в перекладі – «За життя!»*), мають на увазі вище життя. І коли п'ють вино, треба пам'ятати, що воно натякає на «п'янке вино Тори», і потрібно притягнути світло Тори, яке називається «життя». Тоді як земне життя серед мудреців називається: «Грішники за життя своє називаються мерцями».

Тому саме про мудреців можна сказати: «вино і життя». Тобто тільки вони готові притягти духовне життя. А у простого народу немає таких келім (*бажань*), якими можна її притягнути.

(А можливо, що «згідно з мудрецями» означає: «відповідно до думки мудреців». В тому сенсі, що мається на увазі саме те життя, яка називається у них життям, – тобто життя духовне.)

174. Вкриття

Вкриття – це виправлення, без якого людина не змогла б досягти жодної досконалості, адже інакше вона нездатна осягнути важливість духовного. Вкриття ж робить цю річ важливою. І хоча сама людина нездатна оцінити істинного значення цієї речі, але приховання підносить її в очах людини. І чим сильніше відчуває утаєння, – тим більше у неї підстав цінувати її.

Це немов сходи, по яких людина піднімається – сходина за сходиною, все вище й вище, – доки не доходить до місця, призначеного для неї. Тобто досягає такої найбільшої висоти усвідомлення важливості, на якій ще здатна утримуватися. Хоча справжню важливість і висоту величі Творця неможливо оцінити, але все ж вона осягає її в такій мірі, яка дозволить їй продовжити своє існування.

Але саме по собі, приховання ще не називається «вкриттям», а лише – в міру бажання його розкрити. Адже чим більш бажаною є якась річ, тим болючіше відчувається її приховання. А з цього зрозумій сенс сказаного «Вся земля повна Його величчю». І хоча ми й віримо в це, але все ж і вкриттям повниться вся земля.

А про майбутнє написано: «І встану Я навколо неї вогняною стіною і прославлюся серед неї» (Пророки, Захарія). Вогонь означає укриття, але, тим не менш, «прославлюся серед неї», – тобто розкриється слава Його. І все це через величезне бажання розкриття, хоча і залишиться існувати вкриття. Але відрізняється це від того часу, коли існує утаєння та немає потреби його розкрити, і тому воно називається вигнанням. Тоді як в майбутньому, незважаючи на вкриття, буде також потреба його розкрити. І головне – це потреба, бажання розкриття.

175. Якщо занадто довгим буде для тебе шлях

Почуто на суботній трапезі, тижнева глава Бегар – Бехукотай, двадцять другого Іяра (21 травня 1949 р.)

«Якщо ж занадто довгим буде для тебе шлях, – так, що не зможеш винести свою ношу» (Тора, Дварім).

Але чому такий довгий шлях? Тому, що не може людина винести свою ношу, – тобто не може нести тягар Тори і заповідей, а тому вважає цей шлях довгим. І вихід в тому, щоб зробити, як далі вказано: «І візьми срібло це в руки».

Срібло означає «кісуфін» *(страждання любові)*, – тобто повинна людина розпалити в собі страждання любові в цьому рабстві завдяки пристрасному прагненню до Творця. І тоді зможе винести тягар Тори і заповідей. А крім того, «срібло» також означає сором, тому що створена людина з метою підняти велич Творця, як написано: «Благословен Творець, який створив нас на славу Його».

Адже Торою і заповідями людина займається тільки для того, щоб знайти благовоління Творця. Оскільки природа раба така, що він бажає сподобатися господареві аби завоювати його сердечну прихильність. Так і тут, – всі численні зусилля і тяжкість роботи, які відчуваються людиною, є лише засобом для того, щоб знайти милість в очах Творця. І тоді доб'ється бажаної мети.

А людина йде та виконує Тору і заповіді заради прихильності інших людей та робить з потреб Творця лише засіб, за допомогою якого можна сподобатися людям. І весь той час, доки людина не удостоїлася Тори і заповідей лішма *(заради Творця)*, вона працює заради створінь. І хоча й немає у неї іншої можливості, як тільки працювати заради людей, але все ж таки, незважаючи ні на що, вона повинна соромитися такого рабства. І тоді за рахунок цього «срібла» вона удостоїться святого срібла, – тобто пристрасного прагнення до святості.

«І візьми срібло це в руки», – хоча і не в руках людини влада над її бажаннями, і якщо немає бажання, то вона нічого не може зробити, але все ж вона повинна розкрити в собі бажання до страждань любові, – тобто бажання набути такого прагнення. (І можливо, що слово «візьми» походить від «побажай», – складається з тих же букв). Повинна людина розкрити в собі таку вимогу, тобто бажання і прагнення до Творця, – бажання помножити славу Небес, завдати насолоди своєму Творцеві та знайти милість в Його очах.

І є «золото», а є «срібло». Срібло означає, що у людини в загальному є прагнення й туга по духовному. А золотом (*«загав»*) називається стан, коли людина хоче лише одну річ, і всі прагнення, що відчуваються нею, й тяга до якихось інших речей гаснуть перед цим бажанням, і вона каже: «Тільки це дай (*«зе-гав»*)!». Тобто вона не хоче нічого, крім підняття Шхіни з праху, і це єдине бажання людини.

Виходить, що навіть хоча людина і бачить, що не володіє потрібними бажаннями та прагненнями, вона все ж, не дивлячись ні на що, повинна шукати і намагатися своїми діями та думками досягти такого бажання. І це називається «І візьми срібло це в руки». І не слід думати, що це – дрібниця, оскільки вона знаходиться в руках самої людини, – а повинна вона віддати її «за велику худобу *(за прихильність)* та дрібну худобу» (Тора, Дварім), тобто за рахунок цього вона удостоїться самого великого світла.

176. Випиваючи вино після закінчення святкового дня

Почуто ввечері після закінчення Йом Кіпуру (21 вересня 1950 р.)

«І робив він день добрим – своїм виходом зі святості».

Святість – це мудрість (Хохма) та ліва лінія, де є страх суду і обмежень. І тому там немає місця для доброго дня. Але саме «своїм виходом зі святості», яка називається Хохмою і лівою лінією, можна зробити добрий день, що відноситься до світла хасадім.

177. З приводу спокути

Спокута гріхів відбувається завдяки розкриттю світла Хохма, тобто за рахунок сповіді, яка притягує Хохму. І чим більш покаянною буде сповідь людини, тим більше їй розкриється світла Хохма, про що сказано: «У день той попросять про прощення провини Яакова – і не знайдуть її» (Пророки, Єремія). Адже кожен прощений гріх не проститься, доки не проллється на нього світло Хохма. І тому шукали вони гріхи, аби притягнути до них світло Хохма.

«Обійми зліва» відбуваються за рахунок притягання лівої лінії, коли в кожен день з десяти днів каяття притягується одна сфіра з десяти сфірот світла мохін де-Хохма, званого лівого лінією. А в Йом Кіпур відбувається зівуг (злиття).

«Обійми справа» – це розповсюдження світла Хохма вниз від хазе, – там, де знаходиться місце розкриття і вже є підсолодження світлом хасадім. І головне в цьому – поширення світла хасадім, завдяки чому відбувається побудова Нукви, яка триває до восьмого дня Сукота (*Шміні ацерет*), а на восьмий день відбувається зівуг (злиття).

178. Троє беруть участь у створенні людини

Почуто третього Іяра (9 травня 1951 р.) на трапезі в честь закінчення дев'ятої частини Зогар

Троє беруть участь у створенні людини: Творець, батько й мати. І сказав Бааль Сулам, що є четвертий учасник – це земля. Адже якщо не живиться людина плодами землі, то не може існувати. Земля (*«арец»*) означає Малхут, і зазвичай вважається, що є чотири стадії, які називаються: Хохма, Біна, Тіферет і Малхут. Продукти, які отримує людина від землі, подібні до з'ясувань, адже завдяки продуктам відділяється лушпина (*кліпот*) від їжі. А в Малхут є два рівні:
1) святість;
2) злодійка Ліліт.

Тому, коли людина їсть і робить перше й останнє благословення, цим вона виводить їжу з-під влади нечистоти (*сітра ахра*). І оскільки їжа переходить в кров, а кров відноситься до рівню «нефеш» (*душа*), то душа її звільняється від нечистоти і стає нейтральною. Коли ж людина бере участь у святковій трапезі, що є заповіддю, то їжа вважається святою, якщо споживати її з правильним наміром. Виходить, що їжа переходить в кров, а кров означає нефеш *(душу)*, і так людина досягає святий душі.

Ось чому повстає в людині її зла основа (*«єцер ра»*) і завжди дає їй зрозуміти, що не варто їсти на заповіданій трапезі з безлічі причин. І головна причина його небажання брати участь в заповіданій трапезі, – саме у сказаному вище: адже це частина, що належить святості.

179. Три лінії

Почуто в другий день Песаха (23 квітня 1951 р.)

Є такі поняття: «робота в трьох лініях», «Ісраель тримаються за тіло Царя», «єгипетське вигнання», коли народ Ісраеля повинен був зійти до Єгипту, та «вихід з Єгипту», а також таке поняття: «той, хто збирається взяти собі дружину, повинен привести з собою свідком простолюдина» *(Вавилонський Талмуд)*, а також те, про що питав Авраам: «Як я дізнаюся, що успадкують мої нащадки цю землю?». А Творець відповів йому: «Знай, що прибульцями будуть нащадки твої і в чужій країні і будуть їх гнобити чотириста років, а після вийдуть звідти з великим надбанням». А також є поняття рівнів ҐАР і ВАК, та ВАК де-ҐАР.

Отже, задумом творіння було насолодити створених. І лише для того, щоби не соромились вони дармового хліба, були зроблені цимцум *(скорочення)* та масах *(екран)*, що створило місце для роботи. І звідси походять три лінії.

Перша – права лінія, яка відноситься до рівня ВАК без рош *(голови)* і називається вірою. А друга – ліва лінія, яка називається осягненням. І ці дві лінії знаходяться у протиріччі, адже віра виключає осягнення, а осягнення виключає віру.

І тоді виникає середня лінія, яка називається ВАК де-ҐАР або Хохма і хасадім, або права та ліва лінії, що з'єднані разом. Це означає, що людина приймає осягнення лише відповідно до величини своєї віри. Тобто в тій мірі, наскільки дозволяє її віра, людина й приймає осягнення. Але там, де не вистачає їй віри, – людина не розкриває осягнення і не намагається його компенсувати, – а завжди стоїть та зважує обидві лінії, щоб одна не переважила іншу.

А рівень ҐАР *(який розкривається перед людиною)* означає осягнення без віри, що відноситься до роботи інших народів. Робота ж Ісраелю відноситься до віри, до якої включається осягнення, і це називається «тілом Царя», – тобто вірою та розумінням.

Авраам зветься батьком віри, – тобто властивості хасадім *(милосердя)*. І знай, що кожен, хто бажає наблизитися до Творця, зобов'язаний перш за все прийняти праву лінію, – тобто віру. А віра суперечить пізнанню. І як же тоді можливо їм отримати осягнення, якщо вони не мають для цього келім? І тому було сказано йому: «Прибульцями будуть нащадки твої в чужій країні». Це означає, що «змішаються вони з чужими народами та навчаться їхніх занять», тобто потраплять під владу інших народів. А опинившись під владою інших народів, притягнуть світіння ҐАР де-Хохма.

І вся суть єгипетського рабства в тому, що Ісраель теж бажає отримати світло ҐАР де-Хохма. І це означає для них вигнання, тому що накликають на себе пітьму. А вихід з Єгипту стався завдяки страті первістків. Адже «первісток» належить ҐАР де-Хохма. І коли Творець вразив первістків у Єгипті, – це означало кров Песаху та кров обрізання. Про що говорить Зогар: «В той час, коли вбивав Творець всіх первістків в Єгипті – уклали Ісраель святий союз, зробили обрізання і включилися до зібрання душ Ісраеля» (глава Емор, 43).

Ліва лінія називається «орла» *(крайня плоть)*, тому що перекриває шлях світлам *(«орот»)*. Тому в той час, коли Творець вбив первістків, тобто скасував ҐАР, – знизу народ Ісраеля пройшов обрізання, – тобто відсікання орла *(крайньої плоті)*, яка називається дін де-дхура *(чоловічий суд)*, який перекриває світло. І відбувається це завдяки обрізанню різцем, що має силу заліза, яке називається дінім де-нуква *(жіночі суди)*, за рахунок чого скасовуються чоловічі суди дінім де-дхура. І тоді поширюється до них світіння ВАК де-Хохма.

Тобто спочатку необхідно притягнути досконалість – ҐАР де-Хохма, і неможливо отримати половину ступеню. А зробити це потрібно саме за допомогою єгиптян. І це називається вигнанням, коли іудеї зобов'язані були перебувати під їхньою владою. А потім, за рахунок виведення з Єгипту, тобто виправлення екраном де-хірік, вони виходять з-під влади єгиптян. А єгиптяни самі кричать: «Піднімайтеся та йдіть!».

І про це сказано: «Я Сам, а не посланник». «Я» – означає Малхут, тобто манула (*замок*), який скасовує ҐАР, від чого відбувається включення лівої лінії в праву, та правої в ліву.

Тому сказано: «Той, хто збирається взяти собі дружину», – тобто властивість Хохма (*мудрість*), що належить лівій лінії, «повинен привести з собою свідком простолюдина». Адже сам він належить правій лінії, яка означає віру. Він же хоче осягнення, і саме за допомогою простої людини може отримати рівень Хохма, оскільки є в неї виправлення лише з боку осягнення, але не віри.

«Встала я, відчинити коханому своєму, і з рук моїх капала мирра, і з пальців моїх мирра стікала на скоби замка» (Пісня Пісень). «Мирра» (*мор*) – від слів «І не сховається більше від тебе твій Учитель (*море*), і очі твої побачать Вчителя». «Руки» означають осягнення, а пальці – зір, як написано: «І кожен вкаже пальцем і скаже: Ось Він, Творець наш!». А «скоби замка» («*мануль*») – означають манула.

180. Як написано в Зогарі, Емор

Почуто у другий день Песаха (23 квітня 1951 г.) в Тель-Авіві

Сказано в Зогарі: «Раби Хія відкрив (*світло*): «Я сплю в єгипетському вигнанні, але не спить серце моє...». Сказала Шхіна, зібрання душ Ісраеля: Я сплю в єгипетському вигнанні, поки сини мої знемагають у тяжкому рабстві. Але не спить серце моє, зберігаючи їх, щоби не згинули у вигнанні. «Голос Улюбленого до мене стукає», – це Творець, який каже: «І згадав Я союз Мій» (глава Емор).

Що означає «сон»? Поки народ Ісраеля знаходився в Єгипті, він залишався під владою єгиптян і теж притягнув світло ҐАР де-Хохма. А оскільки Хохма не може світити без хасадім, цей стан називається «сном». І тому сказано, що робота в Єгипті була дуже важкою та називалася діním де-дхура (*суди і обмеження з чоловічої сторони*), а також «всілякою роботою в полі», що означає дінім де-нуква *(суди і обмеження з жіночої сторони)*.

«Але не спить серце моє», – тобто не дивлячись на те, що вона спить зі сторони лівої лінії. І тоді Малхут називається «два великих світила» або «четверта опора», та відноситься до сфери Тіферет, котра вище від хазе. «Але не спить серце моє» – означає, що там вже присутня замикаюча точка *(манула)*, яка зобов'язує перейти до середньої лінії та повернутися до «стану точки з лицьової сторони» *(панім)*, що дозволяє їм «не згинути у вигнанні».

І в цьому сенс сказаного: «Відкрий Мені отвір з вушко голки». Тобто Зеір Анпін просить Малхут притягнути світло Хохма. І хоча не може Хохма світити без хасадім, і тому називається лише отвором з вушко голки, але тоді «Я розчиню перед тобою вищі врата», – тобто після цього він дасть їй хасадім, завдяки яким зможе увійти до неї світло. А до тих пір, поки не притягне вона світло Хохма, і немає Хохма, а лише хасадім, називається це – «відкрий мені сестре моя». І, набуваючи світла Хохма, називається Малхут сестрою.

181. Шана

Почуто двадцять п'ятого Нісана (1 травня 1951р.)

Почесті захоплюють у свою владу тіло, і в цій мірі шкодять душі. Тому, якщо праведнику, який став відомим, віддаються почесті, – це в якості покарання. Адже шкодить душі.

Але якщо Творець піклується аби великі Його праведники не програли від своєї праведної слави, Він стереже їх, щоби не отримували почесті та не нашкодили цим своїй душі.

Тому в тій мірі, в якій вони прославлені як праведники, та отримують шану з одного боку, – з іншого боку виникають ті, хто звинувачують й соромлять їх у всіляких гріхах в такій мірі, щоби вага сорому врівноважувала шану, яку вони отримують.

182. Моше і Шломо
Почуто третього Іяра (10 травня 1951 р.)

Моше і Шломо – це властивості лицьової та зворотної сторони. Про Моше сказано: «І побачиш ти Мене ззаду *(зі зворотної сторони)*» (Тора, Шмот).

Тоді як про Шломо сказано, що він представляє собою передню, лицьову сторону, і лише Шломо використовує зворотну сторону Моше.

Тому літери імені «Шломо» утворюють слово «для Моше» *(ле-моше)*.

183. Машиах

Є визначення: 1) Машиах Бен-Йосеф і 2) Машиах Бен-Давид.
І обидва повинні об'єднатися, – лише тоді виникне справжня досконалість.

184. Відмінність віри від розуму
Почуто п'ятнадцятого Шевата (14 лютого 1949 р.) в Тверії

Відмінність віри від розуму.

Є у віри перевага в тому, що вона діє на тіло більше, ніж розум, тому що є ближчою до тіла. Адже віра – це властивість малхут, і тіло також відноситься до малхут. Тому віра діє на тіло.

У той час, як розум, що відноситься до дев'яти перших сфірот, не може в тій же мірі впливати на тіло. Але разом з тим, достойність розуму в тому, що він вважається духовним у порівнянні з вірою, яка вважається матеріальною, тобто відноситься до тіла. А в духовному є закон: «Немає зникнення в духовному», і кожне нове виправлення додається до попередніх (*«Гріш до грошу накопичується у великий капітал»*).

Однак віра, як все матеріальне і приречене на розлуку, відходить та зникає, і минуле пропадає, не приєднуючись до теперішнього та до майбутнього. Тому, хоча віра, відносно розуму, діє на людину на всі сто відсотків під час самої дії, але ця дія віри тимчасова. Тоді як розум, хоча і діє всього на один відсоток, однак цей один відсоток залишається постійно, і після ста таких дій збереться до тих ста відсотків, які б за один раз справила віра. Але якщо віра і зробить сто дій, все одно людина повернеться до колишнього стану, тоді як розум залишиться з нею назавжди.

Наприклад відомо, що якщо людина вивчає щось, то хоча потім і забуває, але залишаються поняття в розумі. Тобто наскільки вона використовує свій розум, — в тій мірі розум розвивається.

Тоді як матеріальне, що існує в часі і в просторі, не може змінюватися, – як не може схід зійтися із заходом в одному й тому ж місці, або час, що минув, у часі з сьогоденням. Однак в духовному все може відбуватися одночасно.

185. Коли до простої людини приходить субота

Питають мудреці: «Коли до простої людини приходить субота?» (Єрусалимський Талмуд).

Праведник (*учень Мудреця*) є подібним до субoти, тому що знаходиться в її властивостях. Адже субота відповідає кінцю виправлення. І як в кінці виправлення всі келім (*бажання*) виправлені та придатні отримати все вище світло, так і субота також означає завершення, коли вище світло може проявитися та заповнити нижчі створіння. Але субота означає наповнення нижчих лише під впливом «збудження згори» («*ітарута де-лейла*»), тобто Творця.

186. Зроби суботи буднями і станеш незалежним від усіх

В суботу заборонено здійснювати будь-яку роботу, тобто заборонене збудження знизу («*ітарута ле-летата*»).

Учень мудреця, тобто той, хто заслужив вчитися у Самого Творця (*досяг отримання світла мудрості, Хохма, від Творця*), який називається Мудрецем, сам також стає «збудженням згори» (*ітарута де-лейла*) внаслідок розкриття таємниць Тори.

Тому, коли приходить збудження згори, котре називається «субота», тоді і «просту людину», тобто тіло, охоплює трепіт, і природно в такому стані немає місця для роботи.

187. Вибір – у більшому зусиллі

Сенс виразу «Малхут знаходиться в очах» в тому, що створюється екран та вкриття, що застилає очі та не дозволяє їм бачити приховане управління Творця.

Суть проб і досвіду в тому, що немає у людини можливості вирішити та вибрати ні те, ані це. Тобто не може усвідомити бажання Творця й наміри вчителя. І хоча людина в змозі виконати роботу, жертвуючи собою, але не здатна вирішити, – чи буде її робота, якій вона віддає всю душу, саме такою, яка потрібна, або ж вона розходиться з бажанням Творця і думкою вчителя.

А для того, щоб зробити правильний вибір, необхідно вибрати те, що зобов'язує людину збільшувати свої зусилля. Тобто повинна слухати вчителя в тому, що лише зусилля покладені на людину, та нічого більше. Але якщо так, то немає в людини взагалі такого стану, коли б вона могла сумніватися, як вчинити та який вибір зробити, – а просто завжди повинна збільшувати зусилля.

188. Робота можлива, якщо є два шляхи

Почуто під кінець суботи (тижневої глави) Бешалах, двадцять четвертого Шевата (25 січня 1948 р.)

Будь-яка робота можлива лише за наявності двох шляхів, як сказано: «Живи в Моїх заповідях, а не вмирай у них». А «Помри, але не переступи» – відноситься тільки до трьох заповідей. Але разом з тим, ми знаходимо, що кабалісти минулого жертвували собою заради здійснення будь-якої заповіді.

Правда ж в тому, що в цьому й полягає вся робота; і коли людина повинна зберігати Тору, то відчуває всю її тяжкість. А коли Тора стереже людину, то немає ніякої тяжкості для неї, як сказано: «Душа людини вчить (*веде*) її». Саме це називається, що Тора зберігає її.

189. Дія, що творить думку
Почуто двадцять сьомого Тішрея

Чому людині властива така гострота думки, натхнення й винахідливість, та всі її органи злагоджено працюють на повній швидкості в той час, коли вона думає про матеріальні надбання? Коли ж мова заходить про душу і треба постаратися заради якогось духовного придбання, то людське тіло і всі його відчуття працюють з великими труднощами.

А справа в тому, що людський розум і думка – це лише відбиток з дій людини, які відображаються в них, як у дзеркалі. Тому якщо, в основному, людина дбає про матеріальні потреби, то це відбивається в дзеркалі її розуму. Тобто всі ці потреби відображаються в її розумі, і тоді вона може використовувати цей розум для досягнення всього бажаного, адже її мозок отримує життєву енергію від матеріальних цілей. Тому, те саме місце, з якого людина отримує життєву силу, – його вона і обслуговує. А духовне ще не залишило в її мозку стільки спогадів і інформаційних записів (*решимот*), яких було б достатньо, щоб отримувати від них життєву силу та наснагу. І тому розум не готовий служити їй заради потреб її душі.

Тому зобов'язана людина долати себе і виконувати безліч дій та справ, доки вони не відіб'ються у неї в мозку. І тоді, звичайно, примножиться її розум і буде служити їй з максимальною швидкістю та гостротою ще краще, ніж для матеріальних надбань. Адже розум – це найближче до душі облачення.

190. Будь-яка дія залишає слід
Почуто на трапезі в перший день Песаху (15 квітня 1949 р.)

Питання: Чи впливає на нас те, що ми звільнили нашу землю від поневолення і удостоїлися вийти з-під чужої влади, ставши вільним народом, як всі народи? Чи діє на нас ця свобода так, що виникає у нас від цього особливе відчуття в роботі та служінні задля Творця?

Відповідь: Не можна думати, що це не діє на нас, і що рабство нічим не відрізняється від свободи. Адже тоді виходить, ніби Творець діє абсолютно марно.

Але насправді, всі Його дії продукують і залишають в нас слід, – хороший чи поганий. Тобто від всякої скоєної Ним дії, яку ми відчуваємо як позитивне або як негативне, як світло або як темряву, сходить до нас додаткова сила. І за рахунок цього є у нас можливість прийти до духовного підйому, тому що в духовному не завжди є постійна влада і сила, яку ми повинні до себе притягнути. Тому не може сказати людина, що свобода, якої ми досягли, не зробила в нас жодної зміни. Але якщо ми не відчуваємо змін на краще, – то зобов'язані сказати, що є зміна до гіршого, хоча ми її і не відчуваємо.

А під кінець свята додав, що прикладом тому – суботня трапеза, на якій ми отримаємо матеріальне задоволення та, завдяки зв'язку кореня та його наслідку, збуджуємо духовні насолоди за подобою до майбутнього світу, кінця виправлення. І природно, для того, щоб скуштувати духовних насолод суботи, нам необхідна особлива підготовка в шість днів творіння (роботи та дії). І яка міра підготовки, – така й міра відчуття.

А якщо немає в людини справжньої підготовки, щоби відчути духовний смак суботи, тоді навпаки, тілесні насолоди роблять її ще гіршою, і після матеріальної трапези людина рушає тільки до сну й ні до чого більше. Виходить, що куштування насолод знижує людину духовно.

Але необхідно докласти особливих зусиль для того, щоб через тілесні насолоди прийти до духовності, оскільки це – бажання Творця. Хоча вони й перебувають в протиріччі одне з одним, адже духовне знаходиться під лінією віддачі, а тілесне – під лінією отримання. А оскільки таким було Його бажання, притягується духовне слідом за тілесними насолодами, що отримуються заради заповідей Творця, якими є насолоди свят і суботи.

Також ми повинні бачити, що в умовах тієї свободи, якої ми удостоїлися, необхідна величезна підготовка, щоб отримати духовну свободу, звану «Свобода від ангела смерті», коли «Вся земля повна Його величчю», тобто світлом «мохін де-Аба ве-Іма». І тоді не залишиться в нас ні місця, ні часу, яке б не було сповнене Творцем. І не будемо ми в змозі сказати, що якийсь час, або якесь місце може бути порожнім від Нього, – адже вся земля наповниться Його величчю. Але до того, є відмінність між світлом та пітьмою, між Ісраель й іншими народами, адже в тому місці, де повинне сяяти світло, – там знаходиться Творець, а не на місці пітьми.

Так само і в Ісраель є місце для світла Ісраель Творця, але не у народів світу: Творець не перебуває в них, і відокремлена субота від шести днів творіння. Коли ж осягаємо світ мохін де-Аба ве-Іма, то удостоюємось відчуття «Вся земля повна Його величчю» і зникає відмінність між часами та станами, – а всюди і на всі часи воцаряється світло Творця.

І в цьому сенс свята Песаху, в яке Ісраель заслужили свободу, тобто розкриття світла мохін де-Аба ве-Іма, що наповнює всю землю Його величчю. І природно, що не залишається тоді місця для егоїзму, адже він більше не віддаляє від духовної роботи, а навпаки, – видно, як він наблизив людину до служіння Творцю. Але стан цей поки існує лише у вигляді пробудження згори («*ітарута де-лейла*»). Тому сказано, що говорить свята Шхіна: «Бачила я краплю, подібну до червоної троянди» (*ознака нечистоти*), тобто бачила місце, яке ще потребує виправлення і де не може сяяти світло Творця. А тому повинні були відрахувати ще сім тижнів Сфірат омер (*дні від Песаху до Шавуоту*), щоб виправити всю нечистоту, що розкрилася, доки не «наповниться вся земля Його величчю».

І подібно це цареві, в якого є високий замок, повний всякого добра, але немає у нього гостей. А тому створив він людей, щоби прийшли та отримали все добро і благо. Але не бачимо ми цього замку, що повний добра, – а навпаки, здається нам, що весь світ сповнений стражданнями.

І пояснюється це тим, що «Вина царського було вдосталь» (*Мегілат Естер*), адже з боку Малхут (*в перекладі: царство*) немає ніякої нестачі у вині, – тобто в насолодах, подібних до задоволення, що отримується від вина. Нестача же – вона лише зі сторони тих, хто отримує, тому що немає у нас клі (*судини*), здатного отримати це світло. Адже тільки у клі віддачі можливо отримати, і чим більшим є клі, – тим більше в ньому розкривається світло.

А тому всі зміни можливі лише в келім, але не в світлі. І про це говорить Мегіла: «Подавалися напої в різноманітних судинах, і царського вина було вдосталь з царської щедрістю», – як і було в Задумі творіння: насолодити створених з усією щедрістю Творця.

191. Час падіння

Почуто чотирнадцятого Сівана (13 червня 1938 р.)

Важко уявити собі стан духовного падіння, коли пропадає смак духовної роботи та зусиль, докладених людиною протягом усього часу від початку її духовної роботи і до падіння. Немов ніколи не відчувала вона смаку духовної роботи, ніби все це поза нею. З цього ясно, що духовне падіння трапляється лише з тими, хто вже перебуває на високих духовних ступенях. Тоді як прості люди абсолютно не мають до таких станів жодного відношення, адже прагнуть лише до наповнення земних бажань, котрі огортають весь наш світ.

Але необхідно усвідомити, – навіщо з'являються до людини стани падіння? Адже від її згоди або незгоди з ними нічого не зміниться в системі світобудови, яка керована Добрим Творцем абсолютним добром? Яка ж користь від таких станів?

А справа в тому, що стан падіння приходить до людини для того, щоб вона збагнула велич Творця, не даючи зачерствіти її серцю та пробуджуючи в ній страх і трепіт перед висотою Творця. Адже пізнає вона, як нескінченно віддаленою є від Творця, – настільки, що недоступно розуму зрозуміти можливість зв'язку та злиття людини з Творцем.

Під час духовного падіння людина відчуває неможливість жодного зв'язку та злиття з Творцем тому, що сприймає приналежність до духовного як річ, що є абсолютно чужою цьому світові. І це дійсно так і є. Але: «Разом з відчуттям величі Творця, людина відкриває Його скромність», і це – чудо, яке є вищим за природу, – що Творець дарує людині у подарунок можливість досягти зв'язку та злиття з Ним.

Тому коли людина знову досягає зв'язку з Творцем, вона повинна постійно згадувати стан свого падіння аби усвідомити, оцінити і возвеличити стан злиття з Творцем, – щоб знала, що зараз вона удостоїлася дива порятунку з висі.

192. Суть долі (жереба)

Почуто в 1949 р. в Тель-Авіві

Жереб застосовують, коли дві речі є рівноцінними і неможливо з'ясувати розумом, – яка важливіша. Тому необхідний жереб. А в книзі Зогар запитується: «Як може бути, що козел, принесений в жертву Творцю, і козел спокути в жертву нечистій силі – однаково важливі?»[7].

Справа в тому, що жертвоприношення Творцеві відноситься до правої сторони, а жертвоприношення нечистій силі – до лівої сторони, до якої також відноситься світло ҐАР де-Хохма. Про це сказано: «удостоївся – добре, не удостояться – погано». Погано означає, що розкривається Малхут з властивостями суду (*«де-мідат дін»*), обмеження малхут, звані «замок» (*«манула»*), що замикає світло. «Замок» знаходиться в хазе кожного парцуфа. Тому до «замка» є можливість світлу Хохма світити, але на хазе закінчується розповсюдження світла в парцуфі, тому що нижче від хазе починають проявлятися сили скорочення (*цимцум*), які не діють від хазе й вище.

Жертвоприношення Творцеві включає до себе частину від лівої сторони, від жертвування нечистій силі, Азазелю, – тобто включення світла Хохма. Але не так, як в лівій частині, що належить нечистим силам, де світло Хохма притягається згори униз, і тому припиняється розповсюдження світла внаслідок впливу «замка», – а тільки в напрямку знизу нагору, від чого «замок» ховається і розкривається «ключ» (*«міфтеха»*).

Виходить, що у жертвоприношенні нечистій силі є ҐАР де-Хохма (*повне світло*), а в жертвуванні Творцеві тільки ВАК де-Хохма (*підсвічування*), проте ВАК де-Хохма може світити, а ҐАР де-Хохма зобов'язаний припинитися. Тому необхідно жертвоприношення нечистій силі аби вона не звинувачувала. А звинувачує вона тому, що хоче притягнути світло Хохма в Малхут, в бхіну далет, адже інше світло не може її задовольнити, бо вся її природа походить від бхіни далет. І якщо не отримує світло на своєму споконвічному ступені, то залишається порожньою, і тому завжди спокушає людину отримати світло в бхіну да-

---

[7] Сказано в Торі, Ахарей: "І кидав Аарон жереб на двох жертовних козлів: один – для Творця, а інший – для нечистої сили". ("Шаматі", Стаття 33. "Рок Йом Кіпуру та Амана").

лет. А якщо людина не бажає цього робити, то вона вигадує всілякі хитрощі, щоб змусити її притягнути до себе світло Хохма. Тому, коли дають нечистій силі частину світла Хохма, тоді вона не звинувачує Ісраель, адже боїться втратити світло, яке вже отримала.

Але коли нечиста сила притягує ҐАР де-Хохма, в той же час Ісраель притягують ВАК де-Хохма. І це світло Хохма називається світлом, що стирає гріхи, від якого удостоюються повернення до Творця з любов'ю (*«тшува»*), коли злочини перетворюються на заслуги. Виходить, що козел спокути в жертву нечистій силі, бере на себе всі гріхи Ісраеля, – тобто всі вони обертаються на заслуги.

І наводить Зогар притчу про царського блазня. Коли напоять його вином, а потім розповідають йому про все, що він накоїв, навіть про самі негідні вчинки, той відповідає, що все це – гідні справи, краще за яких не буває в світі.

«Блазнем» зветься «диявол», якому дають вина, – тобто частину світла Хохма, котре притягнуте як світло, що стирає гріхи, котрі перетворюються цим світлом на заслуги. В такому випадку він на всі погані дії каже, що вони хороші, тому що всі навмисні гріхи перетворюються на заслуги. А оскільки «диявол» бажає отримати свою частку, то не звинувачує Ісраель.

І з цієї причини в Єгипті він звинувачував і питав: «Хіба Ісраель чимось відрізняється від єгиптян? Нехай або помруть, як єгиптяни, або ж повернутися до Єгипту». Тому що Єгипет – це джерело притягання світла Хохма, але повного світла ҐАР де-Хохма, і коли перебували Ісраель в Єгипті, були під владою єгиптян.

193. Одна стіна служить їм обом

Головна особливість «зворотного боку» (*ахораїм*) – це відсутність світла Хохма, яке становить суть життєвої сили та називається прямим світлом. І на це світло було зроблене скорочення (*цимцум*), щоби не прийти до протилежності властивостей (*Творця і створіння*). Тому, поки ЗОН (*Зеір Анпін та Нуква*) не виправлені, вони не мають ступені ҐАР, щоб не підживлювати нечисті сили *(сітра ахра)*.

Але все ж, оскільки їм не вистачає ҐАР, є небезпека, що присмокчуться там кліпот. Адже нечисті сили насолоджуються від усього, у чому відсутня святість, приходячи та запитуючи: «Де?» *(Де слава Творця вашого?)*. Але неможливо відповісти на це запитання, поки відсутнє світло Хохма. Тому робиться на ЗОН виправлення, при якому піднімаються вони та включаються у Біну, що володіє властивістю «хафец хесед» *(яка бажає лише віддачі, хасадім)* та відштовхує світло Хохма. У самої ж Біни немає потреби в отриманні світла Хохма, адже вона сама, по суті, і є Хохма.

І це означає, що все роблять згідно розуму своїх вчителів та вся їхня основа знаходиться в їхніх коренях, тобто – спирається на думку вчителя. А там не може бути питання: «Де слава Творця вашого?».

І залишаються вони в Біні до того, як виправляються, піднімаючи молитву *(МАН)* своїми зусиллями і старанними, доки не очищуються від егоїстичних властивостей та стають здатними отримати мудрість *(Хохма)*. І лише тоді дозволено їм розкрити власну суть та з'ясувати, що страждають вони від відсутності Хохма, – та вирішити це питання, тобто притягнути світло Хохма, що осяває їх світінням мудрості *(світінням Хохма)*.

Тоді вони отримують самостійність та виходять з-під влади Біни, тому що володіють світлом Хохма, який знищує і відокремлює кліпот. І можливо в цьому сенс фрази: «І знай, що відповісти безбожникам».

І називається це – «одна стіна» позаду Біни, якої достатньо для них обох, тому що служить вона заслоном від нечистої сили *(сітра ахра)*. Тобто, якщо людина покладається на думку вчителя і поєднується з учителем в одне, то та сама стіна, яка є у вчителя, який володіє властивістю «хафец хесед», достатня також і для її захисту.

Коли ж вони розділюються, – тобто учень сам притягує світіння Хохма, – він може вже діяти самостійно, оскільки здатний відповідати на всі каверзні питання нечистої сили.

194. Сім повних днів

Переписано із записів мого батька і Вчителя

Після кожного новомісяччя потрібно чекати сім повних днів і лише потім можна благословити місяць. Але крім того, це має бути під кінець суботи. І не можна, як зазвичай заведено, дочекатися виходу суботи, яка трапляється до закінчення семи повних днів, і благословити місяць. А також, – не можна відраховувати сім повних днів і не чекати виходу суботи. Ні, обидві ці вимоги обов'язково повинні бути дотримані.

Справа в тому, що духовне коріння місяця[8] – це Малхут, звана «сьома», що означає: «Адже в мені Він». Коли наповнюється субота від шести буднів, званих «Він», говорить субота: «У мені Він». «Він» – це сонце, а «в мені» – місяць, який наповнюється світлом сонця, адже сам він не є джерелом світла.

Але у місяця є дві особливості, звані «субота» і «місяць». Адже місяць – це Малхут, що складається з чотирьох частин: Хохма, Біна, Тіферет, Малхут. Перші три частини: Хохма, Біна і Тіферет є відповідними суботі, тобто трьом суботнім трапезам, на які натякає в Торі тричі повторене слово «сьогодні», в цей день *(всі три трапези називаються денними)*. А четверта частина Малхут *(Малхут у Малхут)* відповідає виходу суботи, або місяцю. І вона не включена до суботнього дня *(в цей день)*, тому що це вже ніч.

Але ж і перша трапеза суботи також відбувається вночі? Чому ж сказано про неї в Торі: «в цей день», і називається вона денною? Тому, що ніч суботи – це «день один, відомий Творцю, – не день, і не ніч, а коли к вечору буде світло». Тоді як під кінець суботи – поки ще тьма, відсутність світла. Тому є вказівка мудреців зробити виправлення цієї ночі й пітьми на виході суботи, котрі залишаються поки без виправлення, особливої

---

8 В івриті слово «левана», – «місяць», як і в російській мові «луна», – має жіночій рід. Кабала використовує цей образ як визначення жіночої основи створіння, Нукви Зеір Анпіну, зокрема і в концепції взаємодії «двох великих світил». Нажаль, немає адекватного українського перекладу цього образу, а російське слово «луна» не може бути використане, оскільки в українській мові має зовсім інше значення. (Примітка перекладача українського тексту)

трапезою, званою «Мелаве малка» (*Проводи Цариці*).

Ця трапеза відповідає духовному виправленню, котре дає сили для існування «кісточці луз» (*ецем луз*), четвертій частині Малхут, яка не може отримувати від трьох суботніх трапез. Але отримуючи силу від духовної дії, званої «Проводи Цариці», четверта частина Малхут виправляється дією, яка називається «Благословення місяця». І таким чином «Ісраель освячують часи», – тобто виправляють той самий залишок суботи, яка не наповнюється від суботніх трапез.

І навіть Великий коен, первосвященик, який володіє вищою святістю, повинен остерігатися, щоби не осквернитися дотиком до мертвого, навіть до своїх родичів. Дається йому таке застереження: «І дотиком до найближчого родича (*те ж слово -»залишок» суботи*) – осквернить-ся». Справа в тому, що субота – джерело всієї вищої святості. А оскільки «ецем луз», четверта частина Малхут, звана «залишок» суботи, не виправляється за допомогою суботніх трапез, то навіть первосвященик не може не осквернити себе нею.

І в цьому суть виправлення дією «Благословення новомісяччя», хоча воно і виходить з суботи. Тому Моше не міг благословити новомісяччя, доки Творець не показав йому подобу вогненної монети і вказав: «Ось такий місяць благословляй». А мав труднощі Моше тому, що вся його сила від суботи, адже в суботу була дарована Тора. І тому не знайшов він сили у всіх світлах Тори, щоб зробити виправлення цього «залишку», – четвертої частини в Малхут, – тому що вона не живиться від суботніх трапез. Тому не зміг Моше благословити місяць.

І що ж зробив Творець? Взяв і зробив всередині місяця ще одну форму всередині форми, немов вогняну монету. І відбиток на цій її стороні за формою не схожий на іншу сторону. Як сказали мудреці про монету праотця Авраама, що на одній її стороні відбиток старого чоловіка і старої жінки, що означає бхіну бет та властивість милосердя, а на другій стороні – молодого юнака і дівчини, що означає четверту частину, бхіну далет, – тобто суворий суд і обмеження, як сказано: «і не пізнав її жоден чоловік» (Тора, Берешит). І ці дві форми властивостей Біна і Малхут спільно беруть участь у виправленні Малхут.

Коли бажає Творець продовжити там виправлення світлом суботи завдяки роботі праведників, то показує їм ту саму властивість, що виходить з трьох перших частин Малхут, звану «бхіна бет», яку можна праведникам благословляти світлом суботи.

195. Удостойтеся духовного розвитку
Почуто в 1938 р.

«Удостойтеся випередити час», тобто удостойтеся шляху Тори (*духовного розвитку*). А інакше підете шляхом страждань і загального розвитку, які врешті-решт теж приведуть до задуму творіння.

Шлях Тори полягає в тому, що дають людині силу згори (*сгула*) аби могла зробити для себе потрібні келім. А келім створюються за рахунок наповнення світлом та його зникнення. Адже суть клі полягає в бажанні отримати насолоду, тобто – у відчутті нестачі. «Немає світла без клі», і необхідно набути клі, щоби прийняти до нього світло.

А звичайна людина не може відчувати потребу в духовному, перш ніж не відчує його. Як написано, «розповсюдження та зникнення світла створюють готове клі». Наприклад, у людини є тисяча лір і вона відчуває себе багатою. Але якщо потім заробить більше, скажімо п'ять тисяч лір, і втратить три, залишившись з двома тисячами, то відразу відчує втрату трьох тисяч. Адже вона вже отримала келім на три тисячі лір, які колись мала.

І таким є шлях Тори. Коли людина звикає на шляху Тори шкодувати про свої невеликі осягнення, але кожен раз отримує невелике світіння, яке то з'являється, то зникає, це викликає в ній все більший жаль та створює все більш велике клі.

Кожному клі бракує світла, який би його наповнив. І тому всяке незаповнене світлом місце стає місцем для світла віри. А якби сповнилося світлом – не було б клі, місця для віри.

196. Присмоктування егоїзму
Почуто в 1938 р.

Нечисті наміри (кліпот) можуть існувати лише там, де є незаповненість й недосконалість. А якщо проявляється довершеність, нечисті думки негайно зникають, і немає у них ніякої можливості торкатися чистих намірів.

У цьому сенс розбиття келім, намірів, при якому відбувається відокремлення світла Хохма від світла хасадім. Оскільки створилася парса між світом Ацилут і світами БЄА, світло Хохма не може спуститися під парсу. А сходить під парсу лише світло хасадім, в якому раніше було світло Хохма – лише воно, звільняючись зараз від світла Хохма, може спуститися вниз. Виходить, що залишилися у них ще сили від колишнього стану. І це дія називається: «перш за все опускає святість у нечисті наміри, кліпот».

197. Книга, автор, розповідь
Почуто в 1938 р.

Книга, автор, розповідь.

Книга – стан перед Створенням (*задум творіння*).

Автор – володар книги. Єднання автора і книги розкривається як «розповідь». Необхідно «отримати розповідь», – тобто Тору разом з Тим, хто дає Тору.

198. Свобода
Почуто в 1938 р.

Сказано про скрижалі, на яких були викарбувані заповіді: не читай «викарбувані» (*харута*), а читай «свобода» (*херут*). Тобто викарбувавши десять заповідей, людина набуває свободи, як сказано: «Запиши на серці своєму».

Запис вчинюється чорним чорнилом. Кожен раз, коли людина пише, вона вирішує яким чином поступити, а потім розчаровується у своєму рішенні і повертається до минулого, що подібно стиранню написаного. Тому необхідно щоразу писати заново, до тих пір, поки не буде висічене в серці, і не зможе стертися написане.

І тоді негайно удостоюється свободи. Написане на серці – це клі для здобуття свободи, і в міру написаного, вирізаного на серці, людина заслуговує на визволення. Адже основа судини (клі) – це пусте місце. Тому сказано: «Серце моє скрушене в мені» (Псалом 109). І тоді звільняється від «Ангела смерті», егоїстичних намірів, тому що безсилля й нікчемність – це і є сама нечиста сила. І її необхідно пізнати у всій мірі та намагатися перемогти, доки Творець не допоможе людині.

199. В кожному з Ісраель
Почуто в третій день свята

У кожному з Ісраель є внутрішня точка в серці, проста віра – спадщина від наших праотців, що стояли на горі Синай. Але на цю точку вдягнуто багато нечистих намірів, кліпот, званих «ло лішма» (*заради себе*), які необхідно прибрати. Тоді основою людини буде тільки «Віра», яка не потребує ніякої опори й підтримки зі сторони.

200. Ослаблення екрану
Почуто в суботу, першого Кіслева, в Тверії

Ослаблення екрану, що відбувається в духовному парцуфі, викликає також вихід, зникнення з нього світла. Оскільки після цимцум алеф світло може перебувати лише в клі, яке являє собою екран. Екран – це сила, котра відштовхує самонасолоди, і в ньому – основа клі. Тому, коли зникає екран, зникає світло.

Клі – це віра вище знання. Коли вона існує, тоді світло проявляється і, за своєю природою, впливає на екран тим, що послаблює його.

Тобто анулює клі «віра» та приводить до клі «знання», внаслідок чого з нього негайно зникає світло. Тому потрібно відновити і збільшити клі «віра», тобто зробити екран на «знання». Тільки в такому випадкові не зникне світло.

Кожному клі бракує світла, яким воно могло б наповнитися. Виходить, що будь-яке місце, де відчувається нестача світла, дає можливість для віри. Якщо ж воно наповниться, то не стане клі, не залишиться місця для віри.

201. Духовне і матеріальне
Почуто в перший день Хануки (18 грудня 1938 р.)

Чому ми бачимо, що заради матеріальних надбань безліч людей працює в поті чола, навіть там, де є небезпека для життя? Але робота заради духовних надбань у кожного викликає безліч питань й сумнівів.

І більш того: заради матеріального людина згідна працювати навіть за невелику винагороду, тоді як заради духовного не погоджується на роботу, якщо не буде повністю впевнена в тому, що отримає сповна те, на що розраховує.

Але ж розуму абсолютно ясно, що у тіла, – тобто у всього матеріального, – не може бути ніякої цінності, оскільки всім очевидний його кінець і що нічого від нього не залишиться. А тому так легко знехтувати їм, адже все одно воно не вічне. Тоді як в духовному егоїстичні наміри, звані «кліпот», стоять на сторожі тіла та його існування, і тому важко знехтувати ним.

Тому людина, що живе лише матеріальним, легко нехтує своїм тілом, не відчуваючи в цьому ніякої проблеми. Але зовсім не так в духовному. І ця складність розлучитися з бажаннями тіла (*егоїстичними намірами людини, намірами «заради себе»*) є зворотною стороною (АХАП) майбутніх чистих бажань (*намірів «заради Творця»*).

Ці чисті бажання називаються «самопожертва» (*месірут нефеш*). Саме завдяки їм та в них удостоюється людина світла Творця. І перш ніж готова людина повністю пожертвувати собою, – неможливо досягти жодного духовного ступеню.

202. В поті лиця ти їстимеш хліб свій

Зменшення світла – це його виправлення. Адже нічого неможливо досягти без зусиль. І оскільки осягнути світло у довершеності та повним розумінням неможливо, то воно повинне пройти зменшення. І в такому вигляді його можна осягнути з невеликими зусиллями, які в змозі докласти людина.

Подібно до того, як коли бажають перенести великий будинок в інше місце, то, звичайно, неможливо перенести його цілком. І що ж тоді роблять? Розбирають його на невеликі цеглини, які людина в стані переміщати та складати. Тому приховання від людини і зменшення світла, яке здійснюється згори, дозволяє їй невеликими зусиллями досягти досконалості і повноти.

203. Зарозумілість принижує людину
Почуто в другій напівсвятковий день Сукоту (12 жовтня 1938 р.)

«Зарозумілість принижує людину», веде до її падіння. Відомо, що людина створена найнижчою. Але якщо низький знає свій рівень, то не страждає від того, що є низьким, адже обіймає своє місце. Подібно до ніг, які не відчувають своєї приниженості від того, що ступають по нечистоті і зобов'язані нести на собі все тіло. Не те, що голова, яка завжди нагорі. А оскільки ноги знають своє призначення, то не відчувають ніякого приниження та не страждають від свого низького стану.

Але якби захотіли піднятися вгору, а змушені були залишатися внизу, то відчули б страждання. І тому «зарозумілість принижує людину». Адже, якби людина бажала залишатися в низькому положенні, не відчувала би це положення як низьке, тобто не відчувала би ніяких страждань від того, що народилася такою низькою, як сказано: «Диким віслюком народжується людина». Але оскільки бажає пишатися собою, – то відчуває свою нікчемність і тому страждає.

Страждання і відчуття нікчемності нерозлучні одне з одним, адже якщо людина не страждає, то не вважається приниженою. А це точно відповідає мірі його гордості, – коли бажає високого становища, але не має, і тому відчуває свій стан як низький.

І це відчуття нікчемності змінюється потім гордістю, як сказано: «Воцарився Творець, убрався величчю» (Псалом 93). Бо якщо досягає злиття з Творцем, то удостоюється гордості й величі, згідно зі словами молитви: «Гордість і пишнота – для Творця». Адже в людині, що досягла злиття з Творцем, є величезна гордість. І в тій мірі, в якій відчуває свою нікчемність та страждає від неї, – в тій же мірі й удостоюється облачення величі Творця.

204. Мета духовної роботи
Почуто в 1938 р.

Початок духовної роботи людини, її підготовка до духовних станів, проходить у виконанні заборонних заповідей (*вказівок*), тобто заборон: «НЕ», як написано (*про нащадків Авраама в Єгипті*):»І гнобити їх будуть в країні не (*своїй*)». Якщо ж мова йде про роботу над самим егоїзмом, то спочатку необхідно досягти ступеню любові.

Тоді як під час підготовки, вся робота зводиться до заборони «НЕ», тобто до умови: «Хай не буде в тебе (*інших божеств, крім Творця*)». І внаслідок виконання багатьох заборон «НЕ» («*ло*» – літери ламед-алеф), людина приходить до стану «ЕЛЬ», Творець (*літери алеф-ламед*), – до милосердя. Але до досягнення цього стану вона проходить безліч станів типу «НЕ» (*неможна, заборонено*), безліч сил, що є зворотними Творцеві, – так звані чужі божества, – адже саме зі стану ло лішма (*заради себе*) людина приходить до лішма (*заради Творця*).

А оскільки нечисті сили (*сітра ахра*) дають основу і підтримку, то навіть потім, коли людина вже переходить до духовного стану, – проте, якщо позбавляється цієї підтримки, то падає зі свого духовного рівня. І тоді нечисті сили забирають собі все світло, котре притягнула людина. Від цього з'являється у нечистих сил можливість володарювати над людиною. Вони тягнуть її до себе, змушуючи наповнювати їхні бажання, і немає у неї іншої можливості уникнути покори ним, як тільки підняти себе на ступінь вище. І тоді знову проходить «сорок дев'ять нечистих врат».

Тобто людина йде по чистому ступеню до «сорок дев'ятих врат». Але там з'являється у нечистих сил влада забрати всю її життєву силу й світло настільки, що людина падає, – щоразу в більш низькі нечисті врата (або більш високі, якщо судити за величиною нечистих бажань). Тому що «одне навпроти іншого створив Творець», – рівні та паралельні системи чистих й нечистих сил.

А коли людина приходить до сорок дев'ятих врат, то вже не в змозі підняти себе, доки не з'явиться Творець та не врятує її. І тоді виповнюється сказане: «Проковтне нечиста сила та виригне назад, Творець виверг не все з її черева» (Писання, Йов). Тобто все світло і всю життєву силу, яку забрала нечиста сила в усіх сорока дев'яти чистих вратах, тепер отримує людина назад, – відбирає у моря нечистих бажань.

Але поки людина не відчула всю гіркоту вигнання, неможливе визволення. Коли входить у сорок дев'яті врата, тоді відчуває своє вигнання, а в п'ятдесятих вратах рятує її Творець. І розрізняються вигнання *(гола גולה)* та визволення *(геула גאולה)* лише однією літерою «алеф» *(додаткова буква в слові геула)*, яка позначає присутність Творця. Тому, якщо людина не випробувала до кінця вигнання, то її ступінь буде неповною, і не зможе повністю відчути та збагнути Творця.

205. Мудрість виголошує на вулиці
Почуто в 1938 р.

«Мудрість виголошує на вулиці, на майданах подає свій голос. Хто нерозумний, нехай зайде сюди. Безсердечному вона сказала...» (Мішлей).

Коли людина удостоюється злиття з Творцем, саме розкриття Творця, зване «Шхіна», говорить їй, що якщо раніше людина змушена була вчиняти як нерозумна, всупереч розуму *(вірою вище знання)*, – то це не тому, що такою в дійсності була правда, а тому, що не вистачало їй «серця». Ось чому ми кажемо: «І всі вірять, що Творець – Бог віри».

Але зараз, коли удостоїлася справжнього злиття з Творцем, то вже не можна сказати, що вчинює, як нерозумна, тобто силою «віри вище знання». Навпаки, людина повинна працювати й вірити, що її робота є вищою від знання, незважаючи на те, що бачить і відчуває всіма своїми почуттями, що її робота всередині знання. Абсолютно протилежно тому, як вона бачила раніше, – що розум не зобов'яже її до рабства Творця. Незважаючи на це, повинна була працювати вище знання, кажучи, що в цьому є істинне знання. Тобто вона вірить, що це рабство – і є справжня реальність.

А потім навпаки: вся робота людини зобов'язує її, – її розум, тобто злиття з Творцем зобов'язує до рабства. А вона вірить, що все видиме нею всередині знання, – все це вище знання.

Тоді як раніше все, що вище знання, приймала як всередині знання.

206. Віра й насолода

Почуто в 1938 р.

Ніколи не спитає себе людина: «А навіщо, з якою метою я насолоджуюся?». Якщо ж з'являється у неї хоча б найменша думка запитати про сенс насолоди, – це означає, що немає в неї істинної насолоди. Тому що справжня насолода має заповнювати всі пустоти бажання настільки, щоб не залишалося жодної порожнечі. І тоді не залишається також і в думках та в свідомості місця для питання про сенс насолоди. А якщо запитує про мету насолоди, – це ознака, що насолода ще недосконала, тому й не заповнює всі пустоти бажання.

Так само і щодо віри: віра повинна заповнити всі місця замість знання. Тому необхідно уявити собі, ніби нас наповнює знання. І прагнути до того, щоб наповнитися вірою точно в тій же мірі замість знання.

207. Сенс отримання заради віддачі
Почуто в суботу, тринадцятого Тевета

Людина духовно просувається вперед на двох «ногах», званих насолода та страждання. До насолоди вона постійно тягнеться, а від страждань постійно тікає, – і так рухається вперед.

Тому, коли людина удостоюється скуштувати справжній смак Тори та заповідей, як сказано: «Скуштуйте і побачите, який прекрасний Творець», то поринає у служіння Творцеві. І завдяки цьому вона здобуває постійний підйом на все більші ступені Тори й заповідей, як сказано: «І в Торі Його прикладай зусилля день і ніч» (Псалом 1).

Але як може людина обмежити свій розум, щоб думати лише про одне? Справа в тому, що бажання любові й насолоди притягує думки людини так, щоб її голова й тіло постійно були прив'язані до любові та насолоди, як трапляється і в звичайному земному коханні.

І так відбувається саме якщо людина вже удостоїлася наповнення вищим знанням, що народжує любов. І цей її стан називається «всередині знання». А людина зобов'язана постійно працювати «вище знання», тому що це називається «віра й віддача». Тоді як «всередині знання» всі почуття згодні з її роботою, адже вони також отримують любов та насолоду. Тому це і називається «всередині знання». В такий час людина знаходиться у важкому стані, побоюючись зіпсувати віру, адже це – світло Творця в ній, світіння неба. Рішення ж в тому, щоб виправити обидві властивості: і віру, і знання.

І тоді людина повинна розібратися в собі та зрозуміти: звідки в неї все, що осягнуте нею зараз, тобто Тора, яку вона зараз пізнала, і світло, котре її наповнює? Все це лише від того, що була в людини попередня підготовка, яка допомогла їй прийняти на себе «віру вище знання». Тобто завдяки зусиллям, що спрямовані на злиття з Творцем, людина приліпила себе до кореня, внаслідок чого удостоїлася знання. І знання, яке досягла вірою, розкрилося істинно та повно.

Виходить, від того, що підносить в основному «віру вище знання», також піднімає і знання, адже удостоїлася зараз розкриття імен Творця у сходженні до неї світла.

Тому повинна тепер людина ще більше зміцнитися за допомогою знання і прийняти на себе «віру вище знання» більшу, ніж раніше. Адже головне – це злиття з коренем, що можливе лише завдяки вірі. І тільки в цьому основна її мета. І це називається кабала *(отримання)*, тобто знання *(даат)*, яке отримує заради віддачі Творцеві. За допомогою чого зможе прийняти на себе «віру вище знання» ще в більшій мірі, – і за кількістю, і за якістю.

208. Сенс зусиль

Зусилля, які прикладає людина, – це тільки підготовка для того, щоб прийти до стану повної самопожертви *(месірут нефеш)*. А тому повинна привчити себе до постійної самопожертви. Адже неможливо опанувати жодний духовний ступінь, не опанувавши спершу цю властивість, оскільки саме ця властивість дозволяє піднятися на будь-який ступінь.

209. Три умови молитви

Є три умови молитви.

1) Вірити, що Творець може врятувати людину, не дивлячись на те, що є в ній найгірші властивості, звички та обставини, ніж у будь-кого в її поколінні, адже «Хіба рука Творця коротка, щоби врятувати його?», і хіба не врятує господар свого відданого слугу?

2) Все, що могла зробити, – зробила, а порятунок так і не прийшов.

3) Якщо Творець не врятує, – краще смерть, ніж таке життя.

Молитва виходить з відчуття втрати в серці: чим більшим є відчуття відсутності бажаного, тим сильніша молитва людини. Адже той, хто сумує за надмірностями відрізняється від засудженого на смерть, котрий очікує приведення вироку до виконання і вже закутий в ланцюги, в котрого щомиті – це молитва про порятунок. І не засне він і не задрімає, а невпинно благає про порятунок своєї душі.

210. Красивий порок в тобі

Розповідає Талмуд, що один чоловік так сказав своїй дружині: «Не будеш ти мені бажана, поки не побачиш в собі красивий порок». І пояснює рабі Ішмаель син рабі Йосі, що не може Творець поєднатися з людиною до тих пір, поки та не побачить в собі потрібних, красивих властивостей. Як жінці заборонено насолоджувати чоловіка, доки не знайде в собі хоч якусь приємну властивість. А якщо може людина сказати, що є в неї гарні властивості, то цим допомагає Творцеві в обопільному зближенні, адже Творець допоміг саме їй, а не іншій людині. Значить, є в ній те, чого немає в інших: віра, хороші властивості, добре серце, молитва...

І продовжує Талмуд: щоби Творець привернув до себе людину, в людині повинні бути, як в красивій жінці:

- великий розум, – більший ніж в інших, щоб не зважати на їхні доводи, – чий шлях правильний;
- красиве волосся, – коли дбає про чистоту і правильність свого шляху «до товщини волоса»;
- красиві очі, – бачить в духовному чарівність, яку не проміняє на іншу зовнішню красу;
- красиві вуха, – не чує наклепів проти Творця та шляху до Нього.

211. Як той, хто стоїть перед Царем

Почуто першого Елуля (28 серпня 1938 р.)

«Сидячий у своєму домі не схожий на того, хто стоїть перед Царем». Тобто віра повинна бути такою, щоб людина відчувала себе такою, котра постійно знаходиться перед Царем, – що викликає довершену любов і трепіт. А до тих пір, поки не досягла такої віри, не може дозволити собі перерви та відпочинку, тому що це – її життя, і ніякі інші винагороди не захоче отримати замість віри. Відсутність віри повинна відчуватися в усій людині настільки, щоби стала звичкою, її другою натурою, в мірі сказаного: «Пригадую про Нього, і не можу заснути».

Але враження цього світу гасять відчуття відсутності віри, адже кожну насолоду анулює страждання й біль. А тому людина не бажає отримувати ніякої розради у своєму стані. Необхідно остерігатися, щоби якимось матеріальним отриманням не анулювати прагнення до духовного. А це можливо лише якщо сама буде шкодувати, що насолоди гасять іскри чистих намірів та відчуття відсутності й нестачі духовного. І цей жаль та біль вбереже її, не давши розгубити чисті духовні бажання.

212. Обійми справа та обійми зліва

Почуто восьмого Кіслева (28 листопада 1941 р.)

Є обійми справа та обійми зліва, і обидві вони повинні бути одночасно й навічно.

Коли людина знаходиться в правих, то розуміє розумом, що лівих взагалі не існує. І навпаки, – коли знаходиться в лівих, її розуму здається, що не існує правих.

Правий стан – особисте управління. Лівий стан – управління винагородою й покаранням. І хоча розумом людина усвідомлює, що неможливо поєднати їх разом, щоб обидва стани були як один, однак мусить працювати вірою вище знання та розуміння, щоб її усвідомлення не зупиняло її. Головне – завжди йти вище знання, щоб вся робота вимірювалася тим, наскільки вона вище знання, всупереч розуму і логіці.

І хоча після цього приходить до стану «всередині знання», тобто отримує і знає все, але це нічого не означає для неї, бо спочатку основа роботи людини була у вірі вище знання, тому вона постійно отримує сили від свого кореня.

Але якщо досягає людина знання та бажає отримувати від нього, світло негайно зникає. І якщо бажає продовжити своє виправлення, зобов'язана розпочати у вірі вище знання, адже в ній – весь корінь роботи. А потім вона приходить до святого знання.

213. Розкриття бажання

Основне – це збільшити бажання, тому що на ньому ґрунтується вся духовна будівля, а основа будівлі визначає її міцність.

Є багато причин, які змушують людину докладати зусиль, – але не до потрібної мети. Тому погана основа псує всю будівлю. І хоча від ло лішма, (*заради себе*), приходять до лішма (*заради Творця*), однак потрібно багато часу, щоб повернутися до мети. Тому необхідно, щоб мета завжди була перед очима.

Як сказано в «Шульхан арух»: «Завжди уявляв себе тим, хто стоїть перед Царем». Адже той, хто стоїть перед Царем не подібний до того, хто сидить вдома. І той, хто вірить у Творця, «що наповнює всю землю Своєю величчю», сповнений трепоту й любові. І не потребує приготувань та роздумів, щоб віддавати Творцю, а повністю і абсолютно відданий Йому, – природно, в силу самої натури.

Як в нашому світі, справжня любов викликає прагнення і думки лише до коханого, лише про те, щоб зробити йому добре та уникнути будь-якої шкоди. Вона не потребує попередніх розрахунків і не вимагає великого розуму, тому що є природною, як любов матері до сина, вся турбота якої тільки про благо дитини, і якій не потрібно ніяких приготувань та роздумів, щоб любити його.

Адже природне почуття виникає саме, і не потрібен розум, щоб зобов'язати почуття. Все виходить безпосередньо від самих почуттів, котрі самі по собі самовіддано працюють, як зобов'язує їх природна любов. Сила любові зобов'язує людину віддати все життя для досягнення мети, а без цього – життя не життя.

Тому людина, яка відчуває себе такою, що стоїть перед Царем, відчуває досконалість, тобто – наявність віри. А до тих пір, поки не відчуває себе такою, – відчуває навпаки.

А тому повинна людина бачити, що головне – це досягти служіння Творцеві, і шкодувати про нестачу віри, розуміючи, що потреба у вірі – це вся основа людини. І зобов'язана молитися, просити та докладати зусиль аби відчути брак віри. Адже якщо не відчуває потреби у вірі, то не має необхідного бажання для отримання наповнення. І потрібно вірити, що Творець чує молитви кожного та рятує, наділяючи досконалої вірою.

ШАМАТІ • ПОЧУТЕ

214. Відомий у міських воротах

Почуто на свято Шавуот (1939 р.) в Єрусалимі

«Я – Господь, Бог твій» (Тора, Шмот). А також сказано в Зогарі: «Відомий у міських воротах».

Чому змінили мудреці назву свята «Ацерет» (*Припинення*), про яке йдеться в Торі як про свято «Бікурім» (*Приношення*), як сказано: «А в день принесення перших плодів...», і назвали його святом Дарування Тори? Справа в тому, що мудреці не змінили нічого, а тільки розкрили цим суть свята «Бікурім» (*Приношення*).

Сказано: «Радійте поля і все, що на них, співайте всі дерева лісові» (Псалом 96). Відмінність між полем і лісом в тому, що поле дає плоди, тоді як лісові дерева не плодоносять. Поле означає Малхут, тобто прийняття на себе влади Творця, що означає віру вище знання.

Але наскільки великою повинна бути віра? Вона повинна бути такою, щоби заповнювала людину, абсолютно замінюючи їй знання. Така Малхут називається «Поле, благословенне Творцем», яке родить плоди. І тільки так може людина досягти злиття з Творцем, тому що тоді над нею не владні жодні обмеження, адже вона в усьому підіймається вище знання.

Знання ж обмежує, тому що його величиною визначається висота людини. І тому воно називається: «чуже безплідне божество, яке не породжує плодів», – тобто «ліс». Але хоча обидві ці сили є протилежними, повинна бути між ними середня, – коли людина потребує також знання, але за умови, що не зашкодить своїй вірі вище знання.

Якщо ж працює за допомогою знання трохи краще, ніж з вірою, негайно втрачає все. Тому повинні бути для людини віра й знання нерозривні, без будь-якої різниці між ними. І тоді «радіють поля, і співають всі дерева лісові», тому що цим виправляється навіть «чужий бог», що був диким безплідним лісом, та отримує силу віри.

Тому написано про Авраама: «Переді мною ходи й будь непорочним». Це означає, що Авраам не потребував жодної підтримки. Про Ноаха ж сказано: «З Всесильним ходив Ноах», тобто Ноах потребував підтримки, – хоча й підтримки Творця. Але найгірше, коли людина потребує підтримки людей у вигляді подарунка або позики. Подарунок означає підтримку, яку отримують від людей, не бажаючи повертати її назад, і хочуть користуватися нею все життя. А позика означає підтримку, яку беруть тимчасово, у потрібний момент, коли немає власних сил. Та сподіваються за рахунок своєї чистої духовної роботи знайти власні сили та повернути позичене. Але і в цьому є недолік, – адже якщо не набуде власних сил, то впаде.

І повертаючись до нашої теми, продовжимо, що назване свято Даруванням Тори, а не святом отримання Тори тому, що тоді удостоїлися відчути Того, Хто дає Тору, як сказано: «Бажаємо самі бачити нашого Володаря!». Тобто головне, що удостоїлися властивості Того, Хто дає Тору та обернулися на «поле, яке благословив Творець», тобто таке, що приносить плоди.

І в цьому сенс свята Бікурім, – дня приношення плодів першого врожаю з поля. Це знак того, то удостоїлися зв'язку з Тим, Хто дає Тору і повного осягнення. І тому сказано: «Арамейцем-блукачем був батько мій» (Дварім), тобто на початку були у нього падіння й нещирість, а тепер набув постійного й вічного зв'язку з Творцем. Тому назвали мудреці свято Бікурім святом Дарування Тори, коли удостоюються Того, Хто дає Тору.

215. Суть віри

Віра – це чиста робота, тому що бажання насолодитися не допомагає в цій роботі, а навпаки, – чинить опір їй. Адже природа бажання насолодитися змушує його працювати лише там, де воно бачить і знає, але не вище знання. Тому злиття з Творцем можливе тільки вірою вище знання, адже в цьому є відповідність властивостей, тобто справжня віддача.

Тому, якщо основа ця є непохитною в людині, то навіть отримуючи добро, вона приймає це як «застереження», що в гематрії рівнозначно слову Тора (*вказівка*). І повинна відчувати страх та дивитися, щоб не отримувати допомоги й підтримки від Тори, а тільки лише від віри. І навіть коли здається людині це абсолютно зайвим, оскільки отримує тільки добро, немов на жаданій землі, – все одно повинна вірити, що такою є істина. Як сказано: «І всі вірять, що Творець – Бог віри», адже тільки вірою можна утримати досягнутий рівень.

216. Праве й ліве
Почуто шостого Тевета

Є права й ліва сторони. До правої входить: Хохма, Хесед, Нецах, а до лівої: Біна, Гвура, Год. Права лінія означає особисте управління, а ліва – управління винагородою і покаранням.

Доки людина займається правою стороною, вона повинна сказати, що знаходиться під особистим управлінням, і тому сама нічого не робить. А тому не робить ні яких прогріхів. Але й добрі справи (*заповіді*), які вона робить, – також не її, а подарунок їй з висі. І тому вона повинна дякувати за них Творця, а також за добро, що отримує в цьому світі.

І це називається Нецах, тобто людина перемогла (*ніцах*) нечисті сили (сітра ахра), від чого підіймається до рівня Хесед (*милосердя*), що означає любов. А завдяки цьому приходить до Хохми (*мудрості*), що називається «Рейша де-ло іт'яда» (*непізнаний рош, – голова, початок*). І тільки після цього повинна перейти до лівої лінії, до рівня Год.

217. Якщо не я собі, хто допоможе мені?
Почуто двадцять сьомого Адара I

«Якщо не я собі, хто допоможе мені? Але якщо я для себе, – то хто я?». І це – взаємно заперечливе протиріччя в роботі людини.

Людина повинна робити всю свою роботу так, ніби ніхто не може допомогти їй, крім неї самої, і нема кому її врятувати. Як сказано: «В устах твоїх це слово і в серці твоєму, щоб виконувати його» (Тора, Дварім). Тобто потрібно докладати зусиль як при управлінні винагородою й покаранням. Але в собі людина повинна знати: «Але якщо я для себе, – то хто я?», тобто вона є повністю залежною від особистого управління Творця, і ніхто не в силах змінити в цьому нічого.

Але якщо все відбувається тільки по управлінню згори, – в чому сенс роботи: «якщо не я собі, хто допоможе мені?». Справа в тому, що працюючи так, ніби ніхто не може допомогти їй, окрім неї самої, людина осягає особисте управління нею і розуміє, що все відбувається для виправлення. І цей поділ між обов'язком й Торою, званий «сини Творця», укритий та розкривається лише після зусиль «якщо не я собі, хто допоможе мені?».

218. Тора і Творець – одне

«Тора і Творець – одне ціле».

Звичайно, в процесі виправлення (*роботи*) Тора і Творець – це два протилежних і навіть таких, що заперечують одне одного поняття.

Творець означає для нас – злиття за подобою властивостей та анулювання свого «Я» в Ньому. (Необхідно завжди уявляти собі той стан, який бував у минулому, коли людині вдалося досягнути хоча б самого невеликого злиття з Творцем – наскільки вона тоді була сповнена життя й насолоди. І постійно прагнути до саме такого стану злиття з Творцем, коли духовне неподільне. І оскільки духовне несе наповнення, людина повинна завжди відчувати себе в хорошому стані та уявляти собі минулий час злиття, адже тіло не вражається від негативного, а лише від існуючого, – тобто від минулих станів що були досягнуті. І ці стани тіло може взяти за зразок).

Торою ж називається світло, що вміщене в ній, котре відчувається під час навчання та дає бажання віддавати Творцю, як сказано: «Той, хто знає укази Творця, буде служити Йому». Тому відчуває своє «я», котре бажає віддавати Творцю.

Але коли досягає рівня «Тора і Творець – одне», знаходить, що все єдине, тому що відчуває в Торі Творця. І необхідно постійно прагнути світла Тори, яке виправляє, і котре можна знайти при вивченні Тори; але вивченням кабали можна знайти його швидше.

А під час роботи світло Тори і Творець виступають у вигляді протилежностей:

- або людина прагне припасти до Творця, і тоді не може вчитися заради світла Тори, а тягнеться до хасидських книг,

- або прагне до світла Тори, що виправляє, – тобто бажає знати шляхи Творця, світи, їхні процеси й управління.

І це дві протилежні точки, але в майбутньому зітреться їхня відмінність, як сказано: «І розгромить він межі Моаву» (Тора, Бемідбар), і обидві вони об'єднаються разом.

219. Сенс самопожертви

Відданість Творцю повинна бути до повного рабства в трепоті й любові.

Для любові не потрібна самопожертва, тому що любов – це природне явище, а сильна любов і так поглинає всю душу, як написано: «Сильна як смерть любов» (Пісня пісень). Тому основне – це досягти самопожертви в трепоті, коли людина ще не відчуває смак любові в рабстві, а рабство в неї – з примусу.

Відчуття, які зазнає тіло, не піддаються примусу, адже воно створене для виправлення. А виправлення полягає в тому, що рабство має бути наслідком любові, – в чому мета злиття. «Якщо ж у чомусь відчувається тягар, – значить там прихований егоїзм».

І в основному безмежне рабство до повної самопожертви необхідне в трепоті, коли все тіло не погоджується з роботою людини, тому що не відчуває ніякого смаку в рабстві. А на кожну дію тіло робить розрахунок і доводить, що його рабство не дає відчуття досконалості, а тому немає сенсу від такої роботи. І оскільки не відчуває ніякого сенсу й смаку в такому рабстві, то докладання зусиль можливе лише самопожертвою. Адже відчуває гіркоту від цього рабства, і кожна дія приносить йому величезні страждання, тому що тіло не звичне працювати даремно, – а тільки коли є користь собі або іншим.

А в малому стані *(катнут)*, людина не відчуває користі собі, не відчуваючи зараз ніякої насолоди в рабстві, а також не вірить, що буде від цього користь іншим. Адже якщо це не важливо їй, – як може бути це корисно іншим? І великими є її страждання. І чим більше докладає зусиль, тим більше збільшуються її страждання, доки не накопичаться страждання та зусилля до певної міри, – так, що Творець згляниться над людиною і дасть їй відчути смак в рабстві, як сказано: «Доки не проллється на нього світло згори».

220. Сенс страждань

Важкі страждання є наслідком відчуття «відсутності життя». Але що може зробити людина? Адже не в силах людини набути життєвої сили, а тому впадає в апатію. І саме в цей час зобов'язана докладати ще більше зусиль, хоча і не може нічого змінити.

221. Суспільне володіння

Бажання може звільнитися від власної влади тільки якщо наповниться чимось іншим. Адже порожнім воно не може існувати. Тому, якщо воно у владі нечистих бажань, – і, звичайно, потрібно визволити його, – то необхідно намагатися наповнити його іншими бажаннями. Тому зобов'язані наповнити його любов'ю. І тоді людина потягнеться за нею та звільниться від любові до самої себе.

222. Частина, що віддається нечистій силі аби залишила святість

Спочатку Творець створив світ силою справедливості і суду, та побачив, що не може так світ існувати. Адже властивість суду належить Малхут, на яку було скорочення *(цимцум алеф)*, і під нею знаходяться нечисті бажання. Тоді як у дев'ять перших сфірот *(тет рішонот)* можна без страху отримувати насолоду.

Але неможливо світу так існувати, – адже тоді бхіна далет ніколи не зможе отримати виправлення, тому що це її місце і змінити його не можна. Тобто не можна анулювати бажання насолодитися, – адже це природа, а її не зміниш. Природа – це вища сила, і таким було бажання Творця, щоби бажання насолодитися досягло довершеності та неможливо було його скасувати.

Також і людина в нашому світі, – не в змозі змінити свою природу. Але дана згори можливість поєднати її з властивістю милосердя, бажанням віддавати: поширити обмеження, що існує в Малхут, на рівень Біни, – тобто зробити так, ніби є там заборона отримувати. А тому вже є місце роботи, – отриманню заради віддачі, – адже там не місце бхіни далет і тому можна анулювати її.

Звідси виходить, що бхіна далет виправляється тим, що спускається униз, – адже виявляє, що це було не її місце. Це розкриває людина своїми зусиллями в навчанні та у виконанні заповідей. Вона з'ясовує бхіну далет у бхіні бет і бачить, що її місце внизу. Тоді підіймається зівуґ і світло розповсюджується вниз. І тоді Малхут «піднімається в ейнаім *(очі)*» і знову починається рабство для виправлення бажання отримувати. І виправлення це відбувається в основному тим, що віддає частину нечистим бажанням.

Раніше нечисті бажання могли уривати собі тільки від бхіни далет, від її обмежень, але не від Біни. Але тепер і Біна зменшила себе та змішалася із силами обмеження й суду. Виходить, що збільшилася область, де діють обмеження. Але, завдяки цій частині тепер з'явилося місце роботи, де можна відштовхнути бажання Малхут, – адже це не її справжнє місце. А потім, коли навчається людина відштовхувати її з того місця, з якого вона в змозі, – народжується можливість відштовхнути її з того місця, з якого раніше була не в змозі.

Тому сказано: «Поглине силу і виригне назад» (Писання, Йов). Через те, що виросли межі її володіння і проковтнула величезні сили, вона сама приходить до того, що вони її повністю виправляють. І в цьому сенс жертви «козла відпущення для нечистої сили», коли дають нечистоті частину, щоб відокремилася від святості, а потім виправляють її на тому місці, яке дали їй, а не на її власному місці.

223. Вбрання – рядно – брехня – горіх

«Не входять до царя вдягнутими у ряднину». Коли людина пробуджує себе, щоб побачити, яка вона далека від Творця та сповнена гріхів, злочинів і провин, в цей час їй неможливо злитися з Творцем та прийняти від Нього спасіння. Адже вона вдягнута у ряднину, і не личить з'являтися в такому вигляді перед палацом Царя.

Тому зобов'язана людина бачити свій справжній стан таким, яким він є, і не ховати його за всякими завісами. Тоді як весь сенс кліпот, – навпаки в тому, щоб приховувати себе. Якщо ж людина удостоюється з висі, то вона може розкрити і побачити свій справжній стан. Однак вона повинна розуміти, що це не досконалість, а необхідність. І цей гіркий період називається «далет» *(буква далет)*, а в поєднанні з «рядном» *(літери шин-куф)* – набуває значення «горіх» *(шин-куф-далет)* та прискорює звільнення.

Але якщо людина сама створює гіркоту в роботі, тобто може підвести підсумки і задоволена, що хоча б бачить правду, – тоді вважається, що робить це на рівні «рош», тобто – вважаючи самий цей ниций стан важливим. І тоді буква рейш у поєднанні з «рядном» *(літерами шин-куф)* обертається на «брехню» *(шин-куф-рейш)*. Але, усвідомивши, що її стан є обманним і вона потрапила до влади нечистих бажань, повинна негайно ж зміцнитися у повній вірі майбутнього виправлення.

224. Жіноча основа і чоловіча основа

Підйом Малхут в ейнаїм називається «Єсод де-нуква» *(жіноча основа)*. Нуква – це бажання наповнення, і зменшення вважається для неї недоліком. Але оскільки піднімається в ейнаїм, де є Хохма, то все ж називається першою стадією (бхіною алеф) з чотирьох стадій.

Але коли Малхут піднімається в Кетер, суть якого – бажання віддавати, де неможливе зменшення, адже на бажання віддавати не діють ніякі обмеження, то називається Єсод де-дхура *(чоловіча основа)*.

225. Підняти себе

Неможливо людині підняти саму себе та вирватися зі свого кола. Тому, бажаючи піднятися, вона зобов'язана живитися від свого оточення і докладати великі зусилля на шляху Тори.

І якщо людина вибирає собі гарне оточення, то виграє в часі і в зусиллях, тому що спрямовується за своїм хорошим оточенням.

226. Письмова та усна Тора
Почуто в третій день тижня (глави) Мішпатім (1943 р.) в Тель-Авіві

«Письмова Тора» викликана збудженням згори, а «усна Тора» – збудженням бажання людини знизу, самою людиною. І обидві разом вони називаються: «Шість років працюй, а на сьомий рік вийди на свободу» (Тора, Шмот, 21).

Основна робота відбувається саме там, де є опір, і називається «світ» (*альма*) від слова алама (*укриття*). Адже там, де є приховання, – є опір, а значить, є місце для роботи.

Тому сказано: «Шість тисячоліть існує світ, а в одне – буде зруйнований», тобто зруйнується приховання, і тому зникне можливість роботи. Але Творець створює для людини особливе вкриття, яке називається «крила», щоб була в неї можливість працювати.

227. Винагорода за виконання заповіді – сама заповідь

Людина повинна прагнути удостоїтися винагороди за виконання заповіді. Тобто, виконуючи заповіді, вона удостоюється злиття з Тим, хто дає їх.

228. Риба раніше за м'ясо
Почуто першого Адара (21 лютого 1947 р.) в Тверії

Звичай спочатку їсти на трапезі рибу, а потім м'ясо, походить з того, що духовний рівень «риба» людина отримує без попередньої підготовки. Тому її їдять першою, адже до цього не потрібно готуватися. Як сказано: «Пам'ятаємо ми рибу, яку їли в Єгипті даром» (Тора, Бемідбар).

І пояснює Зогар: «даром», – значить без зусиль з виконання заповідей, тобто – без підготовки. А не вимагає риба підготовки тому, що є в ній лише голова, але немає ні рук, ані ніг, як сказано про неї: «Хотів Йосеф риби та знайшов в її тілі перлину» (Вавилонський Талмуд). «Перлина» (*маргаліт*) означає властивість «розвідувати» (*мерагель*), а «риба» – відсутність з'ясування й переговорів, і тому немає в неї ні рук, ані ніг («*раглаїм*», ноги, – від слова розвідники, «*мераглім*»).

У риби є ніби половина тіла, – подібно до парцуфу в цимцум бет, коли Малхут піднімається в Біну, і від цього кожен ступінь поділяється на дві половини, – чим створюється місце для розвідників (*мераглім*). А всі переговори йдуть лише навколо цих розвідників, з чого виходить вся Тора. І в цьому сенс перлини (*маргаліт*), яка висіла в нього на шиї, і кожен хворий, глянувши на неї, негайно зцілявся.

Тоді як за саму «рибу» немає ніякої плати, тобто – вона дається даром, як сказано, що Ісраель плакали в пустелі про рибу, яку даром їли в Єгипті. Це «Пильне око, яке ніколи не дрімає», а тому не потребує охорони, бо тіло риби – це Хохма, що отримується раніше виправлення, як субота, яка дана раніше за Тору.

Тора – це світло, що отримується від «переговорів» (*виявлення, виправлення і наповнення бажання отримувати, АХАП*). І сказано: «Ні руки, ані ноги своєї не виявив я на місці навчання», тобто – не вів з'ясувань і переговорів, а це називається «даром». Тора називається «майбутній світ», про який сказано: «сидіть та насолоджуйтеся», і насичення насолодою не применшує насолоду, тому що це – насолода душі. Тоді як субота, яка надана раніше за Тору, – це світло Хохма, одержуване і обмежуване тілом, а тому насичення анулює насолоду.

229. Кишені Амана

Почуто в ніч свята Пурім після читання Мегіли (3 березня 1950 р.)

Існує звичай на свято Пурім їсти печива трикутної форми, звані «хамен-ташім», тобто «Кишені Амана». І сказано, що «повинна людина сп'яніти до такої міри, щоб не розрізнити між проклятим Аманом та благословенним Мордехаєм». І тому їдять «Кишені Амана» аби пам'ятати, що Аман дав нам лише «кишені», – келім, бажання, однак не наповнення. Адже тільки величина бажання насолодитися знаходиться у владі Амана і саме його ми й зобов'язані в Амана вилучити.

Але наповнити ці бажання насолодою з келім Амана неможливо, – лише за допомогою келім Мордехая, наміру віддавати. Бо на келім отримання діє цимцум *(скорочення)*. І про це мовиться: «Сказав Аман в серці своєму: кому окрім мене, захоче Цар надати шану!» (Мегілат Естер). Це називається справжнім бажанням насолодитися. Тому сказав він: «Нехай принесуть цареву одежу, яку вдягав Цар, та приведуть коня, на якому їздив Цар!».

Але, насправді, бажання Амана, які називаються келім отримання, не можуть нічого отримати через діюче в них скорочення. Є в ньому лише бажання й потреба наповнення, – тобто він знає, чого вимагає. І тому сказав Цар Аманові: «Візьми швидше одежу та цього коня і зроби те, що сказав ти, Мордехаю, іудею».

І це називається: «світла Амана в келім Мордехая», – тобто в намірах віддачі.

230. Великий Творець, і лише нікчемний побачить Його

Почуто в шабат (тижневої глави) Трума (5 березня 1949 р.) в Тель-Авіві

«Великий Творець, і лише нікчемний побачить Його» (Псалом 138). Як може бути подібність з Творцем, коли людина отримує, а Творець дає? Про це сказано: «Великий Творець, і лише нікчемний побачить Його». Якщо людина анулює своє «я», пропадає вся її самостійна егоїстична думка та влада, котра відділяє її від Творця, і тоді вона бачить Творця, тобто удостоюється світла Хохма, світла мудрості й пізнання. Але гордий та зарозумілий – далекий від Творця. Той, хто залишається в своєму егоїзмі, у своєму «Я», у своїй владі, той віддаляється від Творця через відсутність подібності властивостей.

Ницістю не називається те, що людина принижує себе перед іншими. Це смирення, яке людина відчуває в роботі як досконалість. А ництю називається відчуття сорому і приниження, коли весь світ соромить та принижує її. Тому, власне, у такому випадкові вона не відчуває ніякої досконалості. Адже це закон природи: все, що думають оточуючі, діє на людину. І той, кого люди шанують, – відчуває себе досконалим, а кого соромлять, – відчуває себе нікчемним.

231. Виправлення бажання насолодитися
Почуто в місяць Тевет (січень 1928 г.) в Гіват Шаулі (Єрусалим)

Необхідно остерігатися аби при кожній насолоді людина відчувала жаль з приводу того, що тіло насолоджується, тому що насолоджуючись, вона віддаляється від Творця. Адже Творець є Тим, хто дає насолоду. А якщо людина отримує насолоду, то стає протилежною Творцеві. Відмінність властивостей визначає духовне віддалення, та, отже, не може людина злитися з Творцем.

І як же виконати заповіт: «Злийся з Ним»?

Якщо, отримуючи насолоди, людина відчуває страждання від того, що робиться отримувачем, то страждання анулюють насолоди. Подібно до ураженого виразкою на голові, який змушений розчісувати хворе місце та отримує від цього насолоду, хоча розуміє, що збільшує цим виразку і хвороба загострюється, – аж до стану, який вже неможливо вилікувати. Виходить, що відчуваючи насолоду, він по-справжньому ним не насолоджується, хоча і не в змозі утримати себе від його отримання.

Точно так людина повинна дивитися на одержувані насолоди, – аби насолода супроводжувалася відчуттям страждання від того, що насолоджуючись вона віддаляється від Творця. Аж до відчуття, що не варто отримувати насолоду, – адже вона є незрівняною з втратою від неї. І така робота називається роботою серця.

(Святість: все, що наближає людину до роботи Творця, називається святістю. Нечистота: все, що віддаляє людину від роботи Творця, називається нечистотою.)

232. Завершення зусиль

«Не вір тому, хто стверджує, що докладав зусиль, але не знайшов бажаного». І що значить «знайшов»? Що потрібно знати? Знайти потрібно благовоління Творця.

«Не вір тому, хто стверджує, що знайшов без усяких зусиль». Але той, хто говорить, – не бреше. Адже йдеться не про конкретну людину, а про загальне правило для всіх. І якщо він бачить, що знайшов милість в очах Творця, то чому тут не вірити?

Справа в тому, що іноді людина удостоюється благовоління в очах Творця молитвою, тому що є в ній особлива сила, яка може діяти подібно до зусиль. (Так само як ми бачимо в нашому світі, що є ті, хто заробляють своїми зусиллями, а є ті, хто моляться про заробіток та набувають його.)

Але в духовному, хоча і удостоївся благовоління в очах Творця, – потім все одно зобов'язаний сплатити повну ціну, тобто вкласти ту ж міру зусиль, яку докладає кожен. А якщо не видає ту ж міру зусиль, втрачає клі. І тому мовить: «Не вір тому, хто каже, що знайшов без усяких зусиль», тому що все втрачає. Тому зобов'язаний потім відплатити повною мірою своїх зусиль.

233. Прощення, покаяння та спокутування

Прощення – від слів «долучити до чесноти». Іншими словами, саме завдяки поверненню з любові, коли злочинні наміри перетворюються на заслуги, людина «долучає» їх до чеснот, тобто до заслуг.

Покаяння – від слів «прогнати свою худобу» (Тора, Шмот 22:4). Іншими словами, людина проганяє від себе злочинні задуми та вирішує, що з цього дня і далі вона буде робити лише те, що стане для неї заслугами. Це вважається поверненням з трепоту, коли злі думки стають для неї помилками.

Спокута – від слів «І спокутує жертовник» (Тора, Ваікра 16:33), що означає: «повинні отримати спокутування через ту людину». Адже коли знає людина про свою нечистоту, – немає у неї сил і нахабства увійти до палацу Царя. І тому важко людині, бачачи і згадуючи свої злі справи, що є супротивними бажанням Царя, займатися Торою і заповідями, а тим більше, попросити у Царя дозволу пристати до Нього та поєднатися з Ним.

Тому необхідно спокутування, щоб не бачила людина свого жалюгідного стану і повної нікчемності і не згадувала про своє становище, а змогла відчути радість від того, що може займатися Торою і духовною роботою. Якщо ж стане перебувати в радості, тоді буде у неї можливість просити з'єднатися з Царем. Адже Шхіна воцаряється лише там, де є радість.

І тому, перш за все, необхідно спокутування. А потім, зробивши повернення з трепоту і страху, удостоюється людина покаяння. А після нього здійснює повернення з любові та удостоюється прощення.

Потрібно вірити, що все, що відбувається в нашому світі – це наслідок вищого управління, і не існує жодних випадковостей. А також необхідно знати, що все написане нам у попередження, – тобто всі прокляття, які обрушаться на нас, «якщо не послухаємось», – це страшні страждання. А не так, як думають люди, деякі з яких кажуть, ніби це – не прокляття, а благословення. І наводять у доказ Магіда з Козинець, який завжди робив особливу молитву «Сходження до Тори», читаючи главу «Тохахот» *(попередження)*. А він каже, що це справжні прокляття і нещастя.

І ми також бачимо самі, що прокляття ці існують в реальності, тобто – відчуваємо в цьому світі гіркоту жахливих і нестерпних страждань. Але ми повинні вірити, що всі ці страждання потрібно відносити до дії вищого управління, і Творець визначає все. Праотець Моше взяв ці прокльони та поєднав їх з Творцем, про що сказано: «І не було пророка, рівного йому у всіх тих страшних звершеннях».

А коли людина вірить в це, то також вірить, що «Є суд і є Суддя». Тому Магід здійснював сходження до Тори по главі, яка містить попередження, адже тільки він міг об'єднати ці прокльони і страждання з Творцем, оскільки вірив, що «Є суд і є Суддя». Завдяки чому, з усіх цих прокльонів виростали справжні благословення, «Адже зробив Творець так, щоб тріпотіли перед Ним».

І в цьому сенс сказаного: «Від самого удару зцілює пов'язка». Тобто «По тому самому шляху, де оступляться грішники – пройдуть праведники». Адже, як тільки виявляються в такому місці, де немає підтримки, негайно ж чіпляється там нечиста сила (*сітра ахра*), і грішники оступаються. Грішник, який нездатний йти вірою вище знання, падає, опинившись без будь-якої опори. І тоді залишається він між небом і землею, оскільки грішники можуть діяти лише всередині знання, маючи «лихе око, зарозумілий погляд».

Тоді як праведники, які «не дивляться зверхньо і не є гордими серцем», пройдуть цим шляхом. Виходить, що перевертається це на благословення. Адже завдяки тому, що людина об'єднує всі страждання з вищим управлінням та приймає все вірою вище знання, з'являються в неї келім, що готові прийняти благословення.

234. Той, хто залишає слова Тори і пускається в розмови

Почуто в місяць Адар I (1940 р.) по дорозі в Газу

«Той, хто залишає слова Тори і пускається в розмови, живиться тліючим вугіллям» (Талмуд).

У той час, коли людина займається Торою і не припиняє своїх занять, Тора стає для неї палаючим вогнем, що спалює її егоїстичну основу. Завдяки чому вона може продовжувати свою роботу. Але якщо переривається в середині свого навчання, і навіть якщо тут же повертається до неї і знову починає вчитися, то обертається для людини Тора на «тліюче вугілля». Тобто вже не в силах вона спалити її егоїстичну основу, і тоді псується для людини смак Тори, і змушена вона припинити свою духовну роботу. Тому, повертаючись до навчання, повинна людина остерігатися, як би знову не припинити своє вчення посередині. І, завдяки тому, що прийме таке рішення на майбутнє, знову розпалить палаючий вогонь Тори.

235. Дивлячись у книгу заново

Коли людина бачить написане в кабалістичній книзі і запам'ятовує напам'ять, це знання входить в розум і відразу стає занепалим. Тому, дивлячись в книгу заново, вона може отримати з неї нове світло від того світіння, яке отримує зараз. І воно вже називається новим та неушкодженим.

236. Ненависники проклинають мене весь день
Почуто шостого Тішрея (17 вересня 1942 р.)

«Бо ревна турбота про Храм Твій гризе мене, і ненависники проклинають мене весь день» (Псалми 69 і 42). Прокльони і лайка можуть виражатися по-різному.

1) Під час духовної роботи, коли людина виконує якусь заповідь, тоді тіло каже їй: «Що ти отримаєш за це? Яку вигоду?». Тому, навіть коли перемагає себе і виконує дію через силу, – все одно ця заповідь стає для неї тягарем і тяжкою ношею. І тут виникає питання: «Якщо людина дійсно виконує заповідь Царя та служить Йому, хіба не повинна бути в радості, як властиво радіти службовцеві Царя?». А тут виходить навпаки. Людина відчуває тут прокляття та лайку, і цей примус доводить, що вона не вірить, ніби служить Царю. І немає лайки, гіршої за цю.

2) Або ж людина бачить, що не залишається цілий день у злитті з Творцем, тому що не відчуває цього достеменно, а до порожнечі неможливо приліпитися. І тому її увага відволікається від Творця (тоді як справжню річ, в якій відчувається насолода, навпаки, важко забути. І якщо людина хоче від неї відвернутися, то їй необхідно докладати великі зусилля, щоб викинути її зі своїх думок). І це означає, що «ненависники проклинають мене весь день».

Ці стани притаманні кожній людині, – різниця лише у відчутті. Але навіть якщо людина цього не відчуває, – це тому, що їй не вистачає уваги, щоб побачити свій справжній стан. Подібно до людини з дірою в кишені, через яку гроші випадають назовні, і втрачає всі гроші. І неважливо, знає вона про те, що в неї є дірка, чи ні. Різниця лише в тому, що якщо їй відомо про дірку, то вона в змозі її полагодити. Але на саму втрату грошей це знання ніяк не впливає.

І тому, коли людина відчуває, як тіло, котре зветься її ненависником, проклинає Творця, то каже: «Бо ревна турбота про Храм Твій гризе мене», оскільки бажає виправити цей стан.

237. Адже не може людина побачити Мене і залишитися живою

«Адже не може людина побачити Мене і залишитися живою» (*Тора, Шмот*). Тобто, якщо побачить людина розкриття Творця, – більше, ніж вона здатна винести, – то може прийти до егоїстичного отримання, яке є протилежним істинному життю, і таким чином приходить до смерті. А тому зобов'язана йти шляхом віри.

238. Щасливою є людина, яка не забуває Тебе та докладає зусиль заради Тебе

Почуто десятого Елуля

«Щасливою є людина, яка не забуває Тебе та докладає зусиль заради Тебе» (*з молитви*).

У той час, коли людина йде «в білому світі» (*в розкритті*), вона завжди повинна пам'ятати, що удостоїлася лише завдяки тому, що погодилася прийняти на себе стан «чорноти». І повинна докладати своїх зусиль саме «заради Тебе», щоби триматися за Творця, як сказано: «Всі вірять в те, що Він – Бог віри». І хоча людина не бачить зараз ніякої необхідності працювати у вірі, бо все розкрите перед нею, – але все ж, зобов'язана вірити вище знання, що є ще можливість зміцнитися у вірі.

І в цьому сенс сказаного: «І побачив Ізраель силу велику... та увірували вони в Творця» (*Тора, Шмот*). Тобто незважаючи на те, що удостоїлися «побачити», отримавши «зір», але все ж була у них сила спиратися на віру.

А для цього необхідно докласти особливих зусиль аби не впасти зі свого ступеню, подібно до «Лівні і Шимі» (Тора, Шмот 6:17). Адже інакше вийде, що лише під час якогось просвітлення зможуть вони слухатися Тори й заповідей, немов це є необхідною умовою. Тоді як повинні слухатися її без будь-яких умов. Тому під час просвітлення людині потрібно подбати про те, щоби не пошкодити свою готовність йти у темряві. І досить тому, хто розуміє.

239. Різниця між світлами свята Шавуот та суботньої денної молитви

Є відмінність між святом Шавуот, в яке відбувається підйом Зеір Анпіну до Аріх Анпіна, до його «бороди» *(дікна)*, і суботою під час денної молитви, коли також відбувається підйом до Аріх Анпіна.

Шавуот означає світло Мохін де-Хохма на ступені ІШСУТ, – тобто на рівні Біни, яка повертається до того, щоби стати Хохмою. Тоді як субота – це світло ҐАР де-Біна, що відноситься до самої Хохми та вважається таким, що ще не вийшло з рош *(голови)*, всередині якої вдягається моха стімаа *(вкритий розум)*, який належить до ҐАР де-Хохма, а не до рівня ВАК. І оскільки відноситься до ҐАР, не може... лише знизу нагору, без усякого поширення світла вниз. І тому вважається жіночим світлом *(ор некева)*, та не поширюється вниз. Тому субота відноситься до Нукви *(до жіночих якостей)*.

Але не так відбувається зі святковим днем, який належить до ЗАТ де-Біна, що відноситься до рівня ВАК, – його світло поширюється вниз. Тому навіть після всіх підйомів, що існують в реальності, все ж не змінюється порядок духовних ступенів.

І тому народи світу шанують свята більше, ніж суботу, хоча субота є вищою по ступеню. Причина ж у тому, що святковий день відноситься до ЗАТ де-Біна, при якому відбувається розкриття світла вниз. Тоді як субота відноситься до ҐАР де-Біна, котрий не розкривається вниз. І зрозуміло, субота є незрівнянно вищою за висотою, ніж святковий день.

240. Поклич тих, хто шукає Тебе, хто вимагає розкриття Твого лику

Почуто в перший день Сліхот (зі спогадів про мого батька і Вчителя)

«Поклич тих, хто шукає Тебе, хто вимагає розкриття Твого лику, надай відповідь їм зі Своїх небесних висів, не закрий вухо Своє від їхніх жалісних волань» (Молитва «Прощення» для першого дня).

Отже... Метою творіння було втішити створених. Однак для того, щоб виправлення було абсолютно повним, необхідно підсолодити міру суду милосердям. Адже суд відноситься до великого, дорослого стану (ґадлут), але щоби не прийшла людина таким шляхом до властивостей, що є зворотними Творцеві, необхідний певний компроміс. Згідно із судом вона отримала би більше, проте встала б на небезпечний шлях і могла би прийти до властивостей, що є супротивними духовному. Якщо ж домішується до людини міра милосердя, то вона не прийме світло великого стану і тоді може досягти подоби духовному. А виправлення полягає в тому, що клі отримання перевертається на таке, яке «отримує заради віддачі».

Тому, коли людина починає вимагати розкриття Творця, вона поки що думає тільки про отримання. А той, що прагне до отримання, відчуває несповненість, і тому називається проклятим. І «не може проклятий приліпитися до Благословенного». Але той, що отримує заради віддачі, називається благословенним, оскільки не відчуває нестачі ні в чому, адже не потребує жодного отримання заради себе. Виходить, що вся проблема в тому, щоби стати благословенним, – і лише за допомогою Тори та заповідей можливо обернути клі отримання на клі віддачі. І про це ми молимося: «Поклич тих, хто шукає Тебе».

Є два види тих, хто шукає Творця. Одні шукають Творця тільки заради розкриття Його лику та бажають лише віддачі. Тому, якщо вони просять Творця про порятунок, то лише заради Нього Самого. І про це сказано: «Тих, хто вимагає розкриття Твого лику», адже вони вже не завдадуть шкоди нагорі, бо очистилися від егоїстичного отримання. А «жалісні крики» видають ті, чиї молитви і прохання ще заради власної вигоди, і саме для цього вони хочуть наблизитися до Творця, – тобто ще не очистилися від егоїзму.

І тому є два види роботи Творця.

Є людина, котра хоче розкриття Творця в світі, щоби всі дізналися, що в світі є Вища сила. І тоді в цій роботі немає її власного інтересу, а є тільки її просте, безкорисливе бажання. І в такому випадку не можна сказати, що людина щось отримує, – адже вона не просить наблизити її до Творця, а хоче лише, щоб розкрилася Його слава в світі.

А є людина, яка молиться, щоби самій наблизитися до Творця. І тоді вже з'являється в центрі її власний інтерес, тому що вона бажає отримати світло, наблизившись до Творця. І це називається «жалістю» та «криками», і від цього – «не закрий вухо Своє». І ті, хто поки що потребують жалю, тобто просять наблизити їх, – можуть кричати, і на це «не закрий вухо Своє».

Адже кричить лише той, хто відчуває нестачу. Але потім не буде криків, а буде лише вимога, – як добре побажання, «побажання миру». І тому при розкритті Творця може бути тільки вимога.

«З Своїх небесних висів» – означає «очі», тобто світло Хохма. І тоді наповнюються вони самим світлом достатку, бо їхні келім вже виправлені на отримання заради віддачі. Однак для тих, хто просить жалості, «не закрий вухо Своє». «Вухо» – це Біна. І повинні вони притягнути силу, яка дасть їм властивість віддачі... на основі світла хасадім.

241. Прикликайте Його, поки Він близько

«Прикликайте Його, поки Він близько» (Пророки, Ісая). І як зрозуміти: «поки Він близько», – адже сказано, що «Вся земля повниться Його славою»? Виходить, що Він завжди поруч, і що ж тоді означає «поки», – ніби буває час, коли Він далеко?

Але справа в тому, що будь-які стани завжди оцінюються щодо людини, – того, хто осягає і відчуває. І якщо людина не відчуває, що Творець близький до неї, то нема між ними ніякої близькості. Адже все визначається відчуттям людини. І може бути так, що одна людина відчуває світ повним добра, а інша не відчуває, що цей світ добрий. І тоді вона не може сказати, що існує добрий світ, а судить згідно зі своїм відчуттям, – тобто бачить світ, повний страждань.

ШАМАТІ • ПОЧУТЕ

І про це попереджає пророк: «Прикликайте Його, поки Він близько!». Приходить він і каже: «Знайте, що якщо Творець кличе вас, – значить Він близько. Тобто зараз вам дана можливість: якщо будете чуйні серцем, то відчуєте, що Творець близький до вас». І це знак наближення Творця та свідчення тому. Адже відомо, що за своєю природою, людина нездатна на злиття з Творцем. Це проти її природи, бо створена вона з єдиним бажанням – отримувати насолоду, а злиття – лише у віддачі. Але, завдяки тому, що Творець кличе людину, зароджується в ній інша природа, і вона бажає анулювати свою колишню природу та приліпитися до Творця.

А тому слід людині знати, що якщо вона промовляє слова Тори і молитви, – то тільки завдяки Творцю. І нехай не прийде їй в голову сказати, що допомагає їй «власна сила та міць її руки» (Тора, Дварім), оскільки це воістину проти її сил. І схоже це на людину, яка заблукала в глухому лісі та не бачить жодного способу вийти звідти та дійти до людського житла. І тоді втрачає вона всяку надію і ніколи більше не згадує про повернення додому. А в той час, коли бачить далеко якусь людину або чує людський голос, тут же прокидається в ній пристрасне бажання повернутися до рідних місць, і починає вона кричати та просити, щоби хтось прийшов та врятував її.

І так само, якщо збивається людина з доброго шляху та потрапляє в нехороше місце, і вже привчила себе жити серед диких і хижих звірів, то в силу свого егоїзму вона ніколи не задумається, що потрібно повернутися туди, де оселилися розум і святість. Але коли чує вона голос, що кличе її, то пробуджується в ній каяття. І кличе людину голос Творця, а не її власний голос. Однак якщо ще не закінчила вона свою роботу на шляху виправлення, то нездатна відчути й повірити, що це голос Творця, – а думає, що всім зобов'язана лише своїй силі та міцності руки. І тому застерігає пророк, що мусить людина подолати власну гадку й думки, і повністю повірити, що це – голос Творця.

Тому, якщо хоче Творець вивести людину з дрімучого лісу, то показує їй якесь світло вдалині, і людина збирає весь залишок своїх сил та кидається туди, куди вказує їй світло, аби досягнути його. Але якщо вона не пов'яже це світло з Творцем та не каже, що це Творець кличе її, то пропадає для неї це світло і знову залишається вона стояти посеред глухого лісу. Виходить, що людина втратила зараз можливість відкрити все своє серце Творцеві, щоби Той прийшов і врятував її зі згубного місця, тобто з її егоїзму, та привів на місце перебування розуму, яке призначене для людей *(синів Адама)*, що означає «подібний до Вищого» *(едоме)*, – тобто до бажання віддачі і до злиття з Творцем. І значить, не використовує людина свій шанс та знову залишається, якою і була раніше.

242. Порадувати жебрака у святковий день
Почуто в третій напівсвятковий день Сукота

Сказано в Зогар: «Порадувати жебрака – це значить поділитися з Творцем». І пояснив Бааль Сулам: коли бачить Творець, що робота в ло лішма *(заради себе)* не призводить до лішма *(заради Творця)*, то піднімається увись, щоб зруйнувати світ, – «аби вичерпався для нього потік світла» *(Передмова книги Зогар)*.

І можна сказати про той час, коли приходить до людини світіння згори, що навіть якщо вона ще не очистилася від егоїзму, але тим не менш використовує це світіння для того, щоби піднятися зі своєї ницості та з його допомогою наблизитися до властивості віддачі, то значить ло лішма призводить її до лішма. Тобто, йде вона шляхом Тори.

І це називається «Той, хто радіє в свята». Свято – це хороший день. І зрозуміло, що не буває для людини більшого свята, ніж той час, коли світить їй якесь світіння згори, яке наближає її до Творця.

◆ ШАМАТІ • ПОЧУТЕ ◆

243. Чому перевіряють тінь у ніч Ошана Раба
Почуто двадцять четвертого Адара (1 березня 1943 р.) в Тель-Авіві

Існує звичай кожній людині перевіряти свою тінь в ніч Ошана Раба *(сьомий день свята Сукот)*. І якщо є в неї тінь, то вона упевнена, що все з нею буде добре *(Шаар га-Каванот, Коментарі про закони Суккота)*.

Тінь означає облачення, в яке одягається світло. А без облачення – немає світла, тому що немає світла без клі. І відповідно до величини облачень розкривається та множиться світло. А як тільки людина втрачає облачення, в тій же мірі зникає з неї і світло, котре відноситься до цього облачення.

І в цьому суть істини та віри. Істиною називається світло, а вірою – клі, що означає Творця та Його Шхіну. І тому сказано: «Створімо людину за образом Нашим» (Тора, Берешит) та «подібно до тіні ходить людина» (Псалом 39). Це означає, що рух людини залежить від її образу, тобто – віри. І тому в ніч Ошана Раба людина повинна подивитися – чи досконалою є її віра.

Ми кажемо, що «образ» знаходиться у вищих світах, але ж нагорі у віри немає ніякої ваги, а те, що нам представляється сушею, – нагорі океан світла. Однак ми даємо цю назву тому, що знаходиться нагорі, оскільки так воно розкривається нам – у вигляді тіні, і по втіленню внизу ми називаємо його джерело нагорі.

Біна називається вірою, що означає «світло озен» *(вухо)*, здатність чути. Хохма називається зором, який розкривається завдяки світлу, що приходить в келім отримання, і означає «ейнаїм» *(очі)*.

ВІДЕОПОРТАЛ ZOAR.TV
http://www.zoar.tv/

В розпорядженні відеопорталу Зоар.ТВ унікальний контент: фільми, телевізійні і радіопередачі, статті.

КУРСИ НАВЧАННЯ

Мільйони учнів у всьому світі вивчають науку кабала. Виберіть зручний для вас спосіб навчання на сайті:
http://www.kabacademy.com/ або http://www.kabbalah.info/ua/
Медіа-архів: http://www.kabbalahmedia.info/ua
«Кабала українською»: facebook.com/kabbalaua
«Каббала в Киеве» [на російській мові]: facebook.com/kievkabbala

Запис до груп вивчення кабали:
Україна: +380 (44) 337-38-51, kampuskiev@gmail.com,
study.kabbalah.info@gmail.com
Канада: +1-866 LAITMAN

КНИЖКОВИЙ МАГАЗИН
УКРАЇНА:
http://kabbooks.in.ua
+380 (68) 854-52-97, +380 (66) 026-76-87

КАНАДА, АМЕРИКА, АВСТРАЛІЯ, АЗІЯ
info@kabbalah.info
+1-866 LAITMAN
http://www.kabbalahbooks.info

ЄВРОПА, АФРИКА, БЛИЗЬКИЙ СХІД
http://www.kab.co.il/books

РОСІЯ, КРАЇНИ СНД І БАЛТІЇ
http://kbooks.ru

БААЛЬ СУЛАМ

ШАМАТІ
(ПОЧУТЕ)

Переклад з івриту Л. Дондыш
Переклад українською мовою: М. Полудьонний.
Редагування: М. Полудьонний.
Верстка: А. Мороз.

ISBN 978-1-77228-019-7

Переклад українською мовою, редагування та оформлення книги здійснені редакцією сайту «Зоар для всех», редактор М. Полудьонний.[9]

---

[9] Переклад здійснено за виданням: «Шамати. Услышанное. Бааль Сулам. 2-е изд. – М.: НФ «Институт перспективных исследований», 2011, ISBN 978-5-91072-028-6.

www.ingramcontent.com/pod-product-compliance
Lightning Source LLC
Chambersburg PA
CBHW070042120526
44589CB00035B/2082